SUSAN GUAGLIUMI

HANDGEMACHT
FÜR MEINEN
GARTEN

75 *grüne DIY-Projekte*

FOTOS: *John Gruen*
STYLING: *Raina Kattelson*
ILLUSTRATIONEN: *Sun Young Park*
ÜBERSETZUNG: *Wiebke Krabbe*

Haupt

Für Jordan, die Sonne, den Mond und vor allem für die Sterne am Himmel

Die englische Originalausgabe erschien 2014 bei Stewart, Tabori & Chang, einem Imprint von Harry N. Abrams, Incorporated, New York. Der englische Originaltitel lautet *Handmade for the Garden. 75 ingenious ways to enhance your outdoor space with DIY tools, pots, supports, embellishments & more.*
Alle Rechte für alle Länder liegen bei Harry N. Abrams, Incorporated, New York.

Copyright Text © 2014 Susan Guagliumi
Copyright Fotografien © 2014 John Gruen
Copyright Illustrationen © 2014 Sun Young Park

Aus dem Englischen übersetzt von Wiebke Krabbe, D-Damlos
Satz der deutschsprachigen Ausgabe: Verlag Die Werkstatt, D-Göttingen

Bibliografische Informationen der *Deutschen Nationalbibliothek*
Die Deutsche Nationalbibliothek verzeichnet diese Publikation in der Deutschen Nationalbibliografie; detaillierte bibliografische Daten sind im Internet unter http://dnb.dnb.de abrufbar.

ISBN: 978-3-258-07951-6

Printed in Germany

www.haupt.ch

VORWORT

Ich mag handwerkliche Arbeiten und ich gärtnere gern. Oft wünsche ich mir für beides mehr Zeit. Aber dafür müsste der Tag mehr Stunden haben, ich müsste mit weniger Schlaf auskommen oder weniger Alltagspflichten haben.

Vom fünften Lebensjahr an bis zum Ende meines Studiums bin ich im Sommer ins Ferienlager verreist, zuletzt als Gruppenleiterin. Dort habe ich meine ersten Körbe geflochten, Kupferschalen getrieben, Schreibpapier mit Blattmustern verziert, Zeltstangen verzurrt und gelernt, richtig Feuer zu machen. Als Erwachsene habe ich mich mit anspruchsvolleren Arbeiten beschäftigt und gestaunt, wie viel ich noch wusste und wie vertraut mir die Materialien und Techniken nach all den Jahren waren.

Meine beiden Brüder und ich verbrachten die Ferien im Camp, weil unsere Mutter uns allein großzog. Sie arbeitete ganztags und sparte das ganze Jahr, um uns Kindern die acht Wochen im Ferienlager zu ermöglichen. Wir haben dort viele neue und spannende Dinge gelernt, und auch ihr taten die Wochen ohne Mutterpflichten gut.

Meine Mutter war klug und ausgesprochen patent. Sie meinte, dass ich fast alles schaffen könnte, was ich mir ernsthaft vornahm. Durch ihren Einfluss und die Sommer im Ferienlager entwickelte ich eine gute Fähigkeit, Probleme zu lösen, die Welt durch eine kreative Brille zu betrachten und neuen Erfahrungen mit Offenheit und Zuversicht zu begegnen.

Nach dem Studium der Sonderpädagogik heiratete ich Arthur (einen Künstler und Universitätsprofessor) und unterrichtete einige Jahre. 1970 begannen wir, uns nach unserem

GEGENÜBER: An Weidenruten, die einfach in die Erde gesteckt sind, klettert Kapuzinerkresse in die Höhe.

5

ersten Haus umzusehen. Es sollte ein altes sein, und wir fanden ein Wunderbares aus dem Jahr 1847. Wir beide mussten für Restaurierung, Reparaturen und Verschönerungen des kleinen Hauses alle unsere Fähigkeiten einsetzen – und neue erwerben. Wir hatten unterschätzt, wie viel Arbeit Instandsetzung und Pflege des Grundstücks erfordern würde. Dort standen zwar einige Pflanzen, aber sie waren jahrelang nicht gepflegt oder beschnitten worden.

Es ist nicht einfach, das Grundstück eines alten Hauses zu gestalten. Geht man es zu lässig an, wirkt es allzu leicht etwas heruntergekommen. Und gestaltet man es zu förmlich, wirkt es streng oder unpersönlich. Ich wünschte mir einen schönen Garten, der aussah, als sei er seit 1847 natürlich mit dem Haus gewachsen. Heute würde mir so eine Gestaltung wohl besser gelingen als damals, aber ich liebte die ersten Beete, die ich gesäubert hatte. Ich lernte, eine Iris von einer Päonie zu unterscheiden – und Vogelmiere von beiden. Ich übte den Strauchschnitt an einem mächtigen Flieder, der mehr tote als lebende Zweige besaß, und entdeckte beim Aufräumen von Unrat allerlei Überraschungen.

Wir hätten noch viele Jahre in dem Haus wohnen können, aber da wir in den späten 1980er-Jahren wegen einer Straßenverbreiterung zum Verkauf gezwungen wurden, suchten wir nach einem anderen alten, liebebedürftigen Haus. Unser zweites Haus (erbaut 1832) war größer und etwas eleganter als das erste, und obwohl Haus und Grundstück nicht ganz so heruntergekommen waren, nahmen wir abermals ein großes Renovierungprojekt in Angriff.

Im ersten Haus hatte ich mir mit der Gartenpflege viel Mühe gegeben, aber gleichzeitig einen temperamentvollen Jungen aufgezogen und Webkurse angeboten. Die Größe des neuen Objekts stellte ganz andere Herausforderungen. So fing ich an, mich auf mein Handwerksgeschick zu besinnen, dekorative Spaliere für alte Rosen und robuste Stützen für den Gemüsegarten zu bauen. Auf einer Reise nach Mexiko sahen wir hinreißende Töpferarbeiten, und anschließend begann ich, Tontöpfe zu halbieren und an größeren «Muttertöpfen» zu befestigen.

Ich nahm immer neue Handwerksvorhaben in Angriff und stellte bald fest, dass ich in Gartencentern nicht fand, was ich brauchte – oder nicht zu akzeptablen Preisen. Attraktive Pflanzkübel, Körbe oder Pflanzenschilder kosteten immer mehr, als ich ausgeben konnte, also baute ich sie selbst. Ich begann, ausführliche Notizen zu schreiben und beschloss, mein Wissen und meine Ideen eines Tages für ein Buch zu verwenden.

2004 beschlossen wir, ein neues, kleineres Haus zu bauen. Wir wollten gern wieder mehr Zeit für die Kunst und unsere Hobbys haben, außerdem kostet die Instandhaltung eines alten Hauses viel Geld. In einem neuen Haus lebt es sich angenehm, wenn man sich einmal daran gewöhnt hat, dass es rechte Winkel hat und dass alles funktioniert. Wir hatten aber – wieder einmal – unterschätzt, wie viel Zeit und Arbeit es kosten würde, aus einem verwüsteten, steinigen Baugrundstück einen Garten zu machen.

Anfangs vermisste ich die Üppigkeit meiner alten Gärten, aber es war auch spannend, bei null zu beginnen. Mein neuer Garten erforderte ganz andere Lösungen als der hundert Jahre alte, und ich genoss die Freiheit, einen Garten zu planen und zu bepflanzen, der ganz und gar meiner war. Die vielen Steine verwendeten wir für Natursteinmauern, die eine Böschung in Terrassen gliedern. Diese wiederum gaben den Anstoß für die Struktur des Gartengrundrisses. So ging ich daran, aus einem Gelände, das noch vor wenigen Monaten verwildertes Strauchland gewesen war, einen schönen Garten zu gestalten.

Mit den Jahren habe ich viel gelernt, aber ich bin keine Gartenexpertin. Nicht alles wächst oder gelingt beim ersten Versuch. Ich pflanze, was gut gedeiht, und verzichte auf Gewächse, die mehr als zweimal verkümmern – beispielsweise Rittersporn. Ich bin auch keine Meisterhandwerkerin. (Wollte ich eine werden, hätte ich weniger Zeit für den Garten.) Aber ich bin sehr neugierig, informiere mich gründlich und habe Geduld. Wenn etwas nicht auf Anhieb gelingt, versuche ich es noch einmal.

Sobald ich irgendwo im Garten eine neue Lösung brauche, stöbere ich in Büchern, surfe im Internet oder befrage Fachleute im Gartencenter oder Baumarkt. Ich spreche mit Freunden oder Nachbarn und experimentiere ausführlich. Wenn etwas schiefgeht, versuche ich, die Materialien weitgehend zu retten, und starte einen neuen Versuch. Bevor ich beispielsweise Buchschrauben zur Befestigung der Ränder an meinen Drahtkörben (siehe Seite 167) entdeckte, hatte ich Dutzende anderer Lösungen ausprobiert, die komplizierter oder weniger elegant waren.

Mehr als einmal habe ich eine bestimmte Pflanze in die Erde gesetzt, nur um einen Vorwand zu haben, ein schönes

Spalier zu bauen. Manchmal ist mir das Handwerkliche wichtiger als der Garten. Natürlich bin ich begeistert, wenn meine Rosen im Juni den Garten mit Duft erfüllen. Gepflanzt habe ich sie aber, weil ich den perfekten Platz für einen Rankbogen entdeckt hatte – und der verlangte dann nach Kletterrosen (siehe Foto Seite 140).

Andererseits greife ich tief in die handwerkliche Trickkiste, wenn es die Pflanzen oder das Gelände erfordern. So entstehen Stützen (siehe Seite 117) oder Namensschilder (siehe Seite 175) für eine wachsende Sammlung von Stauden. Oder es gilt, 65 Meter Gartenschlauch geordnet und trotzdem greifbar zu verstauen (siehe Seite 172).

Handgemacht für den Garten ist die Zusammenfassung von zehn Jahren Arbeit – und Spiel – in meinem Garten. Ich habe mich bemüht, die Anleitungen einfach und anschaulich zu schreiben. Mit unkomplizierten Methoden und manchmal unkonventionellen Tricks sind schöne und zweckmäßige Dinge entstanden, die fast jeder ohne große Mühe, zu vertretbaren Kosten und mit geringem Frustrationsrisiko nachbauen kann. Übrigens empfehle ich, soweit es möglich ist, Alltagsdinge zu recyceln oder umzufunktionieren.

Mit diesem Buch möchte ich Ihnen helfen, selbst herzustellen, was Sie sich für den Garten wünschen. Wenn Sie beispielsweise nach meiner Anleitung ein oder zwei rustikale Spaliere gebaut haben (siehe Seite 146), werden Sie selbst in der Lage sein, maßgeschneiderte Varianten für Ihre Bedürfnisse zu entwickeln. Und haben Sie einige Hypertufa-Kübel geformt (siehe Seite 89), benötigen Sie meine Anleitung nicht mehr. Falls das eine oder andere Projekt Ihre Neugier weckt und Sie sich genauer mit einer Technik beschäftigen möchten, finden Sie weitere Informationen im Internet und anderen Büchern (siehe Liste Seite 206).

Meine Gärten haben mir im Lauf der Jahre viel Zufriedenheit geschenkt. Nichts ist schöner als eine große Insel blühender Pfingstrosen (vor allem mit selbst gebauten Stützen) oder ein üppiges Gemüsebeet mit Pflanzen, die ich aus Samen in Zeitungspapier-Töpfen (siehe Seite 10) herangezogen und in Drahtkörben (siehe Seite 167) geerntet habe. Ich muss aber zugeben, dass mir auch der «nackte» Garten im Winter gut gefällt. Wenn nicht die Pflanzen die Hauptrolle spielen, sondern

die Struktur des Gartens ins Auge fällt, sehe ich, was ich geschafft habe, und kann entscheiden, was noch fehlt.

Jetzt ist das Buch geschrieben und auf dem Weg in die Druckerei. Aber ich entdecke immer neue interessante Materialien und sehe in meinem Garten Plätze, die verschönert werden können. Ein Garten entwickelt sich immer weiter, und ich nehme an, dass ich der Herausforderung und Überraschungen nie überdrüssig werde. In meinem Blog (www.guagliumi.com/blog) werde ich weiter von meinem Garten erzählen und Fotos veröffentlichen. Besuchen Sie mich dort und zeigen Sie mir Ihren Garten.

Meine Mutter hatte kaum Zeit zum Gärtnern. Sie besaß nur ein Beet mit altmodischen dunkellilafarbenen Iris, die sie liebevoll pflegte. Heute gedeihen die «Enkelkinder» dieser Iris in meinem Garten. Sie haben alle Umzüge überstanden. Wenn ich die Blüten im Frühling anschaue, danke ich meiner Mutter für die Bodenständigkeit die sie mir mitgegeben hat. Und beim Blick auf diese Buchseite danke ich ihr für das Selbstvertrauen.

OBEN: Hypertufa-Töpfe in verschiedenen Formen und Größen.

DIE SAISON BEGINNT

Der erste und der letzte Frost bestimmen die Grenzen der Gartensaison. Aber im Januar kommen die Saatgutkataloge und wecken Hoffnung, dass der Frühling kommen wird — irgendwann. Stundenlang studiere ich Beschreibungen und Fotos verschiedener Sorten und schmiede Pläne. Ich blättere in den Notizen aus dem Vorjahr, um Fehler nicht zu wiederholen, versuche mich beim Ausfüllen der Bestellformulare zurückzuhalten und warte dann auf meine Lieferungen.

Ich ziehe gern Pflanzen aus Samen. So kann ich Sorten kultivieren, die es im Gartencenter nicht gibt, Geld sparen (sofern ich es beim Bestellen nicht übertreibe) und voller Stolz ernten. Ich kann meine Blumenbeete ganz nach Geschmack gestalten und bestimmte Formen oder Farben an verschiedenen Plätzen im Garten wiederholen. Und außerdem kann ich selbst Samen für das nächste Jahr ernten.

Ich versuche immer, frühzeitig mit der Anzucht zu beginnen. Zum Glück haben wir ein helles, sonniges Frühstückszimmer, in dem ich seit Jahren Sämlinge ziehe. Kürzlich habe ich aber ein kleines, unbeheiztes Gewächshaus gebaut, das den Jungpflanzen mehr Platz und Licht bietet, wenn sie größer werden. Auf «Wachstumslampen» kann ich gut verzichten. Manchmal stelle ich nachts ein kleines Heizgerät ins Gewächshaus, aber generell versuche ich, ohne viel Technik auszukommen.

GEGENÜBER: Kräftige Tomatensämlinge, die bald ins Freie gepflanzt werden können.

ANZUCHT AUS SAMEN

Jedes Jahr zum Jahreswechsel nehme ich mir vor, einige Kilo abzunehmen. So sind mit der Zeit viele Schalen von kalorienreduzierten Fertiggerichten zusammengekommen. Sie haben genau die richtige Höhe für eine dünne Schicht Erde und Samen, die später ausgedünnt und in Töpfe gepflanzt werden, und sie eignen sich auch als wasserdichte Untersetzer für Töpfe. Sie sind schmal genug für die Fensterbank und überzeugen mich, dass ich die Diätgerichte doch nicht ganz umsonst gekauft habe. Um Sämlinge großzuziehen, sind sie aber zu flach.

Ob ich nun diese Schalen verwende oder Anzuchtschalen und Presstorftöpfe im Gartencenter kaufe – ich säe so früh aus, dass die Jungpflanzen mindestens einmal in größere Töpfe umziehen müssen, bevor das Wetter warm genug ist, um sie in den Garten zu pflanzen. Wie die meisten Gärtner bewahre ich 10-cm-Töpfe von gekauften Pflanzen auf, aber mein Vorrat genügt nie, denn selbst wenn ich im Januar «zurückhaltend» bestelle, habe ich im März unzählige Sämlinge.

Als ich so viele Töpfe nachkaufen musste, dass die Kostenersparnis durch die Aussaat nicht mehr ins Gewicht fiel, probierte ich einige Methoden aus, um für wenig Geld beliebig viele Töpfe für die Aussaat und zum Umtopfen selbst herzustellen.

ZEITUNGSPAPIER-TÖPFE

Töpfe aus biologisch abbaubarem Zeitungspapier eignen sich gut für Sämlinge, die etwas mehr Platz brauchen. Wenn ich sie bei wärmerer Witterung in den Garten setze, reiße ich einfach die Böden der Töpfe ab, damit die Wurzeln leicht Bodenkontakt bekommen, und pflanze sie mitsamt der Papiermanschette ein. So werden die empfindlichen Wurzeln nicht beschädigt, die Pflanzen wachsen besser an und ich muss keine Töpfe lagern, sondern recycle noch Papier. Zeitungspapiertöpfe halten in Anzuchtschalen etwa sechs bis acht Wochen. Im Beet verrottet das Papier und reichert den Boden an.

Praktisch finde ich, dass ich die Namen der Pflanzensorten mit einem wasserfesten Marker direkt auf die Töpfe schreiben kann. Die Schrift verblasst mit der Zeit, darum stecke ich manchmal beschriftete Eisstiele in die Töpfe.

Das richtige Papier

Ich falte meine Töpfe aus Blättern der New York Times – nicht, weil ich glaube, dass die Sämlinge dadurch klüger oder gesünder würden, sondern weil ich weiß, dass die Times mit Druckerfarbe auf Sojabasis gedruckt wird. Zeitung wird auch als biologische Mulchschicht empfohlen, weil angeblich generell keine giftigen Druckfarben mehr verwendet werden. Ich finde es trotzdem sinnvoll, sicherheitshalber einmal nachzufragen, womit die Lokalzeitung gedruckt wird.

Ich falte zwei Arten von Zeitungspapier-Töpfen. Ein Modell ist flach wie die pfiffigen Trinkbecher, die wir im Pfadfinderlager gefaltet haben. Sie lassen sich gut aufbewahren, bis sie gebraucht werden. Das andere Modell wird um eine runde Form gerollt. Es braucht mehr Stauraum, ist aber stabiler und steht selbstständig.

Zeitungspapier-Töpfe müssen auf einem wasserdichten Tablett stehen. Wasser wird nicht auf das Substrat gegossen, sondern auf das Tablett, sodass das Papier es aufsaugt. Wenn die Sämlinge wachsen, benutze ich eine Sprühflasche, um Töpfe und Substratoberfläche feucht zu halten. Prüfen Sie die Feuchtigkeit täglich, aber gießen Sie nicht zu viel. sonst breiten sich Pilzkrankheiten aus, und die Sämlinge sterben ab.

Neben Anzuchtschalen, die ich über Jahre gesammelt habe, verwende ich auch Schalen von Fertiggerichten, alte Backbleche mit höherem Rand oder preiswerte Schuhablagen aus Kunststoff als Unterlagen für die Papiertöpfe.

Mit Wärme lässt sich die Keimung beschleunigen. Dafür verwende ich eine alte, fleckige Heizdecke, die ganz hinten im Wäscheschrank lag, und Tabletts aus dickerem Plastik. Es verteilt die Wärme gleichmäßig und schützt die Jungpflanzen vor Überhitzung.

GEGENÜBER: Sämlinge, die in Torfquelltöpfen gezogen werden, können in geräumigere Töpfe aus Zeitungspapier umziehen.

GEFALTETE ZEITUNGSPAPIER-TÖPFE

FERTIGE GRÖSSE: OBERE BREITE CA. 18 CM; UNTERE BREITE CA. 6,5 CM; HÖHE CA. 13 CM

Material

- 1 großes, ausgebreitetes Blatt Zeitungspapier pro Topf
- Stumpfes Messer zum Falzen
- Malerkrepp (bei Bedarf)

1 Vorbereitung und erster Kniff

Den ausgebreiteten Zeitungsbogen der Länge nach zur Hälfte falten. Die gefaltete Kante liegt unten. Die obere rechte Ecke nach links und zur Unterkante falten. Mit dem Messer fest über den Kniff streichen.

2 Der zweite Kniff

Die linke Hälfte des Papiers hinter das gerade entstandene Dreieck falten. Wieder falzen.

3 Der dritte Kniff

Den oberen Teil des Rechtecks, das in Schritt 2 nach rechts gefaltet wurde (also das noch sichtbare Dreieck) über das erste Dreieck legen, das in Schritt 1 entstanden ist. Das Papier so drehen, dass das einfach gefaltete Papier unten liegt und die offenen Kanten oben.

4 Der vierte Kniff

Die untere linke Ecke bis an die rechte Kante des Dreiecks falten. Scharf kniffen.

5 Der fünfte Kniff

Die untere rechte Ecke zur linken Kante falten und wieder scharf kniffen.

6 Der sechste Kniff

Die Hälfte der Dreiecke an der Oberkante nach vorn falten und kniffen.

7 Der siebte Kniff

Die restlichen Dreiecke nach hinten falten und abermals scharf kniffen.

8 Letzte Handgriffe

Falls nötig, das gefaltete Papier mit Malerkrepp fixieren. Zum Aufstellen den oberen Rand seitlich auseinanderdrücken und den Boden etwas eindrücken. Wenn die Töpfe nebeneinander auf dem Tablett stehen, stützen sie sich gegenseitig.

GEGENÜBER: Ich lege mir immer einen Vorrat solcher flach gefalteten Töpfe an.

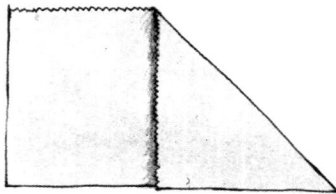

1 Rechte Ecke zur Unterkante.

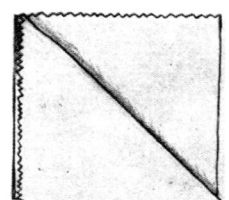

2 Linke Hälfte hinter das Dreieck.

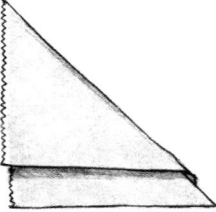

3 Obere rechte Ecke über das Dreieck nach unten links.

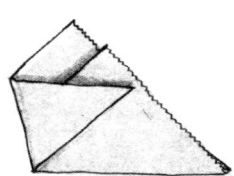

4 Linke Ecke zur rechten Kante.

5 Untere rechte Ecke zur linken Kante.

6 Hälfte der oberen Dreiecke nach vorn.

7 Restliche Dreiecke nach hinten.

8 Rand spreizen und Boden eindrücken.

GEROLLTE ZEITUNGSPAPIER-TÖPFE

FERTIGE GRÖSSE: DURCHMESSER CA. 6,5 CM; HÖHE CA. 10 CM

Material

- 1 großes, ausgebreitetes Blatt Zeitungspapier pro Topf
- Zweiteiliger Messbecher mit transparentem Zylinder und Schieber (im Fachhandel oder online, siehe auch Adressen auf Seite 204)
- Malerkrepp

1 Vorbereitung

Den Zeitungsbogen zweimal der Länge nach zur Hälfte falten. Dabei soll ein Rechteck von 15 cm Breite und 56 cm Länge entstehen. Das Rollen geht zügiger, wenn Sie einige Bögen auf Vorrat falten.

2 Um den Zylinder rollen

Den Schieber des Messbechers so weit herausziehen, dass nur noch 2,5 cm im transparenten Zylinder sitzen. Das Papier mit der gefalteten Kante am unteren Ende des transparenten Zylinders anlegen. Die offenen Papierkanten stehen einige Zentimeter über den oberen Rand des Zylinders hinaus. Das Papier von der Schmalseite her fest um den Zylinder wickeln – aber nicht so fest, dass es sich später nicht abziehen lässt.

3 Das Ende befestigen

Die lose Schmalseite des aufgerollten Papiers mit Malerkrepp festkleben.

4 Unterkanten einschlagen

Die Unterkanten über die Kante des Zylinders nach innen falten.

5 Den Boden glätten

Den Messbecher kopfüber drehen und den Schieber fest hineindrücken, um die eingeschlagenen Papierkanten (aus Schritt 4) fest in Form zu drücken.

6 Topf abnehmen

Wenn Sie das Papier sehr fest gewickelt haben, müssen Sie es vielleicht etwas drehen, um es vom Zylinder zu lösen. Beschriften Sie die Töpfe, bevor Sie Erde einfüllen und Samen einlegen.

7 Benutzung

Stellen Sie die gefüllten Töpfe dicht an dicht auf ein wasserdichtes Tablett, damit sie sich gegenseitig stützen können.

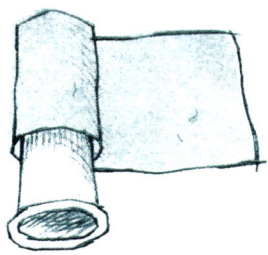

2 Gefaltetes Papier um den Zylinder rollen.

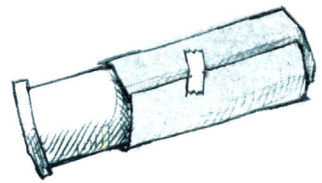

3 Papierkante festkleben.

4 Unterkanten nach innen falten.

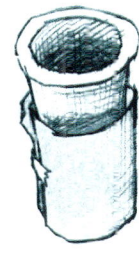

6 Papiertopf vom Zylinder lösen.

GEGENÜBER: In diesen Töpfen warten Tomatensämlinge darauf, dass es wärmer wird und sie in den Garten gepflanzt werden. Ich stelle die Töpfe dicht an dicht, damit sie sich gegenseitig stützen und nicht so schnell austrocknen.

SUBSTRATBLÖCKE

Viele Gärtner kennen Scheiben aus Presstorf, die aufquellen, wenn man sie anfeuchtet. Substratblöcke sind ähnlich, sie quellen nur nicht auf. Sie bestehen aus einem feuchten Material, das zu Quadern oder Zylindern geformt wird. Diese stellt man in Schalen und legt Samen hinein.

In Gartenkatalogen werden teure Geräte angeboten, um solche Blöcke selbst herzustellen. Auf Internetseiten findet man Beschreibungen von Werkzeugen zur Herstellung mehrerer Blöcke.

Um kein neues Werkzeug anschaffen zu müssen, habe ich mit einer Kartoffelpresse, einem Melonenausstecher, Zitruspressen und verschiedenen Eisportionierern experimentiert. Mit allen lässt sich das Substrat gut pressen und Formen, aber danach löst es sich schlecht. Einfacher ist es, wenn man die Pressform mit Kaffee-Filtertüten auslegt.

Bei einer Haushaltsauflösung fand ich altmodische Ausstecher mit Schieber, die für Canapés gedacht sind. Sie brachten recht gute Ergebnisse, aber am besten funktionierte mein zweiteiliger Messbecher.

Substratblöcke bestehen normalerweise aus Torfmoos oder Kokosfasern und Kompost oder Anzuchterde. Manche Fertigprodukte enthalten auch Dünger und andere Zusätze. Die Blöcke sehen, wenn sie frisch geformt sind, zerbrechlich aus, aber sie halten gut und werden noch stabiler, wenn die Wurzeln der Sämlinge wachsen und das Substrat zusammenhalten.

Wenn die Wurzeln einen Block durchwachsen haben und an den Seiten sichtbar werden, ist es Zeit, den ganzen Block in einen Topf zu pflanzen. Im Handel gibt es Werkzeuge für Blöcke in verschiedenen Größen. Die kleinsten passen meist in eine Vertiefung in der Mitte der nächsten Größe. Das scheint praktisch, aber mehrere Werkzeuge haben ihren Preis. Darum pflanze ich Sämlinge in konventionelle Töpfe um.

Wie Zeitungspapier-Töpfe müssen auch Substratblöcke immer feucht sein, damit die Samen keimen können. Stellen Sie sie in eine wasserdichte, flache Schale und kontrollieren Sie die Feuchtigkeit täglich.

Material

- Torfmoos oder Kokosfaser und Komposterde oder Universalsubstrat (Faustregel: 4 Teile Torfmoos, 2 Teile Komposterde und 4 Teile Wasser)
- Düngergranulat, Kalk oder andere Zusätze (nach Belieben)
- Zweiteiliger Messbecher mit 2,5 cm Durchmesser
- Sieb (siehe Seite 162)
- Flache, wasserdichte Schale

1 Vorbereitung

Torfmoos (oder Kokosfaser) und Komposterde (oder Substrat) sieben, um grobe Klumpen zu entfernen. Die trockenen Materialien mischen.

2 Wasser zugeben

So viel Wasser zugeben, dass eine formbare Mischung entsteht, die zusammenhält, wenn man sie in der Hand zusammendrückt.

3 Formen

Den Schieber des Messbechers so weit herausziehen, dass weniger als 2,5 cm im Zylinder sitzen. Eine gute Portion der Mischung mit dem Becher aufnehmen und mit den Fingern andrücken. Dann die Mischung mit dem Schieber aus dem Zylinder direkt in die Schale drücken.

4 Verwendung

Die Töpfe dicht an dicht stellen (dichter als auf der Abbildung gegenüber), damit sie sich stützen, bis die Pflanzenwurzeln ihnen mehr Festigkeit geben. Einige wenige Samen in das Substrat drücken. Die Tiefe ist, neben anderen Informationen, auf der Samentüte angegeben. Die Blöcke mit transparenter Folie abdecken, um die Austrocknung zu verzögern. Täglich die Feuchtigkeit kontrollieren. Wenn sich die Sämlinge zeigen, die Folie abnehmen.

DAS BESTE WERKZEUG

Der zweiteilige Messbecher, den ich für gerollte Zeitungstöpfe verwende, eignet sich auch ausgezeichnet zum Formen von runden Substratblöcken mit 6 cm Durchmesser. Mit dem kleineren Messbecher-Modell, das für Gewürze und Löffelmengen gedacht ist, lassen sich schlanke Zylinder mit 2,5 cm Durchmesser sehr gut formen.

SAATBÄNDER

Gartenarbeit macht Freude, aber sie ist auch anstrengend. Darum bin ich immer auf der Suche nach Ideen, die mir die Arbeit erleichtern. Wer Saatbänder benutzt, erspart sich im Frühling Rückenschmerzen und wunde Knie. Mit Saatbändern ist Gemüse wie Möhren oder Salat im Handumdrehen gesät und muss später nicht ausgedünnt werden. Am Tisch sitzend ist es viel einfacher, die Samenkörner in den richtigen Abständen anzuordnen als gebückt oder kniend im Beet. Außerdem erleichtern Saatbänder die Planung der Bepflanzung, weil man vorher weiß, wie viel Platz für jede Sorte benötigt wird.

Wenn ich direkt in die Erde säe, bin ich oft ungeduldig. Nehme ich mir aber Zeit, Saatbänder vorzubereiten, staune ich immer wieder, wie viele Samen so eine kleine Tüte enthält. Ich glaube, dass meine Erträge mit Saatband besser ausfallen als bei der Direktsaat, weil ich genauer auf die Abstände achte.

Für manche Blumen- und Gemüsearten kann man Saatbänder fertig kaufen. Ich stelle sie aber gern selbst her: Das ist wie Gartenarbeit im Winter. Das Prinzip gekaufter oder selbst gemachter Saatbänder ist einfach: Die Samen sind mit wasserlöslichem Kleber auf dünnes Papier geklebt. Er löst sich auf, wenn die Bänder in die Erde gelegt und begossen werden.

Material

- Samen
- 4 cm breite Streifen von Zeitungspapier, Küchenpapier oder Toilettenpapier
- Klebstoff aus Speisestärke und Wasser
- Zahnstocher
- Küchenpapier

NACH BELIEBEN: Quetschflasche mit weiter Öffnung, kleine Pinzette, Saatgut-Dosierer

1 Vorbereitung der Streifen

Zuerst mit trockenen, sauberen Händen reichlich Papierstreifen zuschneiden. Allzu lang sollten sie nicht sein. Kürzere sind leichter zu handhaben und brauchen weniger Platz zum Trocknen. Ich schneide aus ganzen Zeitungsbögen Streifen von etwa 50 cm Länge und 4 cm Breite.

Wenn Sie Küchenrolle oder Toilettenpapier verwenden, schneiden Sie Streifen von doppelter Länge oder Breite. Die Samen auf eine Hälfte kleben, dann die andere Hälfte darüber falten und andrücken. So wird das Band stabiler. Kaufen Sie das preiswerteste Küchenpapier, das Sie finden. Teure Sorten haben eine höhere Feuchtigkeitsbeständigkeit und lösen sich nicht schnell genug auf, um die Samen keimen zu lassen.

2 Der Klebstoff

Aus Mehl oder Speisestärke und Wasser eine dickflüssige Paste mischen, die sich gut verarbeiten lässt, aber nicht zu stark verläuft. Speisestärke mit kaltem Wasser anrühren, dann eine Minute kochen und vor der Verarbeitung abkühlen lassen. Reste können in einem gut schließenden Schraubglas aufbewahrt werden.

3 Klebstoff auf die Streifen tupfen

Mit einem Zahnstocher oder einem dünnen Künstlerpinsel kleine Tupfen der Paste setzen. Sie können die Paste auch etwas verdünnen und mit einer Quetschflasche auftragen, mit einem feuchten Zahnstocher oder Pinsel ist es aber einfach, die Samen einzeln aufzunehmen und auf den Streifen zu setzen. Geben Sie aus der Quetschflasche mehrere Tupfen auf das Papier, und streuen Sie dann die Samen darauf. Lassen Sie an einem Ende des Papierstreifens ein Stück frei, um darauf die genaue Pflanzenart, die Sorte und das Datum zu notieren.

Manchmal setze ich die Samen mit einer alten Pinzette in den Kleber und drücke sie mit der Fingerspitze an. Dabei lege ich feuchtes Küchenpapier zum Abwischen der Finger bereit. Für besonders kleine Samen ist auch ein Spender praktisch, den es in verschiedenen Ausführungen im Fachhandel gibt. Ich habe ein Modell, in das ich eine ganze Tüte Samen einfüllen und dann durch Druck einzeln freigeben kann.

4 Lagerung und Aussaat

Wenn die Streifen vollständig trocken sind, werden sie aufgerollt und in Plastiktüten verpackt – zusammen mit der Samentüte, auf der Angaben zu Saattiefe und zum Reihenabstand stehen. Sie könnten auch gleich Reihenmarkierer oder Namensschilder vorbereiten und zu den Saatbändern legen. Ein Päckchen mit Saatbändern und Schildchen ist ein schönes Geschenk für einen Gartenliebhaber. Bereiten Sie gleich ein paar mehr vor, wenn Sie schon dabei sind.

Zur Aussaat kratzen Sie einfach eine Rille in der angegebenen Tiefe in die Erdoberfläche, legen ein Band hinein und befeuchten es vorsichtig. Dann brauchen Sie nur das Band mit Erde zu bedecken und abzuwarten.

SÄMLINGE SCHÜTZEN

Die meisten Sämlinge brauchen, wenn sie ausgepflanzt sind, Schutz vor Frost, Wind und grellem Sonnenlicht. Bei mir zu Hause muss ich sie auch vor der Katze schützen, die gern frisches Grün knabbert und sich für die Siesta ungeniert auf den Aussaatschalen ausstreckt, die auf ihrer Lieblingsfensterbank stehen.

Um das Katzenproblem zu lösen, habe ich Mini-Gewächshäuser gebaut, die praktischerweise auch die Verdunstung von Feuchtigkeit verlangsamen. Wenn es wärmer wird und mir die Jungpflanzen im Haus über den Kopf wachsen, stelle ich einige in solchen Mini-Gewächshäusern in den Windschatten meiner Hochbeete.

Wenn der Pflanzennachwuchs keinen Schutz mehr braucht, schnüre ich die Gewächshäuser zu einem Bündel zusammen und verstaue sie liegend in einer Box. Ich benutze sie schon seit vielen Jahren.

Sie brauchen für die Gewächshäuser eine Nähmaschine, aber nur minimale Nähkenntnisse. Die folgende Anleitung beschreibt das Nähen eines Gewächshauses von etwa 25 × 51 cm Größe.

MINI-GEWÄCHSHAUS

Material

- 45 x 60 cm transparentes oder halb transparentes Plastik (in guten Stoffgeschäften in verschiedenen Stärken erhältlich. Kaufen Sie eine stabile Qualität oder recyceln Sie einen alten Duschvorhang.)
- 4 Stücke Draht, 2 mm stark, 60 cm lang, vorzugsweise rostfrei. Gerade Drähte zum Befestigen von Deckenisolierung lassen sich wesentlich besser verarbeiten als widerspenstiger Draht von der Rolle.
- Nähmaschine und Garn
- Seitenschneider
- Lineal

GEGENÜBER: Das kleine Gewächshaus verringert die Verdunstung und schützt die Pflänzchen vor ungezogenen Katzen.

1 Hohlsaum nähen

Mit dem Zickzackstich einen Hohlsaum an jedem Ende und einen oder zwei im mittleren Bereich des Plastiks nähen. Dazu das Vinyl doppelt legen und in 12 mm Abstand zur Faltkante nähen. Anfang und Ende der Naht dürfen nicht mit Rückwärtsstichen verriegelt werden, denn die Einstiche schwächen das Material. Die Fäden lang hängen lassen, verknoten und kurz abschneiden.

2 Drähte zuschneiden und einfädeln

Aus dem Draht 60 cm lange Stücke schneiden. (Oder länger, wenn die Gewächshäuser vor allem im Freien und in weichem Boden verwendet werden sollen). Durch jeden Hohlsaum einen Draht schieben, dann die Drähte zu gleichmäßigen Bögen biegen.

3 Verwendung

Die Enden der Drähte können direkt in das Topfsubstrat oder den Gartenboden gesteckt werden. Sie können sie auch umbiegen und auf den Rand der Anzuchtschale setzen.

ANDERE METHODE, UM EMPFINDLICHE SÄMLINGE ZU SCHÜTZEN

Da ich gern so früh wie möglich säe, habe ich im Lauf der Jahre viele Methoden ausprobiert, um Sämlinge vor der Witterung zu schützen. Einkaufstüten aus Plastik verrotten nicht, sie sind aber auch nicht sonderlich haltbar, darum würde ich mir nicht die Mühe machen, Folientunnel daraus zu nähen. Sie lassen sich aber im Handumdrehen über einen Stab oder einen Staudenhalter stülpen. Das sieht nicht hübsch aus, ist aber eine praktische und schnelle Notlösung, wenn der Wetterbericht in den Abendnachrichten Nachtfrost ankündigt.

1 €-Läden, die überall aus dem Boden sprießen, bieten allerlei Praktisches an, mit dem sich improvisieren lässt. Einmal fand ich transparente Regenschirme, die sich hervorragend als Schutzglocken eignen. Ich habe ein paar Löcher und Schlitze in die Bespannung gestochen, um die Belüftung zu verbessern, und dann einfach die Griffe in die Erde gesteckt. Sie waren groß genug, um mehrere Pflanzen abzudecken, und haben einige Jahre lang gute Dienste geleistet. Wenn eine Speiche bricht oder verbiegt, ist ein Schirm nicht mehr als Schirm zu gebrauchen. Bei einem Billigangebot sollten Sie aber ruhig zugreifen, denn die Schirme decken auch größere Pflanzen ab, lassen sich gut im Boden verankern und zum Verstauen zusammenklappen.

Eine andere Lösung ergab sich, als unser Brunnen bakteriell belastet war und wir eine Zeit lang Wasser in Kanistern kaufen mussten. Die Kanister sammelten sich an, und ich schnitt einfach die Böden ab, um daraus Schutzglocken für einzelne Pflanzen zu machen. Mit einem gegabelten Zweig, der durch den Griff gesteckt wird, lassen sie sich leicht im Boden verankern. Weil die Kanister nicht völlig transparent sind, filtern sie das Licht und schützen junge Pflanzen auch vor Sonnenbrand. Wenn sie nicht gebraucht werden, fädele ich eine Schnur durch alle Griffe und hänge sie an einen Balken in der Scheune. (Die Deckel werden nicht benötigt.)

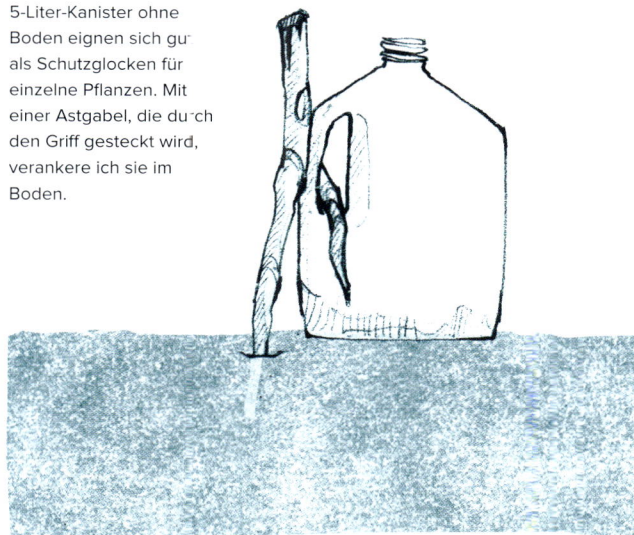

5-Liter-Kanister ohne Boden eignen sich gut als Schutzglocken für einzelne Pflanzen. Mit einer Astgabel, die durch den Griff gesteckt wird, verankere ich sie im Boden.

Gegenüber: Sämlinge, die zum Abhärten im Freien stehen, schütze ich mit Mini-Gewächshäusern vor unerwartetem Frost und scharfem Wind.

23

FOLIENTUNNEL

Bevor ich ein Gewächshaus besaß, diente mir preisgünstige, transparente Plastikfolie, die man zum Füttern von Duschvorhängen benutzt, als Schutz für die Pflanzen. Der Folientunnel ist eine größere Version des Mini-Gewächshauses. Er kostet wenig, ist leicht zu nähen und zu verstauen.

Obwohl ich nun ein Gewächshaus habe, benutze ich den Tunnel noch zum Schutz von jungen Pflanzen, die ich vor dem Auspflanzen mit ihren Töpfen zum Abhärten ins Freie stelle. Die leicht trübe Folie streut das Licht, hält die Wärme im Inneren und lässt die Luft zirkulieren.

Material

- Halb transparenter Duschvorhang oder Folie
- 4 PEX-Rohre, 2,4 m lang, 12 mm Durchmesser (aus der Elektroabteilung des Baumarkts)
- 8 Stücke PVC-Rohr, 30 cm lang, 2,5 cm Durchmesser (aus der Sanitärabteilung des Baumarkts)
- 8 Rohrkappen oder Korken, 2,5 cm Durchmesser
- Nähmaschine und Garn
- PVC-Kleber
- Bügelsäge
- Hammer

NACH BELIEBEN: 8 Stücke verzinkter Draht, 30 cm lang, Bohrmaschine und Bohrer in der Stärke des Drahts

1 Hohlsäume nähen

Mit der Nähmaschine an jedem Ende des Duschvorhangs einen Hohlsaum nähen. sowie zwei weitere im mittleren Bereich. Dazu den Duschvorhang doppelt legen und mit 15 mm Abstand zur Faltlinie steppen.

2 PEX-Rohre einschieben

In jeden der genähten Hohlsäume eines der PEX-Rohre schieben.

3 Die PVC-Rohre vorbereiten

Jedes Stück PVC-Rohr mit einer Kappe oder einem Korken verschließen und verkleben, damit sich in ihnen keine Erde festsetzt, wenn sie in den Boden gesteckt werden.

4 Die erste Reihe PVC-Rohre

Den Vorhang flach auf den Boden legen und die Positionen der Hohlsaum in gerader Linie auf einer Seite anzeichnen. An jeder Position ein PVC-Rohr (verschlossene Seite unten) in den Boden einschlagen. Dann die Enden der PEX-Rohre in die PVC-Rohre stecken.

5 Die zweite Reihe PVC-Rohre

Überlegen Sie jetzt, wie hoch der Folientunnel sein soll, denn daraus ergibt sich die Position der zweiten Reihe PVC-Rohre. Beide Reihen PVC-Rohre müssen parallel zueinander und gerade verlaufen. Die zweite Reihe Rohre einschlagen, dann die PEX-Rohre vorsichtig biegen und die freien Enden in die Verankerungen stecken.

6 Letzte Handgriffe

Wenn Ihr Garten kräftigem Wind ausgesetzt ist, werden die PEX- und PVC-Rohre mit Draht verbunden, damit der Tunnel nicht wegfliegt. Nachdem alle PEX-Rohre korrekt in den Verankerungen sitzen, durchbohren Sie beide Rohre. Dann einen Draht durch die Bohrung schieben und die Enden zusammendrehen. Der Draht macht den Tunnel windsicher und lässt sich später leicht entfernen.

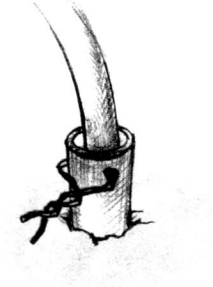

6 PEX- und PVC-Rohr mit Draht verbinden.

AUSPFLANZEN

Das Auspflanzen im Frühling kostet viel Zeit und Energie, und es stellt auch die Weichen für die bevorstehende Saison. Wenn der Boden sich erwärmt hat und der üppige Garten meiner Träume noch Wochen — wenn nicht Monate — entfernt ist, habe ich mehr Zeit als später, wenn das Unkraut sprießt.

Ein ordentlicher Garten sieht nicht nur schön aus. Er lässt sich auch einfacher pflegen als eine wirre Bepflanzung. Im Winter verbringe ich viel Zeit mit der Planung, aber im Frühling finde ich die leeren Beete immer etwas trügerisch. Sie sind nie so groß, wie ich sie in Erinnerung hatte, und die Angaben über Pflanz- und Reihenabstände auf den Samentüten scheinen mir allzu großzügig. Wenn die Pflanzen heranwachsen, erkennt man natürlich, warum diese Abstände empfohlen wurden, und ich bin meistens froh, dass ich nicht der Versuchung erlegen bin, mehr Reihen in die Beete zu quetschen. Wenn ich Pflanzhölzer benutze, um die Abstände von Samen oder Reihen festzulegen, neige ich weniger dazu, die Beete zu überfüllen, nur weil ich zu großzügig eingekauft habe.

Pflanzhölzer

Die Aussaat oder die Pflanzung von Sämlingen beginnt immer mit einem Loch im Boden. Pflanzhölzer werden schon seit Jahrhunderten verwendet, um zügig viele gleichmäßige Löcher zu stechen. Blumenzwiebelpflanzer funktionieren ähnlich, heben aber eine kleine Menge Erde aus, während ein Pflanzholz sie nur zur Seite schiebt. Auf dem Foto links sehen Sie mein Pflanzholz aus einer langen Leiste, mit dem ich 35 Löcher in einem Arbeitsgang in die Erde drücken kann. Für kleine, kompakte Gruppen von Löchern benutze ich ein rechteckiges Pflanzholz (siehe Foto auf Seite 30). Beide haben Stifte gleicher Länge in regelmäßigen Abständen. Dadurch geht die Aussaat schnell von der Hand und es muss später kaum ausgedünnt werden.

GERADE REIHEN

Um im Gemüsegarten gerade Reihen anzuzeichnen, benutze ich zwei 30 cm lange Holzpflöcke, wie sie auch zum Abstecken von Flächen bei Landschaftsarbeiten verwendet werden. Solche Pflöcke lassen sich aus angespitzten Latten leicht selber machen: Einfach beide am oberen Ende durchbohren und eine Schnur durchfädeln, die 30 cm länger als die längste Reihe ist.

Zum Verstauen wird die Schnur einfach um die beiden Pflöcke gewickelt. Wenn gesät oder gepflanzt wird, stecken Sie einen Pflock am Anfang der Reihe in den Boden. Dann so viel Schnur abwickeln wie nötig und der zweiten Pflock am anderen Ende in die Erde drücken. Um die Reihe zu begradigen oder zu verschieben, lassen sich die Pflöcke leicht umstecken.

Sämlinge werden normalerweise in weiteren Abständen gepflanzt, und sie brauchen weitere Abstände und größere Löcher für ihren Wurzelballen. Dafür verwende ich dickere Pflanzhölzer, die man auch Dibber nennt. Einige habe ich aus Rundhölzern selbst gemacht, ich benutze aber auch einen alten Porzellanstößel vom Flohmarkt. Dibber und Pflanzhölzer lassen sich mit wenig Aufwand selbst bauen (Anleitungen folgen).

GEGENÜBER: Das längste Pflanzholz benutze ich, um Erbsen oder Bohnen in Reihen zu säen. Das kürzere ist praktisch, wenn der Platz knapp ist. Der Dibber hat einen Griff, mit dem er sich gut tief in den Boden drücken lässt.

DIBBER

Material

- Rundholz, 30–36 cm lang, 12 mm Durchmesser (z. B. alter Werkzeuggriff, Besenstiel)
- Robustes Taschenmesser
- Schleifklotz und Schleifpapier (mittlere Körnung)

NACH BELIEBEN: Flaches Holzstück als Griff (Foto auf Seite 26), Schraube, Holzleim, 2 M Lederband (zum Umwickeln), Sekundenkleber, Bohrmaschine und Bohrer

1 Das Rundholz anspitzen

Mit dem Taschenmesser ein Ende des Rundholzes etwas anspitzen. Dabei das Messer immer vom Körper weg führen. So lässt sich der Dibber leichter in den Boden drücken.

2 Schleifen

Das angespitzte Holz mit dem Schleifpapier sorgfältig glätten.

3 Nach Belieben: Quergriff

Um einen Griff anzubringen, bohren Sie durch das flache Holzstück und ins obere Ende des Dibbers ein Loch. Etwas Holzleim auf die Verbindungsstelle geben, dann den Griff auf den Dibber schrauben.

4 Nach Belieben: Ledergriff

Dibber, die keinen Quergriff haben, umwickle ich gern mit Leder, weil es sich so gut anfühlt. Das Umwickeln dauert nur Minuten, aber das Werkzeug liegt besser in der Hand und ist weniger rutschig. Sie können das Holz ganz einfach umwickeln oder auch kunstvoll umknoten (siehe rechts).

LEDERGRIFFE

Ein Ledergriff ist angenehmer zu halten und zu benutzen. Statt das Holz einfach zu umwickeln, können Sie sich auch auf Ihre Makramee-Kenntnisse besinnen und mit halben Schlägen oder anderen Knoten ein dekoratives Muster knüpfen.

GEWICKELTER LEDERGRIFF

1 Versteckter Anfang

Am saubersten sieht es aus, wenn Anfang und Ende des Lederbands gut versteckt sind. Bohren Sie in 10–13 cm Abstand zum stumpfen Ende ein Loch mit 5 mm Durchmesser durch das Holz. Etwas Sekundenkleber ins Loch drücken, das Ende des Bands hineinschieben und trocknen lassen, bevor Sie zu wickeln beginnen.

2 Wickeln

Beginnen Sie mit dem Wickeln in 10–13 cm Abstand zum oberen (stumpfen) Ende.
Wenn Sie Schritt 1 erledigt haben, legen Sie ein etwa 5 cm langes Ende des Lederbands von oben nach unten in Längsrichtung auf das Rundholz. Die ersten Wicklungen verlaufen über dieses Ende. Halten Sie dieses bei den ersten Wicklungen fest. Das Lederband fest ums Holz wickeln und dabei nicht verdrehen. Es soll rundherum flach anliegen. Wickeln Sie, bis am oberen Ende des Werkzeugs noch 5 cm Holz frei sind. Nun können Sie ein Loch (5 mm) bohren, das Lederband abschneiden und wie in Schritt 1 mit Sekundenkleber fixieren. Alternativ das Band dicht am Holz verknoten und kurz abschneiden oder eine Griffschlaufe machen (siehe Schritt 3).

3 Nach Belieben: Griffschlaufe

Die Griffschlaufe ist bei der Arbeit praktisch, das Werkzeug kann an ihr aufgehängt werden, und sie bietet eine Möglichkeit, das Bandende geschickt zu versorgen. Durchbohren Sie das Holz 5–8 cm unter seinem oberen Ende. Nachdem der Griff umwickelt ist, fädeln Sie das Ende des Lederbands durch das Loch. Eine Schlaufe bilden und mit einem Knoten sichern, der groß genug ist, um das Durchrutschen der Schlaufe durch die Bohrung zu verhindern. Das Lederband dicht am Knoten abschneiden. Sie können den Knoten zusätzlich mit einem Tropfen Sekundenkleber sichern.

2 Die ersten Wicklungen verdecken den Anfang des Lederbands.

UMKNOTETER GRIFF

1 Testknoten und auslegen

Für Kreuzknoten brauchen Sie etwa 2 m Lederband. (Wenn Sie andere Knoten machen möchten, ist eventuell mehr Band erforderlich. Binden Sie zur Probe einen Ihrer bevorzugten Knoten um das Holz, um die Bandlänge zu berechnen.) Nun legen Sie den Dibber auf die Mitte des Lederbands. Die Bandenden auf beiden Seiten des Dibbers müssen gleich lang sein.

2 Der erste Schlag

Das linke Bandende über das rechte legen und das obere durchziehen, um den ersten Schlag des Kreuzknotens zu knüpfen. Fest um den Dibber zusammenziehen.

3 Der zweite Schlag

Um den Knoten zu beenden, das rechte Ende über das linke legen und wieder das obere durchziehen. Sie können nach jedem Knoten die Bänder um das Holz wickeln und auf seiner Rückseite kreuzen (dabei das Band nicht verdrehen!), sodass eine Reihe von Knoten entsteht. Möglich ist auch, zwei Reihen von Knoten auf der gegenüberliegenden Seiten zu knüpfen. Wichtig ist, dass die Knoten gerade Reihen bilden und dicht an dicht sitzen.

2–3 DER KREUZKNOTEN

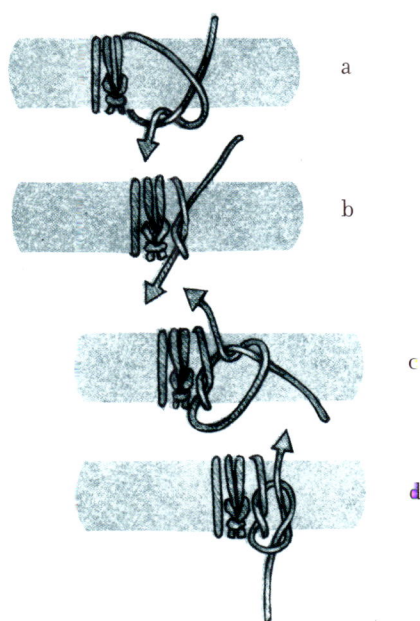

a

b

c

d

29

RECHTECKIGES PFLANZHOLZ

Mit diesem Pflanzholz von 23 × 36 × 5 cm Größe lassen sich 24 Löcher in einem Arbeitsgang drücken – ideal für Radieschen und anderes Gemüse, das in kompakten Gruppen gesät werden kann. Mit dem Griff auf der Oberseite lässt es sich noch einfacher handhaben.

Material

- Massivholzbrett, mindestens 5 cm dick, 23 × 36 cm
- Bohrmaschine und Bohrer 7–7,5 mm
- Holzdübel, 8 mm Durchmesser, 7 cm lang*
- Bleistift und Lineal
- Gummihammer oder Klüpfel

NACH BELIEBEN Einfacher Bügelgriff, kleine Dose von Tomatenmark oder Holzklotz, Schraubendreher, Schrauben

Hinweis: Damit die Holzdübel fest im Brett sitzen, muss der Durchmesser der Bohrungen 0,5–1 mm kleiner sein als der Dübeldurchmesser. Gelegentlich werden Dübel im Set mit dem passenden Bohrer verkauft.

1 Die Positionen der Dübel auf dem Brett anzeichnen

Legen Sie die Abstände der Dübel fest, und zeichnen Sie die Positionen der Bohrungen mit Lineal und Bleistift an. Für die meisten Samen sind Abstände von 2,5–4 cm zu empfehlen.

2 Bohren

Die Löcher müssen rechtwinklig zur Brettoberfläche und in gleicher Tiefe gebohrt werden, damit alle Dübel nach dem Einsetzen gleich weit hervorstehen. Wer keinen Tiefenanschlag hat, kann sich mit einem Stück Restholz behelfen (siehe Zeichnung unten). Auch 170-g-Dosen von Tomatenmark eignen sich als Tiefenbegrenzer und helfen dabei, rechtwinklig zu bohren. Am besten bohren Sie zuerst einige Probelöcher in einen Holzrest, um sicher zu sein, dass Tiefe und Durchmesser der Löcher zu den Dübeln passen.

3 Die Dübel einsetzen

Wenn alle Löcher gebohrt sind, werden die Dübel mit einem Klüpfel hineingeschlagen. Sie müssen ganz fest sitzen, damit sie sich nicht lockern.

4 Nach Belieben: Handgriff

Das Pflanzholz lässt sich viel besser handhaben, wenn Sie einen einfachen Bügelgriff in die Mitte seiner Oberseite schrauben.

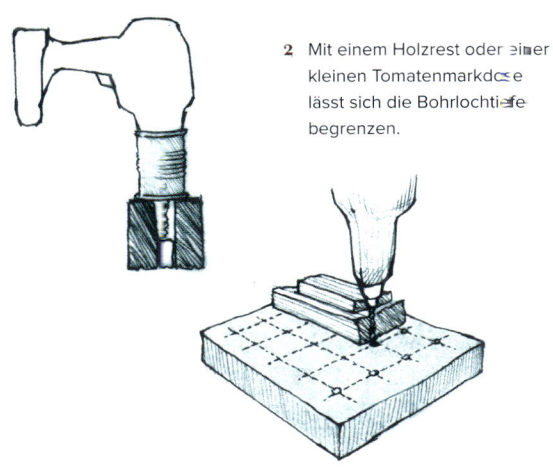

2 Mit einem Holzrest oder einer kleinen Tomatenmarkdose lässt sich die Bohrlochtiefe begrenzen.

KAPITEL 2

TÖPFE & KÜBEL

Ich stelle gern Kübel und Töpfe auf die Terrasse und an Wege. Ich kann sie nach Belieben umräumen, farblose Gartenecken auflockern und frostempfindliche Pflanzen über den Winter ins Haus holen, ohne ihre Wurzeln zu stören. Besonders gern mag ich Gefäße aus Terrakotta. Jedes Jahr wächst meine Sammlung um neue Former und Größen, und dann suche ich passende Pflanzen. Terrakotta ist recht preiswert und lässt sich bemerkenswert leicht bearbeiten. Sie eignet sich für viele verschiedene Dekorationstechniken.

Recycling liegt im Trend und bietet grenzenlose Möglichkeiten, allerlei Behälter und andere Dinge umzufunktionieren: Abflussrohre, Autoreifen, aufgerollte Gartenschläuche und mehr. Wenn Sie erst einmal anfangen, über das kreative Zweckentfremden nachzudenken, werden Sie alltägliche Gegenstände mit anderen Augen sehen.

GEGENÜBER: Die bemalten Töpfe sind innen und außen klar lackiert, damit die Farbe lange hält.

33

TERRAKOTTA BEMALEN UND LASIEREN

Terrakotta eignet sich für viele verschiedene Dekorationstechniken, denn das weiche, poröse Material saugt Pigmente und Bindemittel leicht auf. Obwohl Plastiktöpfe preiswert sind und sich ebenfalls gut bemalen oder anders verzieren lassen, arbeite ich lieber mit Terrakotta, weil das Ergebnis schöner aussieht und länger hält.

Sonne, Feuchtigkeit und Regen hinterlassen mit der Zeit Spuren auf allen Oberflächen, außerdem kann Terrakotta durch Frosteinwirkung Risse bekommen. Einige Kübel, die mir sehr lieb sind, räume ich darum jedes Jahr im November in den Gartenschuppen. Die größten befördere ich mitsamt dem Inhalt mit einer Sackkarre. Solange sich der Ton nicht durch Regen und Schnee mit Wasser vollsaugt, verkraftet er Kälte recht gut.

Ein Besuch in einem großen Baumarkt oder Bastelgeschäft liefert viele Ideen zum Verzieren von Terrakottatöpfen. Wagen Sie ruhig auch Experimente. Ich probiere neue Techniken oder Farben oft auf zerbrochenen Töpfen oder Tonscherben aus, bevor ich einen intakten Kübel in Angriff nehme. Allerdings lassen sich missglückte Dekorationen auch leicht übermalen.

Vorbereitung und Versiegelung

Sie werden feststellen, dass Farbe tiefer und gleichmäßiger in den Ton eindringt, wenn Sie die Oberfläche vor dem Bemalen anschleifen. Es genügt, sie mit grobem Schleifpapier oder einem Schleifschwamm leicht anzurauen. Danach muss der Schleifstaub sorgfältig abgewischt werden. Weitere Vorbereitungen sind nicht notwendig.

Die fertige Dekoration hält länger, wenn Sie die Oberfläche des Kübels klar lackieren. Dadurch wird der unbemalte Ton etwas dunkler und die Oberfläche bekommt einen leichten Glanz, selbst wenn Sie Mattlack verwenden. Ich finde Acryl- oder Polyurethan-Sprühlacke sehr praktisch, ebenso kann der Lack aber mit einem Pinsel aufgetragen werden. Bemalen Sie aus optischen Gründen auch einige Zentimeter des inneren Rands. Lackieren Sie unbedingt die gesamte Innenfläche, damit sich der poröse Ton nicht mit Wasser vollsaugen kann, denn dadurch würde die Bemalung schneller abblättern.

BEMALEN

Normalerweise verwende ich wasserlösliche Acrylfarben, die es in Tuben oder kleinen Flaschen im Bastelgeschäft gibt. Acrylfarben sind in vielen Farbtönen erhältlich (und weitere können gemischt werden), sie trocknen schnell und können direkt aus der Tube verarbeitet oder verdünnt werden. Fehler lassen sich meist leicht abwischen. Ölfarben sind nicht nur teurer, auch die Reinigung der Pinsel ist mühsam und nur mit Lösemitteln möglich, und Fehler sind nur selten zu beheben. Sprühfarben verwende ich ungern, weil so leicht etwas daneben geht.

Tafelfarbe ist ein interessantes Medium. Sie lässt sich aber nur beschriften, wenn sie unlackiert bleibt. Versiegeln Sie darum das Innere sehr sorgfältig, damit keine Feuchtigkeit eindringen und die Haltbarkeit des Anstrichs beeinträchtigen kann. Verschiedene Hersteller bieten Acryl-Tafelfarbe in Schwarz und anderen Farben an (Adressen siehe Seite 204).

Für kleine Details oder zum Beschriften von Kübelrändern finde ich auch Permanentmarker, Lackmalstifte und spezielle Stifte zum Bemalen von Terrakotta sind praktisch und einfach zu handhaben.

Lasieren

Acrylfarben lassen sich, bevor sie getrocknet sind, abwaschen. So kann man einfach neu anfangen, wenn eine Malerei misslingt. Lässt man die Acrylfarbe vor dem Abwaschen 30 Minuten antrocknen, ist sie bereits teil-

GEGENÜBER: Verwechslung ausgeschlossen, denn der Name *Gazania* steht klar und deutlich auf dem Streifen aus blauer Tafelfarbe. Wird im folgenden Jahr eine andere Blume eingepflanzt, kann der Name einfach abgewischt werden. Die Kreise habe ich mit einem preiswerten Kosmetikschwamm gestempelt, der gelb-weiße Topf wurde abgeklebt und in zwei Arbeitsgängen bemalt.

weise in die Oberfläche eingezogen und hat diese leicht eingetönt. Trägt man eine zweite oder dritte Farbschicht ebenso auf, entsteht ein dezent marmorierter Effekt.

Neue Terrakottatöpfe haben oft ein intensives Rot, das sich im Garten optisch zu sehr in den Vordergrund drängt. Sie lassen sich mit stark verdünnter Acrylfarbe, die wie eine Lasur wirkt, künstlich altern. Ein Anstrich mit einer Lasur in Rostbraun dunkelt die Oberfläche ab und nimmt ihr das nagelneue Aussehen. Da kleine Kratzer mehr Farbe aufnehmen als der restliche Topf, entsteht dadurch eine interessante, leicht unregelmäßige Oberfläche.

Zum Auftragen von Lasuren eignen sich Haar- Borsten- oder Schaumstoffpinsel. Tupft man sie mit einem Schwamm auf, wirkt das Dekor etwas weicher. Am einfachsten ist es aber, einen Lappen in die verdünnte Farbe zu tauchen und die Topfoberfläche damit abzuwischen. Dabei ziehen Sie am besten Einweg-Handschuhe an, um sich Farbflecken an den Fingern zu ersparen. Möglich ist auch, mit zerknülltem Zeitungspapier mehrere Schichten Farbe auf die Oberfläche zu tupfen und jeweils zwischendurch trocknen zu lassen. Wenn Ihnen das Dekor gefällt, lassen Sie die Farbe vollständig trocknen. Dann verdünnen Sie eine der hellsten Farben und tragen sie in dünner Schicht auf, um Bereiche auszugleichen, in denen der Ton noch durchschimmert.

Streifen malen

Mit Malerkrepp lassen sich leicht Streifen der Tonoberfläche oder einer vorher aufgetragenen Farbe abkleben. Wichtig ist, das Klebeband überall sorgfältig anzudrücken, damit keine Farbe unter die Kanten dringen kann. Dadurch würde die Trennlinie der Streifen unsauber. Grünes Malerkrepp haftet meiner Meinung nach etwas besser als blaues. Soll Malerkrepp auf eine bereits bemalte Oberfläche geklebt werden, muss diese vorher restlos durchtrocknen (mindestens 24 Stunden), sonst kann sich die Farbe beim Abziehen des Bands lösen.

Senkrechte und waagerechte Streifen gelingen auf zylindrischen Töpfen wesentlich leichter als auf konischen. Um einen zylindrischen Topf mit senkrechten Streifen zu verzieren, legen Sie zuerst die Anzahl und die Abstände fest. Zeichnen Sie diese dünn mit Bleistift am Rand an, und kleben Sie dann das Malerkrepp gerade auf. Bei konischen Töpfen müssen die Abstände am oberen Rand größer sein als am Boden. Dafür müssen Sie ein wenig rechnen, aber letztlich wird niemand die Abstände nachmessen, und außerdem ist normalerweise nur eine Seite des Topfes sichtbar. Es schadet also nicht, wenn die Abstände etwas ungleichmäßig ausfallen.

Für waagerechte Streifen zeichnen Sie am besten mit Kreide oder Bleistift dünne Hilfslinien an. Dann kleben Sie kurze Stücke Malerkrepp überlappend um den Topf. Kleine Unregelmäßigkeiten lassen sich später mit einem dünnen Pinsel ausbessern, aber das erfordert eine sehr ruhige Hand. Fragen Sie im Fachhandel nach extraschmalem Klebeband (5 mm). Damit lassen sich gerade Streifen auf runden Töpfen viel einfacher abkleben.

STEMPELN *und* SCHABLONIEREN

Wer künstlerisches Talent hat, möchte vielleicht aus freier Hand Dekore malen. Meine Versuche waren nicht sonderlich erfolgreich, darum verwende ich in der Regel lieber Schablonen oder Stempel.

Stempel kaufen

Viele Bastelgeschäfte bieten eine große Auswahl von Motivstempeln an, allerdings lassen sich gewölbte Oberflächen mit großen, starren Stempeln nur schlecht dekorieren. Viele Stempel sind mit einem Griff oder einer Trägerplatte aus Holz versehen. Es gibt aber auch Exemplare aus flexiblem Schaumstoff, die sich für gewölbte Flächen recht gut eignen. Kleine Stempel sind einfacher zu handhaben und ergeben auf Rundungen oft die saubersten Ergebnisse. Im Internet finden Sie Anbieter, die außergewöhnliche Motive und Stempel nach individuellen Vorlagen anbieten. Sie sind allerdings teurer als Standardstempel aus dem Bastelhandel.

GEGENÜBER: Auf dem Topf mit Rillenstruktur lassen sich saubere Streifen ganz ohne Klebeband malen.

Stempel selbst machen

Wenn Sie Stempel selbst herstellen wollen, empfehle ich, eine Grundplatte aus Pappe oder Schaumstoff (5 mm, Plattenware aus dem Bastelhandel) zuzuschneiden und ein zweites Stück Schaumstoff aufzukleben. Einfacher wird die Benutzung mit einem einfachen Griff aus Isolierband oder gedrehtem Draht (Abbildung unten), an dem Sie den Stempel beim Eintauchen in die Farbe und beim Drucken halten können. Leere Styroporschalen von Fleisch oder Fertiggerichten eignen sich gut als Farbwannen und sind für die meisten Stempel groß genug.

Punkte und Kreise lassen sich gut mit Kosmetikschwämmen oder Schablonierschwämmen drucken. Viele andere Alltagsgegenstände können ebenfalls zum Stempeln benutzt werden. Natur- und Küchenschwämme ergeben ganz unterschiedliche Muster, und vielleicht erinnern Sie sich auch an den Kartoffeldruck aus Schulzeiten. Ich finde getrocknete Mohn-Samenkapseln als Stempel interessant. Vielleicht finden Sie im Garten andere Pflanzen oder Samenstände, die Sie ausprobieren möchten.

Stempel eignen sich als eigenständiges Dekor ebenso wie zur Verzierung von bemalten oder lasierten Töpfen. Ein Satz Buchstabenstempel tut gute Dienste, wenn Sie einen Spruch oder Vers oder auch den Namen der Pflanze auf den Topfrand drucken wollen.

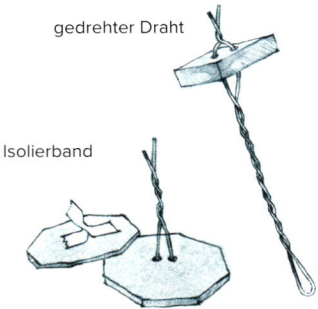

gedrehter Draht

Isolierband

Als Stempelgriff eignen sich zwei Stücke Isolierband oder Draht. Für den Drahtgriff stecken Sie zwei kurze Stücke Draht durch zwei Löcher in der Grundplatte, bevor Sie den Schaumstoffstempel aufkleben. So liegen die Drahtenden zwischen Grundplatte und Stempel.

GEGENÜBER: Für diese Ornamente habe ich Samenkapseln von Türkenmohn als Stempel verwendet. An der samtigen Oberseite der Kapseln haftet die Farbe gut.

TOPF MIT STEMPELDEKOR

Material

- Terrakotta-Blumentopf
- Stempel (gekauft oder selbst gemacht)
- Acrylfarbe (einer oder mehrere Farbtöne)
- Acryl-Klarlack
- Flacher Behälter für die Farbe
- Zeitungspapier
- Einweghandschuhe und Schürze

1 Vorbereitung des Arbeitsplatzes

Decken Sie die Arbeitsfläche mit Zeitungen ab. Legen Sie den Topf waagerecht und stützen Sie ihn gut ab, damit er beim festen Aufdrücken des Stempels nicht wegrutschen kann. Dann die Handschuhe anziehen und die Schürze umbinden.

2 Den Stempel einfärben

Füllen Sie etwas Farbe in ein flaches Gefäß. Verteilen Sie es so, dass die Stempelfläche beim vorsichtigen Eintunken gleichmäßig eingefärbt wird. Enthält das Gefäß zu viel Farbe, kann sie sich am Rand des Stempels absetzen und die Abdrücke werden unsauber. Nun mehrmals sanft mit dem Stempel auf die Farbe tupfen, bis er gleichmäßig bedeckt ist.

3 Stempeln

Je nach Größe von Stempel und Topf können Sie nun möglicherweise den Stempel vollflächig auf die Topfoberfläche drücken. Wahrscheinlicher ist aber, dass Sie den Stempel seitlich oder von oben nach unten abrollen müssen, um die Farbe gleichmäßig auf die gewölbte Oberfläche zu übertragen.

Lassen Sie jeden Bereich trocknen, bevor Sie den Topf drehen oder mir einer weiteren Farbe stempeln.

4 Trocknen und versiegeln

Die Farbe muss nun mindestens 24 Stunden durchtrocknen. Danach kann der Topf innen und außen mit Acryl-Klarlack versiegelt werden.

Schablonen auswählen

Schablonen für Bordüren, Einzelmotive und flächige Muster gibt es fertig zu kaufen. Wenn Ihnen kein spezielles Dekor vorschwebt, werden Sie im Fachhandel sicherlich fündig, zumal Sie später noch Details aus freier Hand aufmalen oder stempeln können. Im Internet finden Sie ein wesentlich breiteres Angebot, ausgefallene Schablonen sind allerdings teurer als Standardware aus dem Bastelgeschäft.

Große Schablonen lassen sich selten exakt an die Rundung eines durchschnittlichen Blumenkübels anpassen. Ich finde zwar, dass kleine Unregelmäßigkeiten den handgemachten Charakter betonen, aber wenn Sie es anders sehen, arbeiten Sie lieber mit kleineren Schablonen, die Sie jeweils exakt ans vorherige Motivelement ansetzen. Gefäße mit geraden Wänden eignen sich für Schablonenarbeiten am besten. Runde Kübel können wegrollen, wenn man sie nicht abstützt. Dazu verwende ich meistens zwei oder vier saubere Mauersteine.

GEGENÜBER: Die Schablonen für diesen Topf habe ich im Bastelgeschäft gekauft. Weil der Topf konisch ist, musste ich ihn in Etappen bemalen und jeden Bereich gut trocknen lassen, bevor der nächste an die Reihe kam.

TOPF MIT SCHABLONENDEKOR

Material

- Terrakotta-Blumentopf
- Schablone (gekauft)
- Acrylfarbe
- Acryl-Klarlack
- Schwämme, Schablonierschwämme (runde Schwämmchen mit Holzgriff) oder Stupfpinsel
- Malerkrepp
- Flaches Gefäß für die Farbe (groß genug für Pinsel oder Schwamm)
- Zeitungspapier
- Einweghandschuhe und Schürze

1 Vorbereitung von Arbeitsfläche und Schablone

Zuerst die Arbeitsfläche mit Zeitungspapier abdecken, Handschuhe anziehen und die Schürze umbinden. Fixieren Sie die Schablone mit Malerkrepp auf dem Topf, aber versuchen Sie nicht, eine zu große Fläche in einem Arbeitsgang zu verzieren.

2 Schablonieren

Die Farbe in das flache Gefäß füllen. Den Schwamm behutsam zuerst in die Farbe, dann auf die Schablone tupfen. Nehmen Sie nur wenig Farbe mit dem Schwamm auf, damit nichts kleckst oder unter die Schablone tropft. Es ist einfacher, später eine zweite Schicht Farbe aufzutupfen. Die Farbe muss nun trocknen, bevor Sie die Schablone abnehmen und den Topf drehen, um den nächsten Bereich zu bearbeiten. Säubern Sie die abgenommene Schablone mit etwas Wasser und Küchenpapier. Wichtig ist, sie vor dem erneuten Aufkleben auf den Topf gründlich abzutrocknen. Feuchtigkeit an der Schablone bewirkt, dass Farbe unter die Ränder dringt und unsaubere Motivkonturen erzeugt. Wechseln Sie während der Arbeit mehrmals die Handschuhe, um nicht versehentlich Farbe von ihnen auf die Schablone oder die Topfoberfläche zu übertragen.

3 Trocknen und versiegeln

Die Farbe mindestens 24 Stunden durchtrocknen lassen, dann den Topf innen und außen mit Acryl-Klarlack versiegeln.

Spritztechnik

Bei dieser Variante der Schablonenmalerei wird nicht das Motiv farbig gestaltet, sondern der Hintergrund. Als Kind hatte ich im Ferienlager viel Freude daran, mit dieser Technik Karten und Bilder herzustellen. Wir sammelten Blätter und andere Naturmaterialien in interessanten Formen, arrangierten sie auf weißem Papier und legten einen Rahmen mit feinem Gitter darauf. Dann tauchten wir eine alte Zahnbürste in Farbe und strichen mit den Borsten kräftig über das Gitter. Dabei entstanden beispielsweise weiße Blätter auf einem farbig gesprenkelten Hintergrund.

Ein Gitterrahmen ist zum Sprenkeln dreidimensionaler Gegenstände unpraktisch. Ob man den Topf stellt oder legt – der Farbauftrag fällt unsauber aus. Einfacher ist es, eine Zahnbürste in Farbe zu tauchen und mit dem Finger über die Borsten zu streichen, sodass die Sprenkel auf den Topf fliegen. Feine Details kommen bei der Spritztechnik nicht sehr gut zum Ausdruck, darum empfiehlt es sich, Blätter oder Blüten mit klaren, leicht erkennbaren Formen zu wählen.

OBEN: Farne verschiedener Art, die überall in den Wäldern wachsen, verwende ich gern für die Spritztechnik. Das saubere Aufkleben der Wedel kostet mehr Zeit als das Aufsprenkeln der Farbe. Hier habe ich drei Grüntöne ausgewählt, um einen lebendig marmorierten Farbeffekt zu erzielen.

TOPF MIT DEKOR IN SPRITZTECHNIK

Material

- Terrakotta-Blumentopf
- Farnwedel, Blätter oder andere Pflanzenteile
- Acrylfarbe
- Acryl-Klarlack
- Malerkrepp oder Gummikleber (Gummi arabicum)
- Harte Kunststoff-Scheuerbürste oder Zahnbürste
- Flaches Gefäß für die Farbe
- Zeitungspapier
- Einweghandschuhe und Schürze

1 Vorbereitung des Arbeitsbereichs

Decken Sie die Arbeitsfläche mit Zeitungspapier ab. Ziehen Sie Handschuhe und Schürze an. Bei dieser Technik besteht mehr Gefahr, schmutzig zu werden, als beim Stempeln oder Schablonieren.

2 Blätter arrangieren und anbringen

Kleben Sie kleine, gefaltete Stücke aus Malerkrepp auf die Rückseiten der Blätter, um sie vorübergehend auf dem Kübel zu befestigen. Alternativ können Sie Gummikleber verwenden, der aber vollständig trocknen muss, ehe das Blatt auf den Topf geklebt wird. (Werden Materialien nur einseitig mit Gummikleber bestrichen, lassen sie sich nach dem Verkleben wieder voneinander lösen – ideal für vorübergehende Verklebungen.) Wenn der Gummikleber noch feucht ist, dringt er in den Ton ein und hinterlässt nach dem Ablösen der Blätter Flecken. Die Blätter in der gewählten Anordnung sehr sorgfältig aufkleben, damit keine Farbe unter ihre Ränder dringen kann.

3 Die Farbe vorbereiten

Die Farbe muss so dickflüssig sein, dass sie nicht aus den Borsten tropft, aber andererseits flüssig genug, dass sie auf den Topf spritzt, wenn Sie mit dem Finger über die Borsten streichen. Zu flüssige Farbe verläuft auf der Topfoberfläche.

Der Topf, die Arbeitsumgebung und Sie selbst bleiben sauberer, wenn Sie die Farbe in ein flaches Behältnis füllen. So kommen beim Eintauchen der Zahnbürste nur die Borsten mit der Farbe in Berührung und der Griff bleibt sauber. Zahnbürsten mit harten Borsten eignen sich besser als Modelle mit weichen, und kleine Scheuerbürsten mit sehr harten Kunststoffborsten sind geradezu perfekt.

4 Spritzen

Damit die Farbe nicht tropft und Sie besser sehen, was Sie tun, legen Sie den Topf auf die Seite. Stützen Sie ihn mit Holzklötzen oder zerknülltem Zeitungspapier. Nun die Borsten der Bürste in die Farbe tauchen und in einem Abstand von 10–13 cm zur Topfoberfläche halten. Mit den Fingern der freien Hand kräftig über die Borsten streichen, sodass die Farbe aus den Borsten auf den Topf spritzt. Manche Spritzer verlaufen vielleicht, aber solange es nur wenige sind, geben sie dem Dekor Charakter. Tropfspuren, die Ihnen nicht gefallen, können Sie einfach mit einem nur leicht angefeuchteten Schwamm entfernen, bevor sie trocknen.

Lassen Sie jeden Bereich gut trocknen, bevor Sie den Topf drehen, um den nächsten Abschnitt zu bearbeiten. Auch wenn Sie mit mehreren Farben arbeiten möchten, muss jede Farbe trocknen, bevor die nächste auf die Oberfläche gespritzt wird. Den Topfrand können Sie mit einem Schwamm kräftiger einfärben.

5 Letzte Handgriffe

Wenn Ihnen der Effekt gefällt und die Farbe trocken ist, nehmen Sie die Blätter ab. Danach 24 Stunden durchtrocknen lassen, dann innen und außen mit Klarlack versiegeln.

LASIEREN

Lasuren unterscheiden sich von konventionellen Farben durch ihre Transparenz: Sie lassen die bemalte Oberfläche durchschimmern. Sie dringen in die Oberfläche des Tons ein, statt ihn zu beschichten, und eignen sich darum für dezente Effekte, die sich mit normaler Farbe nicht verwirklichen lassen. Acrylfarbe, die gleich nach dem Auftrag abgewischt wird, erzeugt einen Lasureffekt. Es gibt aber auch spezielle Lasuren in flüssiger und pastoser Form. Die Pasten tropfen nicht und eignen sich darum zum Stempeln besser als flüssige Lasuren. Farbkleckse lassen sich abwischen, Lasurtropfen hingegen müssen nach dem Trocknen abgeschliffen werden. Lasuren aller Art können mit einem Pinsel oder einem Schwamm aufgetragen werden. Möglich ist auch, ein Stempel- oder Schablonendekor dünn mit einer Lasur zu überstreichen, damit die Farbe des Tons etwas matter wird und der Topf mehr Charakter bekommt.

Wird die Oberfläche des Topfes vor dem Lasieren angeschliffen, dringt die Lasur tiefer ins Material ein. Schleift man andererseits nach dem Trocknen, entsteht ein interessanter Antikeffekt mit Flecken unterschiedlicher Farbintensität.

Lasur eignet sich gut zum Auffrischen alter, verkratzter oder angeschlagener Töpfe, für die sich eine zeitraubende Dekoration nicht lohnt. Sie können die Oberfläche gleichmäßig lasieren oder die Lasur sofort nach dem Auftragen wieder abwischen, um eine Patina zu simulieren.

ANTIKEFFEKTE

Tontöpfe mit natürlichen Altersspuren sehen ungemein interessant aus. Grüne Algen, Moos, Kalk oder andere Mineralien, die sich im Lauf der Jahre auf der Oberfläche abgesetzt haben, vermitteln den Eindruck, dass diese Töpfe jahrelang von einem versierten Gärtner bepflanzt wurden. Wer nicht abwarten mag, bis Zeit und Wetter ihre Spuren hinterlassen haben, kann der Natur ein bisschen nachhelfen.

KALKAUSBLÜHUNGEN

Kalkspuren lassen sich am einfachsten simulieren. Manchmal wird dafür Gartenkalk empfohlen, aber ich bevorzuge Kalziumhydroxid, das im Sommer auch als Säureregulator beim Einmachen verwendet werden kann. Verrühren Sie das Pulver einfach mit Wasser zu einer streichfähigen Flüssigkeit und tragen Sie sie mit einem Schwamm oder Pinsel auf.

Nach dem Trocknen entfernen Sie mit Schleifpapier (mittlere Körnung) oder einem Schleifschwamm den Großteil der Schicht und lassen unregelmäßige, natürlich wirkende Streifen stehen. Wird zu viel Kalk abgeschliffen, bestreichen Sie einzelne Stellen noch einmal.

Die Kalkspuren halten lange, und Witterungseinflüsse machen ihnen nicht viel aus.

ALGEN

Die Besiedelung mit Algen lässt sich fördern, indem man Tontöpfe etwa eine Woche in einem Eimer Wasser in die pralle Sonne stellt. Ich empfehle, jeweils nur einen Topf in einem großen Eimer einzuweichen, sodass er ganz von Wasser umgeben ist und die Eimerwand nicht berührt. Durch die Erwärmung in der prallen Sonne wird das Algenwachstum angeregt. Der Topf muss ganz untergetaucht sein und gelegentlich gedreht werden, damit alle Seiten dem Licht ausgesetzt sind.

Wenn sich genügend Algen angesiedelt haben, nehmen Sie den Topf sehr vorsichtig aus dem Wasser, um den Grünbelag nicht abzuwischen. Nach dem Trocknen des Topfs bleiben die Algen auf seiner Oberfläche.

MOOS

In vielen Büchern und Blogs findet man Tipps, um Moosbewuchs auf Tontöpfen zu fördern. Meist wird empfohlen, Buttermilch oder Naturjoghurt mit zerkleinerten Stücken der gewünschten Moosart aufzutragen.

Töpfe mit Moosbewuchs sollten möglichst an einem ähnlichen Standort stehen, an dem sich das Moospolster befand. Mit anderen Worten, erwarten Sie nicht, dass Moos aus einem dichten Wald auf einer sonnigen Terrasse wächst. Außerdem sind selbstverständlich Sporen notwendig, damit sich das Moos vermehren kann. Mir ist allerdings nicht bekannt, wie sich dies feststellen lässt, ohne dass man ein Mikroskop zuhilfe nimmt. Stellen Sie sich also auf Versuch und Irrtum ein.

VORBEREITUNG DES TOPFES: Die Oberfläche anschleifen, um sie aufzurauen. Dadurch saugt sie mehr Kulturflüssigkeit auf.

VORBEREITUNG DES MOOSES: Sammeln Sie eine große Tasse voll Moos. Zerpflücken Sie es sorgfältig, um sicher zu gehen, dass es keine Steinchen oder andere Fremdstoffe enthält, die Ihren Mixer beschädigen könnten. Das Moos in den Mixer geben.

DIE MOOS-MISCHUNG: Das Moos mit ca. 120 ml Wasser und 3–4 Esslöffeln Buttermilchpulver (24–32 g) oder Naturjoghurt (46–61 g) fein pürieren. Falls nötig, etwas verdünnen. Die Mischung muss so flüssig sein, dass sie sich mit einem Schaumstoffpinsel auf die Topfoberfläche auftragen lässt. Den Topf an einen feuchten, schattigen Platz stellen und abwarten.

Ich habe im Lauf der Jahre mehrere Versuche unternommen, die ehrlich gesagt meine Erwartungen nicht erfüllt haben. Auf Töpfen, die gestapelt im Garten standen oder halb im Boden versenkt waren, wuchs Moos ebenso gut wie in meinen «Kulturen». Moos wächst sehr langsam, Sie brauchen also Geduld und müssen eventuell mit verschiedenen Arten und Kulturzeitpunkten experimentieren. Wenn es gelingt, lohnt das Ergebnis die Mühe.

GEGENÜBER: Die gekalkte Oberfläche des kleinen Topfs harmoniert gut mit den zierlichen weißen Blüten.

PLASTISCHE EFFEKTE

Dekore lassen sich nicht nur mit Farben und Mustern gestalten, sondern auch mit Zement, pastosem Leim oder Spachtelmasse. Ich arbeite besonders gern mit fertiger Spachtelmasse aus der Tube, weil sie eine angenehm weiche Konsistenz und eine feine Körnung hat. Die meisten Strukturmaterialien können mit einem Spachtel, mit einer Kartuschen- oder Beutelpresse, einer Quetschflasche mit weiter Öffnung oder, für feinere Linien und Details, mit einem Spritzbeutel verarbeitet werden.

Ich habe Fertigspachtelmasse auch schon erfolgreich mit einem flexiblen Spachtel und einer Kunststoffschablone aufgetragen. Die leicht klebrige Spachtelmasse haftet besser, wenn die Topfoberfläche vorher angeschliffen wird.

Wenn das plastische Dekor durchgetrocknet ist, sollte der gesamte Topf innen und außen mit Farbe oder Polyurethan-Klarlack überzogen werden. Sie können die Spachtelmasse vor der Verarbeitung mit Acrylfarbe eintönen, doch dadurch werden die Acrylfarben aufgehellt. Eingetönte Spachtelmasse ist eventuell zu flüssig, um sie mit einem Spachtel aufzutragen, aber sie lässt sich gut mit einem steifen Borstenpinsel verarbeiten.

GEGENÜBER: Ich habe die gesamte Oberfläche dieses alten Topfes mit Fertigspachtelmasse überzogen und danach den Rand mit einem Malmesser abgeschabt, sodass er wie abgenutzt wirkt.

RECHTS: Nach dem Trocknen der Spachtelmasse habe ich diese beiden Töpfe mit zwei Schichten Acrylfarbe bemalt. Mit einem Schwamm lässt sich die Farbe besser in die Vertiefungen des plastischen Dekors einarbeiten als mit einem Pinsel. Danach muss der Topf innen und außen mit Klarlack versiegelt werden, damit sich das Dekor nicht löst, wenn es Feuchtigkeit ausgesetzt ist.

STRUKTUREFFEKT MIT GEL-MEDIUM

Gel-Medium ist ein Hilfsmittel für die Acrylmalerei, das im Künstlerfachhandel erhältlich ist. Es dient dazu, die Konsistenz der Farbe einzustellen, Leinwand zu grundieren oder bemalte Flächen mit einer transparenten Schicht zu überziehen, aber es eignet sich auch, um verschiedenste Materialien auf bemalten und unbemalten Oberflächen zu befestigen, um Strukturen zu erzeugen. Mattes und glänzendes Gel-Medium sind gleichermaßen geeignet. Wenn Sie das fertige Dekor bemalen wollen, spielt die Wahl keine Rolle, weil das Medium überdeckt wird. Ich klebe mit Gel-Medium gern Spitzenreste oder Ornamente aus Bindfaden auf die Oberfläche von Töpfen.

Material

• Gel-Medium für die Acrylmalerei
• Pinsel zum Auftragen des Mediums (und nach Belieben der Acrylfarbe)
• Spitzenrest oder Bindfaden
• Terrakotta-Blumentopf
• Acryl-Klarlack
• Acrylfarbe (nach Belieben)
• Zeitungspapier
• Einweghandschuhe und Schürze

SPITZEN-DEKOR

1 **Vorbereitung des Arbeitsplatzes**
Die Arbeitsfläche mit Zeitungspapier abdecken, Schürze und Handschuhe anziehen.

2 **Den Topf mit Gel bestreichen**
In dem Bereich, wo Spitze aufgeklebt werden soll, die Topfoberfläche dünn mit dem Gel-Medium bestreichen.

3 **Die Spitze auflegen**
Die Spitze auf die feuchte Oberfläche legen und sofort dünn mit dem Gel-Medium bestreichen. Sie muss vollständig bedeckt sein, damit der Stoff geschützt ist und Witterungseinflüssen standhält.

4 **Trocknen lassen**
Das Gel-Medium vollständig durchtrocknen lassen. Prüfen Sie dann, ob die Spitze überall haftet, und betupfen Sie lose Stellen bei Bedarf nochmals mit dem Medium. Wieder gut trocknen lassen. Wenn der Topf nicht bemalt wird, überziehen Sie ihn innen und außen mit Klarlack.

5 **Bemalen (nach Belieben)**
Sie können die Oberfläche von Topf und Spitze vor dem Lackieren auch farbig bemalen.

BINDFADEN-DEKOR

1 **Vorbereitung des Arbeitsplatzes**
Die Arbeitsfläche mit Zeitungspapier abdecken, Schürze und Handschuhe anziehen.

2 **Topf und Schnur mit Gel bestreichen**
Die gesamte Außenseite des Topfs dünn mit Gel-Medium bestreichen. Ein langes oder mehrere kurze Stücke Bindfaden in das Medium tauchen und das Gel mit den Fingern gleichmäßig darauf verteilen.

3 **Die Schnur anbringen**
Die Schnur in Schlaufen oder Bögen auf die Topfoberfläche legen und etwas andrücken. Danach muss das Gel-Medium trocknen.

4 **Zweite Gel-Schicht oder Farbe**
Nun überstreichen Sie die ganze Oberfläche mit Gel-Medium oder Farbe. Nach dem Trocknen den Topf innen und außen mit Klarlack versiegeln.

GEGENÜBER: So edel sieht ein simpler Blumentopf aus, wenn man mit Gel-Medium ein Stück Spitze vom Flohmarkt aufklebt und dann alles weiß übermalt.

KÜBEL OHNE BODEN

In den 1960er-Jahren sah ich zum ersten Mal, dass Gärtner Gemüse in alte Autoreifen pflanzten, fast wie in kleine Hochbeete. Im Frühsommer sehen diese Reifen nicht attraktiv aus, aber wenn Gurken oder Kürbisse kräftig wachsen, verschwinden die Reifen unter den großen Blättern. Praktisch ist, dass sie Wasser nahe an den Wurzeln halten und die Früchte etwas anheben, sodass sie nicht so leicht durch Bodenfeuchtigkeit faulen.

Als kleinere Variante dieser Lösung habe ich beim Baustoffhändler ein 6 Meter langes Metall-Abflussrohr mit 38 cm Durchmesser gekauft und in 25–30 cm lange Stücke gesägt. Darin wachsen nun Tomaten. Ich benutze ein einfaches Bewässerungssystem, das jeden Ring über einen Sprinkler versorgt. Aber selbst mit Gießkanne oder Gartenschlauch ist das Bewässern einfach, weil der Metallring dafür sorgt, dass das Wasser im Wurzelbereich bleibt. In die Ringe kann ich gezielt Kompost oder Dünger streuen, und Unkraut ringsherum tut sich schwer, weil es wenig Wasser und Nährstoffe bekommt. Zwischen den Ringen habe ich eine dicke Mulchschicht verteilt.

Dicke Plastikrohre werden für verschiedene Bauzwecke verkauft. Wie Autoreifen oder Abflussrohre eignen sie sich gut, um Mini-Hochbeete für einzelne Pflanzen zu bauen. Reifen und Rohre aller Art sollten etwa 10 cm tief in den Boden eingegraben werden, damit sie Halt haben und die Wurzeln isolieren. Eine dicke Mulchschicht ist in jedem Fall empfehlenswert.

In meinem Garten gibt es verschiedene Kübel ohne Boden. Alle halten den Wurzelbereich feucht, ohne dass sich Wasser staut oder das Wurzelwachstum beengt wird.

Als ein großer, schöner Keramikkübel zu Bruch ging, habe ich den Rand gerettet, mitten im Schattengarten eingesenkt und eine besondere Pflanze hineingesetzt. Meine selbst gemachten Trittsteine (siehe Foto auf Seite 87) haben, ähnlich wie alte Mühlsteine, oft ein Loch in der Mitte. Wo sie Wege bilden, bepflanze ich sie mit «trittfestem» Thymian, und in Gartenmauern wachsen in ihnen hängende Petunien oder Farne.

Tonrohre, die es in verschiedenen Durchmessern gibt, geben großartige Kübel ohne Boden ab. Rohre mit 30 cm Durchmesser eignen sich sogar für Kartoffeln. Auch die großen, schwarzen Plastikkübel, in denen Gartencenter Sträucher verkaufen, können als Pflanzringe verwendet und an Böschungen sogar schräg eingegraben werden. Solche Ringe halten das Erdreich fest, wenn die Pflanzen noch klein sind, und sie leiten das Wasser zu den Wurzeln, statt es am Hang abfließen zu lassen.

GEGENÜBER: Der Ring am Grund meines Bohnenturms war einmal der Metallreifen eines alten Wagenrads. Die Holzspeichen sind längst verrottet, aber der Reifen wird noch jahrelang halten.

OBEN: Meine Tomaten wachsen in Ringen aus Abflussrohren, gestützt von «Wigwams» aus Bambusstäben (siehe Seite 131).

TERRAKOTTA-VERWANDLUNGEN

Mit dem Zersägen von Blumentöpfen habe ich nach einer Mexikoreise begonnen. Ich stellte bald fest, dass es recht einfach war und dass ich für die zersägten Töpfe vielerlei Verwendung hatte. Geteilte Töpfe lassen sich zu interessanten Pflanzgefäßen mit einzelnen Abteilen zusammensetzen. Man kann sie auch an einer geraden Fläche befestigen, beispielsweise meiner Mosaik-Stützmauer (Seite 76).

«Mutter-Töpfe» mit seitlich befestigten, kleineren Töpfen haben in der mittel- und südamerikanischen Keramik Tradition. Ähnliche Gefäße habe ich aus Tonblumentöpfen hergestellt. Die kompakten, platzsparenden Kübel eignen sich gut für Kräuter, Erdbeeren oder Blumen, die in Gruppen hübsch aussehen.

MUTTER-TOPF

Ein fertiger Mutter-Topf sieht kompliziert aus, ist aber eigentlich einfach zu bauen. Es sind nur zwei Arbeitsgänge nötig. Mehrere Blumentöpfe werden halbiert und dann an ihrem Unterbau befestigt.

Das Zersägen von Blumentöpfen ist einfach, staubt aber heftig. Decken Sie die Arbeitsfläche großzügig mit Zeitungspapier ab, setzen Sie eine Schutzbrille auf und verwenden Sie eine Atemschutzmaske. Die Schnittkanten werden mit einer Feile geglättet. Mit einer Fliesenbrechzange können Sie größere Unregelmäßigkeiten entfernen oder die Kanten der Rundung des Haupttopfs anpassen.

Wenn Sie einen Topf halbieren, entstehen zwei Teile, die zum Bepflanzen etwas zu klein sind. Sägen Sie lieber nur ein Drittel ab, und befestigen Sie das größere, besser bepflanzbare Teil am Mutter-Topf oder einer anderen Oberfläche. Das kleinere Stück kann für die Drainageschicht in Kübeln, für Dekorationsexperimente oder für ein Pflanzenschild verwendet werden (siehe Seite 175).

Material

- Verschiedene Terrakotta-Blumentöpfe (gern angestoßen oder beschädigt)
- Dickes Tonrohr (20–30 cm), Holzbohle oder andere Oberfläche zum Befestigen der zersägten Töpfe
- Bügelsäge oder Fliesensäge mit Karbidsägeblatt
- Montagekleber (für Mauerwerk, Stein oder Terrakotta) oder Kontaktkleber (für Holz)
- Lösemittel (geeignet für den verwendeten Kleber)
- Fliesenbrechzange
- Grobe Feile
- Schleifpapier (grobe Körnung)
- Holzklötze oder leere Kaffeedosen (bei Bearbe tung mehrerer zersägter Töpfe)
- Lappen
- Isolierband
- Bleistift
- Zeitungspapier
- Schutzbrille und Atemschutz

GEGENÜBER: Durchgesägte Töpfe lassen sich an einer geraden Fläche leichter befestigen als an einer gewölbten. Eckige Tonrohre, die es in verschiedenen Größen gibt, eignen sich hingegen hervorragend für einen Kräutergarten auf kleinem Raum.

1 Sägeschnitt durch den Boden

Decken Sie die Arbeitsfläche mit Zeitungspapier ab, und stellen Sie den Topf darauf kopfüber. Sägen Sie den Boden senkrecht durch. Dabei die Säge so ansetzen, dass etwa ein Drittel des gesamten Topfdurchmessers abgetrennt wird. Boden und Rand von Terrakotta-Blumentöpfen sind meist etwas dicker als die Wand.

2 Sägeschnitt von oben

Nur wenn Sie eine sehr große Säge mit hohem Bügel haben, können Sie eventuell den ganzen Topf in einem Arbeitsgang durchsägen. Anderenfalls drehen Sie den Topf um und sägen vom oberen Rand nach unten. Versuchen Sie dabei, den ersten Sägeschnitt möglichst genau zu treffen. Ungenauigkeiten, die dabei fast immer auftreten, können später mit einer Feile beseitigt werden. Ist der Kübel sehr groß, müssen seine Seiten möglicherweise separat durchgesägt werden. Arbeiten Sie dabei abwechselnd an beiden Seiten, sonst kann der Topf durch den Druck brechen.

3 Die Kanten glätten

Nachdem der Topf durchgesägt ist, legen Sie das größere Teil mit den Schnittkanten auf eine ebene Fläche. (Das kleinere für einen anderen Zweck aufbewahren.) Mit einer groben Feile oder Fliesenbrechzange entfernen Sie nun Unebenheiten, die verhindern, dass die Schnittkanten sauber aufliegen.

4 Den Boden in Form bringen

Soll der kleine Topf an einem größeren, gerundeten Kübel befestigt werden, müssen Sie den Topfboden der Rundung anpassen. Verwenden Sie dafür die Feile. Zur Befestigung an einer geraden Fläche ist dies nicht nötig. Soll der Topf jedoch an der Ecke eines kantigen Behälters angebracht werden, müssen Sie seinen Boden so zurechtfeilen, dass die Wände sauber am Behälter anliegen. Wichtig ist, dass im Topfboden immer eine Drainageöffnung bleibt. Zuletzt mit einer Feile letzte Unebenheiten beseitigen und prüfen, ob der Topf glatt am Mutter-Topf anliegt.

5 Anzeichnen am Mutter-Topf

Den Mutter-Topf auf die Seite legen. Einen zersägten Topf ansetzen und entlang seiner inneren Kanten die Position auf der Oberfläche anzeichnen.

6 Den Klebstoff auftragen

Der Klebstoff wird knapp außerhalb der Bleistiftstriche aufgetragen. Verwenden Sie Montagekleber für Untergründe aus Terrakotta, Mauerstein oder Naturstein. Zum Befestigen auf Holz eignet sich ein Kontaktkleber oder Haushalts-Kraftkleber

7 Den zersägten Topf anbringen

Den Klebstoff 5–10 Minuten antrocknen lassen (oder so lange, wie auf der Packung des Klebstoffs angegeben ist). Den zersägten Topf auf den Mutter-Topf setzen und behutsam rütteln, um den Klebstoff zu verteilen. 5 Minuten ruhen lassen, dann den Topf vorsichtig abheben und

1 Den Topf kopfüber drehen, durch den Boden und so weit wie möglich durch die Seiten sägen.

2 Wenn der Bügel der Säge an den Topfboden stößt, den Topf umdrehen und vom Rand aus möglichst genau zum ersten Schnitt sägen.

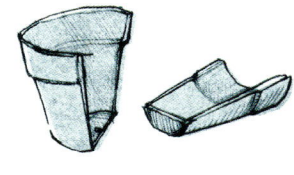

3 Die kleinen, abgesägten Teile für Pflanzenschilder oder für die Drainageschicht in großen Kübeln aufbewahren.

wieder andrücken. Dadurch bindet der Klebstoff besser ab und die Trocknung wird beschleunigt. Einen Lappen mit Lösemittel befeuchten und herausgequollenen Kleber von der Außenseite des Topfes entfernen. Ausgetretener Kleber auf der Innenseite ist nach dem Bepflanzen nicht mehr zu sehen. Die Töpfe mit Isolierband festkleben, um sie zu fixieren, bis der Kleber abgebunden hat.

8 Mehrere zersägte Töpfe anbringen

Montieren Sie zuerst alle Töpfe auf einer Seite, und lassen Sie den Kleber vollständig aushärten. Planen Sie dafür mindestens 24 Stunden ein. Zum Anbringen der Töpfe auf der anderen Seite muss der Mutter-Topf aufrecht gestellt werden, damit die bereits befestigten Töpfe keinen Schaden nehmen. Damit die Töpfe auf der senkrechten Fläche nicht verrutschen, bevor der Kleber abgebunden hat, müssen sie mit Holzklötzen oder leeren Kaffeedosen abgestützt und zusätzlich mit Isolierband fixiert werden. Wenn der Kleber trocken ist, können Sie entlang der inneren Topfkanten zur Sicherheit nochmals Kleber auftragen. Die Drainageöffnung im Boden jedes zersägten Topfs muss jedoch frei bleiben. Falls sich auf der Oberfläche noch angetrocknete Klebstoffreste befinden, können Sie diese vorsichtig mit einem Ceranfeldschaber entfernen.

RECHTS: Die Böden der kleinen Töpfe habe ich mit einer Feile bearbeitet, bis sie glatt an der Wand des Mutter-Topfs anlagen. Durch einen Kalkanstrich bekam der Kübel künstliche Alterssspuren.

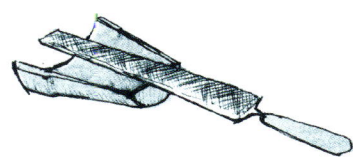

4 Unebenheiten an den Schnittkanten mit einer groben Feile entfernen. Die Schnittkanten müssen sauber an der Oberfläche anliegen.

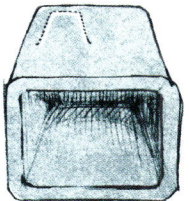

5–6 Die inneren Konturen der kleinen Töpfe auf dem Mutter-Topf anzeichnen. Entlang dieser Linien Kleber auftragen.

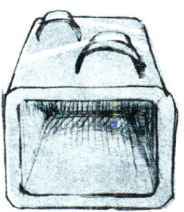

7 Die zersägten Töpfe auf dem Untergrund andrücken und mit Isolierband fixieren, bis der Kleber ausgehärtet ist.

HOLZBOHLE MIT TÖPFEN

Ich finde Terrakotta-Töpfe vor altem Holz wunder-
schön, vor allem, wenn die Töpfe mit weißen Petunien
bepflanzt sind. Leider quellen alte Bohlen bei Regen
auf und schrumpfen bei Trockenheit wieder. Darum
haben die Töpfe am Ende der Saison oft Risse, selbst
wenn sie noch fest am Holz sitzen. Ein kammerge-
trocknetes Holzbrett «arbeitet» nicht so stark wie eine
unbehandelte Bohle. Trotzdem ist es sinnvoll, sie nach
dem Anbringen der Töpfe mit Polyurethanlack zu
überziehen. Ich befestige Töpfe auch gern an Zaun-
pfählen. Kesseldruckimprägniertes Holz arbeitet nur
mäßig, ideal sind jedoch Zementpfosten.

   Zum Befestigen der Töpfe an einer Holzfläche
bestreichen Sie die Schnittkanten mit einem Kraft-
oder Montagekleber. Dann werden sie beschwert oder
mit Isolierband fixiert, bis der Kleber ausgehärtet ist.
Für Zementpfähle kann auch Baustoffkleber verwendet
werden.

DOPPELTE TÖPFE

Wenn beim Bau von Mutter-Töpfen oder Holzbohlen mit
Töpfen Kleber übrig bleibt, stelle ich oft Doppeltöpfe her.
Der äußere Topf bildet eine Art Reservoir, das den inneren
Topf umgibt. Wasser im Reservoir dringt durch die Wände
des inneren Topfs und hält das Substrat feucht. Das
geschieht so langsam, dass normalerweise keine Probleme
durch Staunässe entstehen.

Material

- 2 Terrakotta-Blumentöpfe, einer 5–8 cm größer
  als der andere
- Montagekleber oder Kraftkleber
- Lösemittel für den Klebstoff
- Lappen
- Terrakotta-Untersetzer (nach Belieben)

1 Kleber auf den Boden des kleineren Topfs auftragen

Den Boden des kleineren Topfs mit Kleber bestreichen.
Den kleineren Topf so in den größeren setzen, dass die
Drainagelöcher übereinanderliegen. Wichtig ist, dass der
Kleber die Böden vollflächig miteinander verbindet. Heraus-
gequollenen Kleber sofort mit einem Lappen abwischen.

2 Die Dichtigkeit prüfen

Wenn der Kleber vollständig ausgehärtet ist, füllen Sie Wasser
ins Reservoir. Tropft Wasser heraus, lassen Sie die Töpfe
restlos durchtrocknen. Das kann einen ganzen Tag dauern.
Danach drücken Sie von unten mehr Kleber zwischen die
beiden Böden. Das Drainageloch muss dabei frei bleiben.

3 Einen Untersetzer anbringen (nach Belieben)

Wenn der doppelte Topf im Haus benutzt wird, stellen Sie
einen Untersetzer darunter. Sie können ihn mit etwas Kleber
dauerhaft am Boden des größeren Topfs befestigen..

OBEN: Weil diese Bohle auf einer überdachten Veranda hängt, arbeitet das Holz weniger, als wenn es den Elementen ausgesetzt wäre.

GEGENÜBER: Pflanzen in doppelten Töpfen müssen seltener
gegossen werden, weil sie durch das Reservoir zwischen den Terra-
kotta-Wänden versorgt werden.

SANDUHR-KÜBEL

Montagekleber verwende ich auch, um höhere Pflanzgefäße zu bauen. Für die meisten Töpfe genügt der Kleber, nur sehr große Kübel bekommen zur Sicherheit zusätzlich eine Schraubverbindung. Die Schraube wird durch ein gebohrtes Holzstück oder einen dicken Dichtungsring geführt, dann durch beide Drainagelöcher und wieder durch ein Holzstück oder einen Dichtungsring im zweiten Kübel. Gesichert wird sie mit einer Mutter. Die Hölzer oder Dichtungen verhindern, dass der Boden eines Kübels bricht.

Material

- 2 große Terrakotta-Kübel mit gleichem Bodendurchmesser
- 2 Stücke Unterlegscheiben
- 2 dicke Gummi-Dichtungsringe oder Holzbrettchen, die in der Mitte durchbohrt sind (entsprechend dem Schraubendurchmesser)
- 1 große Schlüsselschraube mit Mutter
- Bohrmaschine und Bohrer entsprechend dem Schraubendurchmesser
- Montagekleber
- Lösemittel für den Kleber (siehe Gebrauchshinweise des Herstellers)
- Isolierband

* *Verwenden Sie eine möglichst dicke Schraube. Berücksichtigen Sie dabei die Größe der Drainagelöcher und der Bohrer, die Ihnen zur Verfügung stehen.*

1 Die Kübel zusammenkleben

Den unteren Kübel kopfüber drehen und seinen Boden gleichmäßig mit Montagekleber bestreichen. Den zweiten Kübel aufsetzen und die Böden zusammendrücken. Drehen Sie den Kübel einige Male, um den Kleber noch besser zu verteilen und die Haftung zu verbessern. Herausgequollenen Kleber sofort abwischen, dann den Kleber 30 Minuten trocknen lassen.

GEGENÜBER: Auf diesem Kübel hat sich ganz ohne mein Zutun etwas Moos angesiedelt. Die Schlauchführung im Vordergrund stammt von einem ausgedienten Krocketspiel.

2 Den oberen Kübel vorbereiten

Wenn Sie Holzbrettchen verwenden, müssen diese in der Mitte durchbohrt werden, um die Schraube durchschieben zu können. Ein durchbohrtes Brett (alternativ eine Gummidichtung) auf den Boden des oberen Topfes legen. Eine Unterlegscheibe auf die Schraube schieben, dann die Schraube durch das Brett und die übereinander liegenden Drainagelöcher der Kübel schieben. Den Schraubenkopf mit Isolierband provisorisch fixieren.

3 Die Kübel umdrehen

Die zusammengeklebten Kübel kopfüber drehen. Mit einem Helfer ist es einfacher, aber wenn Sie allein arbeiten, hält das Isolierband die Schraube an ihrem Platz.

4 Die Kübel miteinander verschrauben

Das zweite gebohrte Holzbrettchen (oder die zweite Gummidichtung) und die Unterlegscheibe auf die Schraube schieben, dann die Mutter aufsetzen und festziehen — aber nicht zu fest, sonst können die Kübel brechen. Zusammengehalten werden sie hauptsächlich vom Kleber. Die Schraube dient nur als zusätzliche Sicherung. Zuletzt kann das Isolierband entfernt werden.

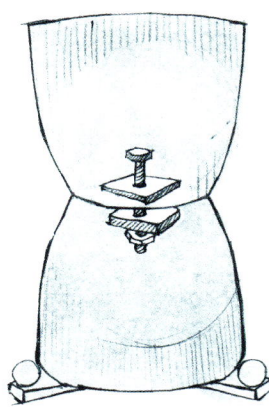

4 Weil diese beiden Kübel sehr groß und schwer sind, habe ich sie nicht nur zusammengeklebt, sondern zusätzlich verschraubt.

PFLANZGEFÄSSE AUS STOFF

Mit Behältern aus Stoff können Sie Gartenbereiche mit eigentlich untauglichem Boden erschließen. Wenn sie mit guter Erde gefüllt und sicher verankert sind, eignen sie sich auch zum Bepflanzen von Böschungen. Stauraumprobleme gibt es nicht, denn am Ende der Saison werfen Sie das Pflanzgefäß einfach mit seinem Inhalt auf den Komposthaufen.

Stehende und hängende Pflanzgefäße in allen Größen können aus Sackleinen oder Wollfilz genäht werden. Sackleinen ist preiswert, muss aber wegen der lockeren Gewebestruktur zweilagig verarbeitet werden. Wollfilz wiederum ist in interessanteren Farben erhältlich. Wie alle Kübel müssen auch die Stoffgefäße häufig gegossen werden, damit weder Stoff noch Erde austrocknen. Wenn diese Töpfe auf dem Gartenboden stehen sollen, verteilen Sie darunter eine dicke Schicht Gras oder Rasenschnitt. Achten Sie beim Gießen darauf, dass das Gewebe sich gut vollsaugt.

Sollen die Töpfe aufgehängt werden, mischen Sie Wasser speichernde Gelkristalle (aus dem Gartencenter) unter das Substrat. Die Kristalle quellen durch Feuchtigkeit stark auf und verbessern das Wasserhaltevermögen des Substrats erheblich. Mischen Sie nur gequollene Kristalle unter das Substrat, und auch nicht zu viele, sonst geht das Substrat beim nächsten Gießen über Bord.

GEGENÜBER: Diese Pflanzsäcke sehen an der Eingangstreppe hübsch aus. An Böschungen schieben Sie Stangen durch die Hohlsäume an den Ecken, und rammen diese in den Boden, damit die Säcke nicht verrutschen.

RUNDER PFLANZSACK

FERTIGE GRÖSSE: HÖHE CA. 25 CM; DURCHMESSER CA. 34 CM

Dieser «Kübel» besteht aus einem runden Boden, einem Streifen für die Wand und vier eingeschlagenen Rechtecken, die außen aufgenäht werden. Sie bilden Hohlsäume zum Einschieben von Metallstäben, die die Wand aufrecht halten und zur Verankerung in den Boden gerammt werden können.

Die Maße für meine Anleitung haben sich ergeben, weil ich eine Edelstahlschüssel mit 34 cm Durchmesser als Schablone verwendet habe. Wenn Ihr Boden einen anderen Durchmesser hat, errechnen Sie seinen Umfang, um die Länge des Streifens für die Wand zu ermitteln. (Durchmesser mal 3,14 resp. π = Umfang, in meinem Fall 34 cm mal 3,14 = 105,5 cm). Zur errechneten Länge addieren an den Schmalseiten jeweils 15 mm für die Nahtzugabe (105,5 + 3 = 108,5).

Die Höhe des Kübels bestimmen Sie selbst. Meiner hat eine Höhe von 25 cm, die aus einem Streifen von 71 cm Breite entstanden ist.

Material

- 1,25 m Sackleinen, 130 cm breit
- Nähmaschine und passendes Garn
- Bügeleisen
- Zirkel oder rundes Gefäß als Schablone für den Boden
- Meterstab oder Maßband
- Schere
- 4 Metall- oder Bambusstäbe für die Hohlsäume (je 20–23 cm zur Stabilisierung oder je 46 cm lang zur Verankerung im Boden)

1 Das Sackleinen vorbereiten

Das Sackleinen waschen und trocknen: Es läuft ein, und dabei verdichtet sich das Gewebe. Vorher müssen die Schnittkanten mit dem Zickzackstich der Nähmaschine abgesäumt werden, damit sie in der Wäsche nicht ausfransen. Alternativ können Sie zum Versäubern einen Overlocker verwenden.

Nach dem Waschen und Trocknen strecken Sie das Sackleinen kräftig in Längs- und Querrichtung. Schneiden Sie dann die Kanten fadengerade. Ziehen Sie dafür an beiden Schnittkanten von Webkante zu Webkante einen Faden aus dem Gewebe, und schneiden Sie den Stoff auf den so entstandenen Linien durch. Um zu prüfen, ob der Stoff fadengerade ist, falten Sie ihn so zur Hälfte, dass die Webkanten aufeinanderliegen. Liegen sie nicht gerade aufeinander, recken Sie den Stoff noch einmal in Längs- und Querrichtung. Danach wird das Sackleinen heiß gedämpft, damit es sich nicht mehr so leicht verzieht.

2 Den Boden zuschneiden und nähen

(Hinweis: Sackleinen sieht auf beiden Seiten gleich aus. Sie legen also selbst fest, welches die rechte und die linke Seite ist.) Den Stoff links auf links zur Hälfte falten und die gerade geschnittenen Kanten zusammenstecken. Mit dem Zirkel oder Ihrer Kreisschablone und einem Bleistift nun auf dem doppelt liegenden Stoff einen Kreis anzeichnen und ein zweilagiges Quadrat ausschneiden, das etwas größer als der gezeichnete Kreis ist. Mit einem breiten Zickzackstich drei- oder viermal durch die Kreismitte nähen, sodass er in «Tortenstücke» geteilt wird. Dann nähen Sie ringsherum auf der Bleistift-Umrisslinie. Anschließend den Kreis 2,5 cm außerhalb der Umrisslinie ausschneiden (für die Nahtzugabe) und zur Seite legen.

3 Seitenwand und vier Hohlsäume zuschneiden

Schneiden Sie jetzt das große Rechteck für die Wand zu. (Wenn Ihr Durchmesser nicht 34 cm groß ist, können Sie in der Einleitung nachlesen, wie die Länge berechnet wird.) Schneiden Sie außerdem vier Streifen für die Hohlsäume zu. Meine Streifen sind 11,5 cm breit und 46 cm lang. (Falls Ihre Wand andere Abmessungen hat als meine, verändert

sich nur die Länge der Hohlsäume, aber nicht die Breite.) Die Streifen für die Hohlsäume zur Seite legen.

4 Die Seitenwand nähen

Das Rechteck der Länge nach zur Hälfte falten, die Kanten liegen aufeinander. Zuerst die langen Kanten mit Zickzackstich zusammennähen, dann die Schmalseiten. Danach das Teil heiß dämpfen. An der Bruchkante einen 4 cm breiten Saum zur linken Seite umschlagen und diesen knapp neben der Kante zweimal mit geradem Stich absteppen. (Durch das Umschlagen und Absteppen werden die Kanten verstärkt und fransen nicht so leicht aus. Es empfiehlt sich, jede fertige Naht sofort heiß zu dämpfen.)

5 Die Hohlsäume vorbereiten

Beide Schmalseiten eines Stoffstreifens zur Mitte falten und die Brüche bügeln. Das entstandene Rechteck längs zur Hälfte falten und wieder bügeln. Mit den anderen drei Stoffstreifen ebenso verfahren.

Die fertigen Teile sind nun halb so lang und halb so breit wie die zugeschnittenen Streifen. Sie haben drei Bruchkanten und an einer Längsseite zwei aufeinanderliegende ungesäumte Kanten.

ZUSCHNITT DES STOFFS

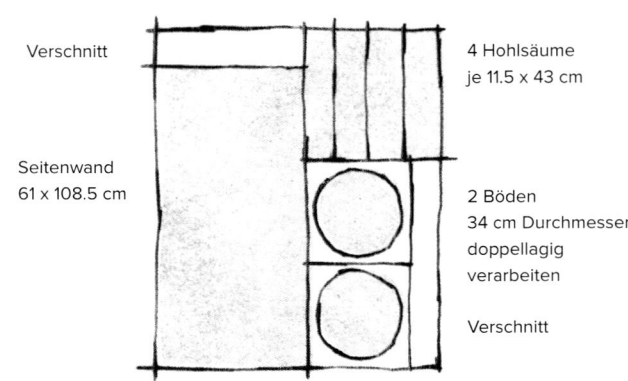

Verschnitt

Seitenwand
61 x 108.5 cm

4 Hohlsäume
je 11.5 x 43 cm

2 Böden
34 cm Durchmesser
doppellagig
verarbeiten

Verschnitt

6 Positionen der Hohlsäume auf der Wand anzeichnen

Das Seitenteil links auf links zur Hälfte falten und den Kniff bügeln. Wieder ausbreiten, die Schmalseiten an den Mittelkniff legen und die neuen Kniffe bügeln. Dadurch ist die Länge in Viertel geteilt. Die drei Kniffe dienen als Markierung für drei Hohlsäume. Der vierte wird beim Schließen der Seitennaht in Schritt 8 mitgefasst.

7 Die Hohlsäume aufnähen

Die Seitenwand ausbreiten, der Saum liegt oben. An jeden eingebügelten Kniff einen Hohlsaum stecken. Dabei liegt das obere Ende des Hohlsaums 5 mm unter der Saumkante, und die ungesäumte Längskante des Hohlsaums liegt am Kniff. Der Hohlsaum endet 2,5 cm über der Unterkante der Seitenwand, damit er beim Festnähen des Bodens in Schritt 10 nicht versehentlich mitgefasst und zugenäht wird. Die drei Hohlsäume an den eingebügelten Kniffen (Schritt 6) festnähen.
Jeden Hohlsaum über die unsäume, festgenähte Kante falten, sodass diese verdeckt wird. Der Streifen soll mittig auf der Naht sitzen. So entstehen saubere Hohlsäume mit gleichmäßigen Kanten. (Wenn Sie den Streifen direkt an der Naht umfalten würden, wäre die Kante des Hohlsaums dicker als die andere. Beide Längsseiten jedes Hohlsaums knappkantig feststeppen.

8 Seitennaht und vierter Hohlsaum

Das Seitenteil rechts auf rechts zur Hälfte falten. Die Schmalseiten liegen aufeinander. Den vierten Hohlsaum von innen so zwischen die Stofflager schieben, dass seine Schnittkanten bündig mit den Schnittkanten des Seitenteils abschließen. Die Kanten mit 15 mm Nahtzugabe zusammennähen und die Nahtzugaben auseinanderbügeln.

9 Fertigstellung des vierten Hohlsaums

Das Seitenteil auf rechts wenden. Den Hohlsaum mittig über die Naht bügeln und seine Längsseiten knappkantig feststeppen.

10 Den Boden ansetzen

Die Unterkante des Seitenteils rechts auf rechts an den Rand des runden Bodens stecken. Falls nötig legen Sie dabei kleine Fältchen ein. Dies ist ein Kübel für Blumen oder Gemüse und kein Ballkleid, Sie dürfen beim Nähen also ruhig etwas mogeln. Die beiden Teile mit 15 mm Nahtzugabe zusammennähen. Dicht neben der ersten Naht zur Verstärkung eine zweite Naht steppen.

11 Letzte Handgriffe

Wenn die Säcke mit Erde gefüllt sind, stehen sie meist von selbst aufrecht. Wenn Sie sichergehen wollen, oder wenn der Sack an einer Böschung steht, schieben Sie einfach Stäbe durch die vier Hohlsäume.

Weil meine Nähmaschine Stickfunktionen besitzt, sticke ich manchmal den Namen der Pflanze auf den oberen Rand. Das mag übertrieben klingen, ist aber nett, wenn der bepflanzte Sack verschenkt wird. Sie können die Außenseite auch mit Acrylfarbe und Stempeln oder Schablonen verzieren. Legen Sie Zeitungspapier auf die Arbeitsfläche und in den Sack, damit keine Farbe in die untere Stofflage durchdringt.

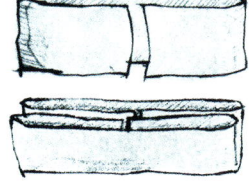

5 Die Hohlsaumstreifen werden gefaltet, damit sie nicht ausfransen.

HOHLSAUM AM KNIFF FESTNÄHEN

HOHLSAUM MITTIG ÜBER DIE NAHT BÜGELN

7 Zuerst beide Schnittkanten des Hohlsaums festnähen, dann den Hohlsaum so bügeln, dass die Naht verdeckt ist.

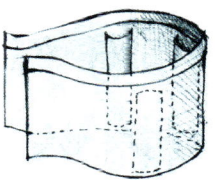

8 Den vierten Hohlsaum zwischen die Schmalseiten legen, ehe diese zusammengenäht werden.

ZAUNPFAHL-PFLANZTASCHE

FERTIGE GRÖSSE: LÄNGE CA. 92 CM; BREITE CA. 15 CM (JEDE TASCHE FÜR EINEN 10-CM-BLUMENTOPF)

Wenn Sie größere Taschen nähen, muss der Mittelstreifen stabiler sein, um das Gewicht der größeren Töpfe tragen zu können. Schneiden Sie dann den Streifen in der dreifachen Breite zu und falten Sie ihn vor dem Nähen dreifach.

Material

- 1 m Sackleinen, 130 cm breit
- Nähmaschine und Garn
- Bügeleisen
- Meterstab oder Maßband
- Schere

* *Hinweis: Sackleinen sieht auf beiden Seiten gleich aus. Sie legen also selbst fest, welches die rechte und welches die linke Seite ist.*

1 Das Sackleinen vorbereiten und zuschneiden

Die Vorbereitung des Sackleinens ist auf Seite 64 beschrieben. Beim Zuschnitt orientieren Sie sich an der Abbildung rechts auf dieser Seite.

Alle Teile werden zweilagig zugeschnitten und genäht.

2 Der Mittelstreifen

Den Mittelstreifen (61 x 92 cm) längs zur Hälfte falten. Ein zweites Mal ebenso falten. Nun ist er nur noch 15 cm breit. Bügeln und beide Längsseiten absteppen. Zweimal mit Zickzackstich entlang der Schmalseiten nähen, damit sie nicht ausfransen.

3 Die Taschen vorbereiten

Ein Taschenteil (61 x 30 cm) quer zur Hälfte falten, sodass ein Quadrat von 30 x 30 cm entsteht. Den Bruch bügeln und nach unten legen. Die beiden oberen Schnittkanten 5 cm umfalten und bügeln. Nochmals 5 cm umfalten und bügeln, dann diesen doppelten Saum knappkantig feststeppen. Er versteift den oberen Rand der Tasche und hält

....

GEGENÜBER: Die Tasche kann über einen Haken, einen Standbriefkasten oder einen Zaunpfahl gehängt werden. Ich empfehle, die Pflanzen in Plastiktöpfen hineinzustellen. So bleiben die Taschen besser in Form und das Substrat trocknet nicht so schnell aus.

ihn besser in Form. Der Saum kann an der fertigen Tasche innen oder außen liegen. Mit dem anderen Taschenteil ebenso verfahren.

4 Die Seitennähte der Taschen

Eine Tasche auf ein Ende des Mittelstreifens legen, beide zeigen mit der linken Seite nach oben. Die beiden seitlichen Taschenkanten bündig an die Seitenkanten des Mittelstreifens stecken und mit 15 mm Nahtzugabe festnähen. Die Tasche ist mit 30 cm Breite deutlich breiter als der Mittelstreifen (15 cm).

5 Falten einlegen

Die untere Mitte der Tasche und des Mittelstreifens zusammenstecken. Dann die Mehrweite der Tasche beiderseits der Mitte in zwei gleichmäßige Falten legen. Diese Falten so feststecken, dass die unteren Stoffkanten aufeinanderliegen. Die Unterkante mit 3–5 m Nahtzugabe durch alle Lagen zusammennähen. Zur Verstärkung nochmals knapp neben der ersten Naht steppen.

6 Zweite Tasche und Fertigstellung

Die Tasche auf rechts wenden. Die zweite Tasche ebenso festnähen (Schritt 4–5). Die Taschen direkt bepflanzen oder Töpfe mit 10 cm Durchmesser hineinstellen.

ZUSCHNITT DER ZAUNPFAHL-PFLANZTASCHE

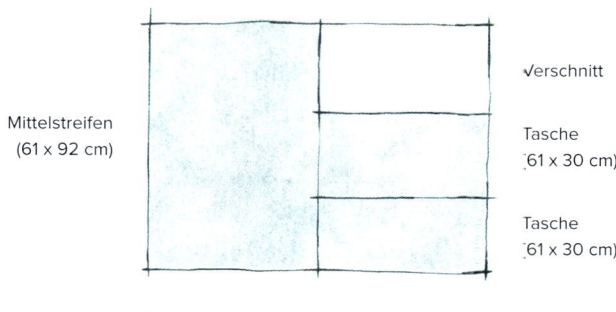

Mittelstreifen (61 x 92 cm)

Verschnitt

Tasche (61 x 30 cm)

Tasche (61 x 30 cm)

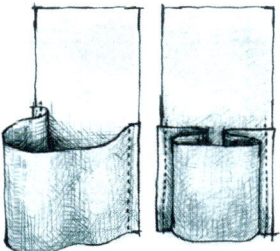

5 Die Mehrweite der Taschen wird in Falten gelegt, um sie an der Breite des Mittelstreifens anzupassen.

WANDTASCHEN AUS SACKLEINEN

FERTIGE GRÖSSE: CA. 76 X 33 CM

Mit diesen Taschen können Sie die Wände von Schuppen oder Garage für Blumen, Kräuter oder Gemüse nutzen. Die Abmessungen lassen sich variieren, aber der Taschenstreifen sollte immer doppelt so lang wie der Rückwandstreifen sein. Für kleinere Pflanzen können die Taschen kleiner sein, sofern genug Platz für die Wurzelentwicklung bleibt. Größere Taschen sind ebenso möglich, sie werden aber schwerer.

Material

• 2,3 m Sackleinen*, 130 cm breit

• Nähmaschine und Garn

• Stecknadeln

• Holzleiste (5 cm breit) oder Rundholz (2,5 cm Durchmesser), 76 cm lang

• Haken oder Nägel

• Bügeleisen

• Meterstab oder Maßband

• Schere

Hinweis: Sackleinen sieht auf beiden Seiten gleich aus. Sie legen also selbst fest, welches die rechte und welches die linke Seite ist.

1 Vorbereitung und Zuschnitt

Das Sackleinen vorbereiten (siehe Seite 64). Für die Rückwand einen Streifen von 81 x 76 cm zuschneiden, für die Taschen einen Streifen von 81 x 152 cm (siehe Abbildung gegenüber).

2 Die Rückwand zusammennähen

Die Rückwand rechts auf rechts so falten, dass ein Stück von 41 x 76 cm entsteht. Die beiden Schmalseiten mit 15 mm Nahtzugabe zusammennähen. Auf rechts wenden und bügeln.

3 Die Rückwand säumen

Die Schnittkanten (Längskanten) mit Zickzackstichen zusammennähen. Diese gesäumte Kanten 8 cm nach links umfalten und bügeln. Nochmals 8 cm nach links umfalten und bügeln. Beide Längsseiten des Hohlsaums knappkantig feststeppen.

4 Viertel markieren

Die Rückwand quer zur Hälfte falten und den Kniff bügeln. Ausbreiten, die Schmalseiten an den Mittelkniff legen und die seitlichen Kniffe bügeln. Die Kniffe teilen die Länge in Viertel.

5 Den Taschenstreifen zusammennähen

Den Stoff rechts auf rechts so zusammenfalten, dass ein Streifen von 41 x 152 cm entsteht. Die beiden Schmalseiten mit 15 mm Nahtzugabe zusammennähen. Auf rechts wenden und bügeln.

6 Den Taschenstreifen säumen und vierteln

An der ungesäumte Längsseite einen 6,5 cm breiten Hohlsaum machen (siehe Schritt 3). Dann falten und bügeln, um Viertel zu markieren (siehe Schritt 4).

7 Die äußeren Nähte

Den Taschenstreifen auf die Rückwand legen. Beide zeigen mit der rechten Stoffseite nach oben. Seiten- und Unterkanten genau aufeinander ausrichten. Die seitlichen Kanten zusammenstecken und mit 15 mm Nahtzugabe zusammennähen. Zur Verstärkung 5 mm neben der Naht nochmals steppen. Durch den Saum der Rückwand darf nicht genäht werden.

8 Markierungslinien ausrichten und Taschen aufnähen

Die eingebügelten Kniffe in Rückwand und Taschenstreifen genau aufeinanderlegen. Stecken Sie sie zusammen und steppen Sie auf jedem Kniff zwei parallele Nähte. Die Mehrweite des Taschenstreifens wird in Schritt 9 in Form gebracht.

9 Falten einlegen

Falten in die Unterkanten der Taschen legen (siehe Zaunpfahl-Pflanztasche, Seite 67) und zweimal knappkantig (3–5 mm) absteppen.

10 Fertigstellung

Die Leiste oder das Rundholz durch den oberen
Hohlsaum der Rückwand schieben, damit die Oberkante
gerade bleibt. Die Tasche an zwei stabilen Haken
aufhängen oder direkt unter der Leiste einige stabile
Nägel durch das Sackleinen in die Wand einschlagen.
Die Tasche lässt sich leichter gerade anbringen, wenn
sie noch nicht bepflanzt ist.

OBEN: Mit solchen Taschen lässt sich zusätzlich Raum für Pflanzen
gewinnen. Wie bei allen hängenden Pflanzbehältern kann aber beim
Gießen oder bei Regen Wasser an der Wand herunterlaufen.

ZUSCHNITT DER
WANDTASCHEN

Tasche
(81 x 152 cm)

Verschnitt

Rückwand
(81 x 76 cm)

FERTIGE WANDTASCHE

GARTENSCHLÄUCHE ZWECKENTFREMDEN

Im Lauf der Jahre habe ich verschiedene Techniken der Korbflechterei ausprobiert, auch mit Rollenware wie Peddigrohr. So erschien mir auch ein ausrangierter Gartenschlauch als interessantes Material. Aus einem Schlauch lässt sich ein geräumiger Kübel bauen. Die Windungen werden mit Kabelbindern zusammengehalten.

Die Konstruktion eines Schlauch-Kübels ist nicht schwierig, Sie sollten aber einiges über das Material und die Technik wissen, bevor Sie beginnen.

TROPFSCHLAUCH *oder* STANDARD-SCHLAUCH?

Ich habe solche Kübel aus runden und flachen Tropfschläuchen gebaut, die – wie der Name sagt – durchlässig sind, und auch Standard-Gartenschläuche aus Kunststoff verarbeitet. Tropfschläuche sind leichter als konventionelle Schläuche. Das ist ein Vorteil, wenn Sie den fertigen Kübel umstellen möchten. Runde Tropfschläuche lassen sich wesentlich einfacher verarbeiten als flache. Mit letzteren ist es sehr schwierig, eine gerade Wand aufzubauen, und zudem fällt die Wand leicht in sich zusammen. Flach liegend kann man die Schläuche nicht biegen, sie müssen also aufrecht verarbeitet werden. Eine bessere Recycling-Möglichkeit für solche Schläuche wäre eine Fußmatte wie das Modell auf Seite 194.

Die meisten Schläuche, die ich von Freunden geschenkt bekam, hatten jahrelang im Freien gelegen. Sie waren abgenutzt und schmutzig, aber das ist nicht schlimm, wenn sie mit Erde und Pflanzen gefüllt sind. Beim ersten sich selbstbewässernden Kübel ergaben sich aber Probleme, denn ein Abschnitt des verarbeiteten Schlauchs war so spröde, dass er riss. Also konnte ich ihn nicht mehr an die Wasserversorgung anschließen. Wenn Sie sich selbstbewässernde Kübel bauen wollen, lernen Sie aus meinem Fehler, und kaufen Sie einen neuen Schlauch. Für andere Kübel können Sie bedenkenlos auch alte Schläuche vom Sperrmüll verarbeiten.

Glätten Sie vor der Verarbeitung alle Knicke im Schlauch. Dazu breiten Sie ihn in voller Länge aus und rollen ihn sorgfältig auf. Weil der Schlauch während der Arbeit bewegt und gedreht wird, müssen Sie dies mehrmals wiederholen.

Schlauchkupplungen

Sofern Sie keinen sich selbstbewässernden Topf bauen wollen, könnten Sie alte Kupplungen abschneiden. Andererseits eignen sie sich, um beim Bau eines großen Kübels mehrere Schlauchstücke schnell und unkompliziert miteinander zu verbinden. Außerdem können die Kupplungen den Kübel interessanter aussehen lassen.

Ein sich selbstbewässernder Kübel braucht natürlich eine Kupplung, um eine Schlauchverbindung zum Wasserhahn herzustellen. Schraubkupplungen sind ungünstig, wenn ein Ende fest am Kübel sitzt, außerdem verdreht sich beim Schrauben der wasserführende Schlauch. Darum verwende ich lieber Schnellkupplungen, die es in jedem Baumarkt und Gartencenter gibt. Beginnen Sie in der Mitte des Bodens mit dem abgedichteten Ende des Schlauchs. Die Anschlusskupplung sitzt am Kübelrand.

Bei einem sich selbstbewässernden Kübel können Sie den Boden und die ersten Runden der Wand auch aus einem separaten Stück Schlauch herstellen und dann mit dem Tropfschlauch fortfahren. Die Verbindungskupplung muss dann an der Außenseite des Kübels liegen.

Schlauchstücke zusammenfügen

Wenn zwei Schlauchstücke zusammengefügt werden müssen, schneiden Sie von beiden die Enden schräg ab. Dann schieben Sie ein Ende einige Zentimeter weit ins andere. Ist die gewünschte Höhe erreicht, wird das Schlauchende wieder schräg abgeschnitten.

LINKS: Für diesen Kübel habe ich fast 30 Meter Schlauch verarbeitet. Er wird ebenso gebaut wie die Kübel auf Seite 70, hat jedoch knapp über dem Boden eine Öffnung. Um sie auszuarbeiten, habe ich zuerst in einer Richtung gewickelt, dann gewendet und eine Runde in der Gegenrichtung gelegt. Dort habe ich erneut gewendet und bis zum oberen Rand gewickelt. So entstand eine Öffnung, durch die sich ein Schlauch schieben lässt, dessen anderes Ende an den Wasserhahn angeschlossen ist.

KABELBINDER

Kabelbinder gibt es in verschiedenen Längen und Stärken in der Elektroabteilung jedes Baumarkts. Sie haben an einem Ende einen Kopf mit einer Sperrzunge und sind am anderen Ende zugespitzt. Das spitze Ende wird durch den Kopf gezogen. Die Verzahrung auf dem Kunststoffband verhindert, dass es aus dem Kopf herausrutschen kann. Um Kabelbinder zu entfernen, muss man sie meistens durchschneiden.

Ich habe einmal billige Kabelbinder auf einem Flohmarkt gekauft und schnell festgestellt, dass sie nicht robust genug waren. Sie rissen, oder die Sperrzunge funktionierte nicht. Darum empfehle ich, hochwertige, kräftige Kabelbinder zu verwenden. Die Enden, die nach dem Festziehen vorstehen, müssen abgeschnitten werden — es sei denn, Sie betrachten Sie als Dekoration. Ich verwende für meine Kübel schwarze Kabel-

binder, in Baumärkten und online gibt es sie aber auch in anderen Farben.

Ein Wort der Warnung: Die abgeschnittenen Enden von Kabelbindern können sehr scharfkantig sein. Normalerweise schneide ich sie erst ab, wenn ein Teilbereich fertig ist, damit ich mir bei der weiteren Arbeit nicht die Hände verletze. Außerdem schiebe ich die Verschlussköpfe in die Rillen zwischen den Wicklungen. Das sieht sauberer aus und verringert das Verletzungsrisiko.

Sie können die Enden aber auch zur Außenseite drehen und auf das Abschneiden verzichten. Die interessante Stachelstruktur der Oberfläche würde gut zu Kakteen oder Sukkulenten passen.

SICH SELBSTBEWÄSSERNDER SCHLAUCHKÜBEL

Material

- 23 m runder Tropfschlauch (für einen Kübel mit 41–51 cm Durchmesser und 15–25 cm Höhe)
- 350–375 Kunststoff-Kabelbinder (20 cm lang) für 23 m Schlauch (siehe auch Seite 71)
- Zange
- Seitenschneider
- Ahle oder Spachtel
- 4 große Federzwingen (bei Bedarf)

* Hinweis: Je größer der Bodendurchmesser, desto weniger Schlauch steht zum Aufbau der Wandhöhe zur Verfügung. Bei einem Bodendurchmesser von 25 cm können Sie aus 23 m Schlauch einen Kübel mit 25 cm Höhe und einem oberen Durchmesser von 41 cm herstellen. Beträgt der Bodendurchmesser 38 cm, liegen die Höhe bei 15 cm und der obere Durchmesser bei 51 cm. Überlegen Sie darum vorher, ob Sie einen schlanken, hohen Kübel oder einen flachen, weiten bauen möchten.

1 Den Schlauchanfang sichern

Den Anfang des Schlauchs 10 cm umknicken und mit einem Kabelbinder fixieren. Dabei muss die glatte Seite des Kabelbinders am Schlauch anliegen. Die Spitze durch den Kopf fädeln und mit einer Zange fest zuziehen. (Sie können den Kabelbinder mit der Hand festziehen, aber das Plastik ist recht rau – und Sie müssen noch viele Kabelbinder anbringen, bis der Kübel fertig ist.)

2 Den Kabelbinder abkneifen

Kneifen Sie den Kabelbinder mit dem Seitenschneider dicht am Kopf ab. (Versuchen Sie später, alle Köpfe mit den abgeschnittenen Enden in die Rillen zwischen den Schlauchwindungen zu schieben. Wenn die Arbeit zügig geht, schneiden Sie nicht jeden Kabelbinder einzeln ab, sondern jeweils 10 oder 20 in einem Arbeitsgang. Bei den ersten Arbeitsschritten sehen Sie jedoch besser, was Sie tun, wenn Sie die Kabelbinder gleich nach dem Festziehen abkneifen.)

3 Die erste Runde

Den Schlauch um das umgefaltete Ende legen und mit einem zweiten Kabelbinder fixieren. Dieser (und alle anderen) hält jeweils die vorige und die aktuelle Runde zusammen.

4 Den Boden aufbauen

Den Schlauch weiter in Runden um die fertige Mitte wickeln und mit Kabelbindern befestigen. Falls ein neues Stück Schlauch angesetzt werden muss, gibt es zwei Möglichkeiten. Sind die Kupplungen intakt, stecken oder schrauben Sie sie einfach zusammen. Sind sie nicht intakt, schneiden Sie die Schlauchenden schräg ab und stecken eins in das andere.

Wenn der Boden beginnt, Form anzunehmen, sind immer mehr Kabelbinder nötig, um ihn fest zusammenzuhalten. Sie werden sehen, wo der nächste Kabelbinder sitzen muss, damit keine Lücke entsteht. Sparen Sie aber bitte nicht am falschen Ende.

5 Kabelbinder nachziehen und abkneifen

Wenn der Boden die gewünschte Größe erreicht hat, wird die Wand aufgebaut. Vorher sollten Sie aber alle noch nicht abgekneiften Kabelbinder des Bodens fest nachziehen, die Enden danach abkneifen und die Verschlussköpfe in die Rillen zwischen den Windungen schieben. Die abgeschnittenen Enden können scharf sein. Sie verringern das Verletzungsrisiko, wenn Sie alle Köpfe in die gleiche Richtung drehen.

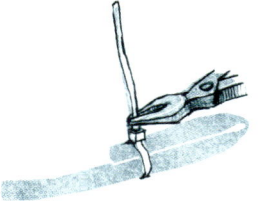 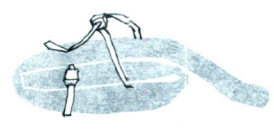

1–2 Das umgefaltete Schlauchende mit einem Kabelbinder fest zusammenschnüren.

3 Jeder Kabelbinder befestigt den Schlauch an der vorherigen Runde.

GEGENÜBER: An die Schnellkupplung am oberen Schlauchrand lässt sich jederzeit ein Bewässerungsschlauch anschließen.

6 Die Wand aufbauen

Bei der Wand gehen sie ebenso vor wie beim Boden, nur werden jetzt die Wicklungen nicht nebeneinander, sondern aufeinander gelegt. Einfacher ist es, wenn Sie dabei den noch nicht befestigten Schlauch mit großen Federzwingen festhalten.

Bis jetzt war die Platzierung der Kabelbinder nur für die Stabilität von Bedeutung. An der Wand sollten Sie aber versuchen, sie regelmäßig oder in einem Muster anzuordnen. Schätzen Sie anhand der letzten Runde des Bodens und der ersten Runde der Wand ab, wie groß die Abstände sein müssen. Daraus ergibt sich oft das mögliche Muster: diagonal, senkrecht oder im Zickzack. Die geordnete Platzierung der Kabelbinder ist nicht schwieriger als die unregelmäßige, sie erfordert nur in den ersten Runden der Wand etwas Überlegung und Sorgfalt. Eventuell müssen Sie die Abstände etwas variieren, um den Anfang eines Musters festzulegen. Möglich ist auch, die Abstände abzumessen und mit Kreide anzuzeichnen.

Die Kabelbinder lassen sich nur schwer zwischen die vorherigen Schlauchrunden schieben (es sei denn, sie sind nicht fest genug miteinander verbunden). Benutzen Sie anfangs einen Spachtel, um die Einschubstelle etwas zu spreizen. Später können Sie die Kabelbinder für die nächste Runde einschieben, bevor Sie die vorherige Runde ganz festziehen. Die Köpfe der Kabelbinder verhindern, dass sie herausrutschen, während Sie die Runde beenden. So geht es schneller und kostet weniger Kraft, als wenn Sie die neuen Kabelbinder zwischen die festgezogenen Wicklungen schieben müssen.

7 Das Ende des Schlauchs

Ist keine Selbstbewässerung vorgesehen, wird das Ende schräg abgeschnitten und mit mehreren Kabelbindern in engen Abständen befestigt.

Für einen selbstbewässernden Schlauch bringen Sie am Ende eine nach außen gerichtete Schlauchkupplung an. Verwenden Sie am besten eine Schnellkupplung, damit Sie den Bewässerungsschlauch mit einem Handgriff anschließen können.

8 Letzte Handgriffe

Bevor Sie einen sehr großen Schlauchkübel bepflanzen, geben Sie eine Schicht leichtes Füllmaterial auf den Boden. Es verbessert die Drainage, und Sie brauchen weniger Substrat. Ich verwende dafür altes, zerknülltes Fliegengitter oder Plastikblumentöpfe (kopfüber). Tonscherben und Kieselsteine sind zu schwer.

4 Wenn der Boden größer wird, brauchen Sie in jeder Runde mehr Kabelbinder.

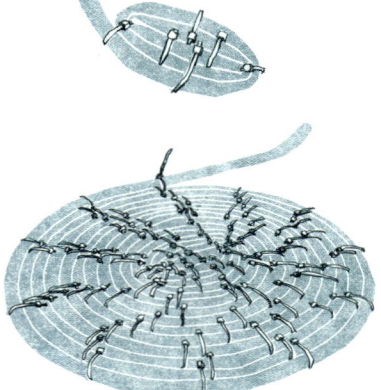

6 Große Federzwingen halten den Schlauch in den ersten Runden der Wand.

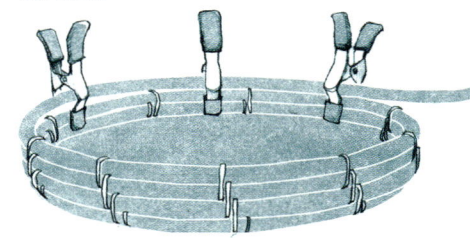

6 Legen Sie in der ersten Runde der Wand fest, in welchem Muster die Kabelbinder angeordnet werden sollen.

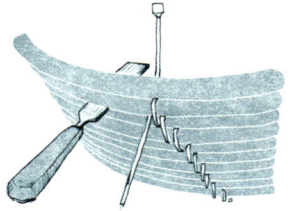

6 Die Wicklungen mit einem Spachtel spreizen, um die Kabelbinder durchzuschieben.

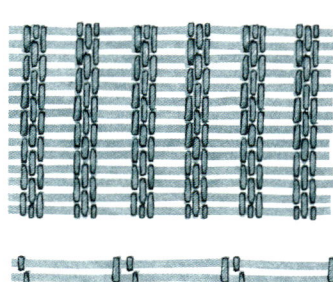

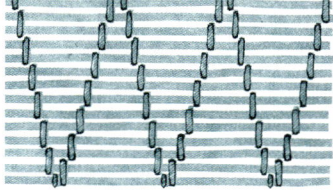

AUFBEWAHRUNG FÜR BLUMENTÖPFE

Ich werfe alte Blumentöpfe aus Ton oder Kunststoff selten weg, weil ich genau weiß, dass ich sie im Frühling für Sämlinge brauchen werde. Als aber der Lagerplatz knapp wurde, musste ich mir etwas einfallen lassen. So entstand diese einfache Lösung, um viele Töpfe auf engem Raum zu verstauen. Den frei gewordenen Platz im Regal nutze ich für meine bemalten Töpfe, denn sie würden bei dieser Aufhängung leicht zusammenkleben.

Material

- 1,25 m Draht, 1–1,3 mm stark
- Holzrest (ca. 4 x 4 cm), kurzes Rundholz oder Stück von einem stabilen Zweig
- Haken oder Nagel zum Einhaken des Drahts, in eine Wand geschlagen oder in einen Schraubstock eingespannt (muss Zugbelastung aushalten)

1 Löcher ins Holz bohren und den Draht einfädeln

Durch das Holz zwei Löcher im Abstand von 12 mm bohren, den Draht durchfädeln und seine Enden umeinander drehen, sodass eine durchgehende, geschlossene Schlaufe entsteht.

2 Die Drähte verdrehen

Das Holz in einer Hand halten und die Drahtschlaufe am anderen Ende über den Haken oder Nagel in der Wand oder dem Schraubstock hängen. Den Draht straff halten und das Holz drehen, bis der doppelte Draht auf ganzer Länge fest zusammengedreht ist.

3 Die Töpfe auffädeln

Die Töpfe kopfüber auf den Draht fädeln. Tontöpfe haben oft größere Drainagelöcher als Plastiktöpfe, aber wenn Sie die Drahtschlaufe etwas zusammendrücken, lässt sie sich auch durch enge Öffnungen schieben. Bereiten Sie mehrere Drahthalter vor, um jeweils Töpfe gleicher Größe aufzufädeln. Dann hängen Sie die Halter einfach an Haken oder Nägeln in Schuppen oder der Garage auf.

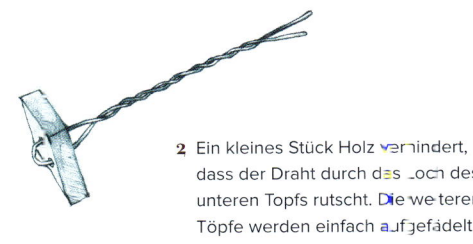

2 Ein kleines Stück Holz verhindert, dass der Draht durch das Loch des unteren Topfs rutscht. Die weiteren Töpfe werden einfach aufgefädelt.

MOSAIK

Ich liebe Mosaik, weil es toll aussieht und dabei so einfach herzustellen ist. Im ersten Arbeitsgang werden Scherben von hübschem Geschirr, Fliesen, Kiesel, Flaschendeckel, Perlen, Muscheln oder andere Kleinigkeiten auf die Oberfläche eines Kübels (oder einer Vogeltränke, einer Bank, einer Mauer) geklebt. Wenn der Kleber restlos getrocknet ist, wird Fugenmasse auf dem gesamten Mosaik verteilt, um die Zwischenräume zu füllen und die Oberfläche zu glätten. Natürlich ist das Gestalten detailreicher oder figürlicher Mosaike nicht so einfach, aber für den allgemeinen Gartengebrauch lässt es sich auf diese beiden Arbeitsschritte reduzieren.

Gegenüber: In diese Mauer, die einen Gartenweg mit einem Belag aus Holzhackschnitzeln begrenzt, sind Töpfe für Kräuter und Stützen für Tomaten eingearbeitet.

WERKZEUG UND GRUNDAUSSTATTUNG

Für Mosaikarbeiten brauchen Sie eine gute Schutzbrille und robuste Arbeitshandschuhe, damit Sie sich an scharfen Kanten nicht verletzen. Beim Anrühren des Fliesenklebers mit Wasser ist ein Atemschutz nötig, um keinen schädlichen Staub einzuatmen. Je nach Art Ihres Vorhabens können auch andere Werkzeuge auf der folgenden Liste nützlich sein.

- Schutzbrille, robuste Arbeitshandschuhe und Atemschutz
- Ziegel oder Stein (zum Unterlegen beim Zerschlagen)
- Hammer (zum Zerschlagen)
- Fliesenbrechzange
- Grobe Feile (zum Begradigen unebener Kanten)
- Glasschneider (zum Schneiden von Glas und Porzellan)
- Flexibler Spachtel, Gummischaber oder Duschabzieher
- Baustoffe wie Dünnbettmörtel, Fertigzement, Portlandzement und Sand
- Verfugbeutel
- Robustes Packpapier, Permanentmarker (zum Vorzeichnen direkt auf Töpfen)
- Pinzette (zum Platzieren kleiner Mosaikteilchen)
- Natriumphosphat (zum Reinigen der Fliesen)
- Sprühflasche
- Zeitungspapier zum Abdecken von Oberflächen und zum Abwischen
- Alte Handtücher (zum Bedecken der Teile beim Zerschlagen)
- Wasser, Eimer, Scheuerbürsten, Lappen

Geeignete UNTERGRÜNDE

Sie brauchen auch einen Untergrund, auf dem das Mosaik entsteht. Dafür eignet sich wasserbeständiges Bootsbausperrholz (für einen Tisch oder ein Wandbild), eine selbst gegossene oder gekaufte Zementplatte, eine Vogeltränke oder ein Blumenkübel. Für Trittsteine, Tischplatten oder Wege können Sie das Mosaik auch direkt in den nassen Beton legen. Unabhängig von der Art des Untergrunds ist es wichtig, dass er vor Beginn der Mosaikarbeit vorbereitet ist.

Sperrholz, Terrakotta und andere poröse Materialien müssen mit einem PVA-Lack versiegelt werden. Er ist wasserlöslich und verhindert, dass Ton oder Holz dem Fliesenkleber zu schnell die Feuchtigkeit entzieht. Dadurch würde seine Haftwirkung beeinträchtigt. Terrakotta habe ich auch schon mit Acryl-Sprühlack versiegelt. Holz pinsele ich lieber mit einer oder zwei Schichten PVA-Lack ein. Wenn das fertige Mosaik keinen starken Witterungseinflüssen ausgesetzt ist, kann zum Versiegeln eine sehr dünne Schicht des Fliesenklebers verwendet werden.

«Mosaiksteine» aller Art

Auf Flohmärkten findet man oft angeschlagenes Geschirr, Porzellanfiguren und andere Schätze, die nur darauf warten, unter den Hammer zu kommen und in einem Mosaik verarbeitet zu werden. Allerdings eignen sich nicht alle Materialien gleichermaßen gut für den Außenbereich. Metall kann rosten (was interessant aussehen kann), und Muscheln zerbrechen leicht, wenn sie austrocknen. Es gibt aber noch viele andere Möglichkeiten: Flaschendeckel, kleine Flaschen oder Glasscherben, Knöpfe und Perlen, Fliesen aus Keramik und Glas, Teller aus Porzellan und Steinzeug, Münzen, Modeschmuck, Porzellanfiguren, künstliche Edelsteine, Glasnuggets (im Floristik- und Dekorationsbedarf zu finden), Murmeln, Spiegel, Kleineisenwaren, Kiesel und kleine Natursteine.

DIE MOSAIKTEILE VORBEREITEN

Um größere Stücke zu zerbrechen, legen Sie einen Ziegelstein in eine größere Plastikwanne. Die Fliese oder den Teller an den Ziegel lehnen und vorsichtig mit dem Hammer darauf schlagen. Zerbricht das Stück nicht, schlagen Sie etwas kräftiger — aber nicht zu stark, sonst entstehen kleine Splitter und keine brauchbaren Teile. Splitter müssen zwischendurch ausgeschüttet werden, um den Arbeitsbereich sauber zu halten und Verletzungen zu vermeiden. Tragen Sie beim Zerschlagen immer eine Schutzbrille und

robuste Handschuhe. Decken Sie das Porzellan mit einem alten Handtuch ab, damit keine Splitter fliegen können.

Mit einer Fliesenbrechzange lassen sich scharfe Kanten und Unregelmäßigkeiten an den Rändern zerschlagener Fliesen oder Keramikgegenstände am besten beseitigen. Für Glas und Porzellan genügt ein einfacher Glasschneider. Soll das Mosaik sehr detailliert werden, empfehlen sich kleine Mosaiksteinchen (Tesserae), die sich akkurat in Form bringen lassen. Ich gestalte meist «Freistil-Mosaike» und lasse mich von der Form meiner Teilchen leiten. Diese Methode bringt ihre eigenen Schwierigkeiten mit sich, aber man muss weniger schneiden und nicht jedes Stück exakt einpassen.

Die Größe der Mosaikteile bestimmen Sie selbst. Bedenken Sie aber, dass kleine Stücke leicht unter der Fugenmasse verschwinden, während sehr große brechen können und an senkrechten oder schrägen Oberflächen abgestützt werden müssen. Typische Mosaiksteine sind etwa 2 × 2 cm groß und werden in Abständen von 5 mm verarbeitet. Bei Teilen unregelmäßiger Größe und Dicke fallen auch die Fugen unregelmäßig aus. Für eine Sitzfläche mit glatter Oberfläche wählen Sie also am besten Teile gleicher Dicke.

KLEBER *und* FUGENMASSE
Fliesenkleber

Für kleinere Mosaike verarbeite ich meist kunststoffvergüteten Fliesenkleber, der in Baumärkten und Fliesenhandlungen erhältlich ist. Ich habe auch schon Dünnbettmörtel zum Anbringen der Mosaikteile sowie zum Verfugen verwendet. Fliesenkleber ist in Pulverform und als verarbeitungsfertige Mischung erhältlich. Die Fertigmischung ist teurer, aber die Verarbeitung ist bequem, und Sie vermeiden den Schmutz und Staub, der beim Anrühren von Trockenprodukten entsteht.

Fertigmörtel

Größere Mosaike und Arbeiten im Außenbereich klebe und verfuge ich mit Fertigmörtel. Dabei handelt es sich um eine Mischung aus Zement und Sand, die in verschiedenen Gebindegrößen für wenig Geld in jedem Baumarkt erhältlich ist und mit Wasser angerührt werden muss.

Für größere Projekte wie meine Gartenmauer habe ich einen speziellen, kunststoffvergüteten Mörtel für den Außenbereich verwendet, der auch für Arbeiten an senkrechten Flächen und sogar über Kopf geeignet ist. Diese Art von Mörtel bindet schnell ab. Das ist ein Vorteil, wenn größere Teile an senkrechten Flächen angebracht werden. Es bedeutet aber auch, dass man jeweils nur eine kleine Menge anrühren kann und sehr zügig arbeiten muss. Manche dieser Produkte können in Schichtstärken von bis 5 cm verarbeitet werden, darum eignen sie sich hervorragend zum Umhüllen von Draht-Unterkonstruktionen für Skulpturen. Im gut sortierten Baustoffhandel finden Sie weitere Spezialprodukte, beispielsweise schrumpfresistenten Fugenmörtel für extrabreite Fugen.

Zum Verkleben des Mosaiks müssen Trockenprodukte mit Wasser zu einer dicken Paste angerührt werden. Zum Verfugen kann die Mischung etwas dünner sein, jedoch niemals flüssig. Die Konsistenz muss so beschaffen sein, dass sich die Masse in die Fugen drücken lässt, ohne dass dabei Lufteinschlüsse entstehen. Ist die Fugenmasse zu flüssig, fließt sie vor allem bei der Arbeit an senkrechten Flächen leicht aus den Fugen heraus.

OBEN: Ein Garten-Wasseranschluss in einem runden Abflussrohr, das mit Mosaik verziert und mit Erde gefüllt ist.

MOSAIK-METHODEN

Jeder Mosaik-Künstler entwickelt mit der Zeit seine eigene Arbeitsweise. Es gibt jedoch drei grundlegende Methoden, die leicht zu lernen sind und sich für die meisten Projekte eignen: Mosaik in feuchtem Zement (beispielsweise für einen Weg oder Trittsteine), die direkte Methode (für einen Blumenkübel) und ihr Gegenstück, die indirekte Methode (zum Beispiel für den Trittstein mit Flaschendeckeln, vgl. Foto auf Seite 87).

MOSAIK *in* FEUCHTEM ZEMENT

Soll das Mosaik in feuchten Zement eingearbeitet werden (siehe Rezepte auf Seite 97), legen Sie das Motiv zuerst trocken auf der Erde oder neben dem Arbeitsbereich aus. Dann platzieren Sie jeweils einige Stücke im Zement. Wenn ein Motivbereich verlegt ist, drücken Sie die Stücke mit einem glatten Brett etwas tiefer in das Zementbett.

Nach etwa 30 Minuten wischen Sie die Mosaikteile vorsichtig ab, ohne sie zu verschieben. Eine oder zwei Stunden später können Sie den Zementschleier mit einem feuchten Tuch abwischen. Wenn der Zement nach 12–24 Stunden ausgehärtet ist, können Sie die Oberfläche kräftiger abschrubben, um sie gründlich zu säubern. Hartnäckige Zementspuren lassen sich mit Natriumphosphat entfernen. Bei dieser Methode entfällt das Verfugen.

Diese Methode hat den Reiz, dass alles in einem Arbeitsgang geschieht. Der Zement wird geschüttet, dann wird sofort das Mosaik gestaltet. Allerdings spielt der Zeitfaktor eine Rolle. Große Projekte wie einen Weg unterteilt man besser in kleinere Abschnitte. Kleinere Mosaike lassen sich im Ganzen fertigstellen, bevor der Zement auszuhärten beginnt.

DIE DIREKTE METHODE

Soll das Motiv sehr exakt ausfallen, können Sie es mit einem Permanentmarker auf einem Kübel oder einer Betonplatte vorzeichnen. Alternativ schneiden Sie eine Papierschablone der Form und legen Sie sie auf den Untergrund. Innerhalb der Schablone bringen Sie dann die Mosaikteilchen an. Ist das Motiv detailliert, müssen die Mosaikteile meist zugeschnitten werden.

Für ein einfaches Dekor verteilen Sie den Fliesenkleber auf einer überschaubaren Fläche und drücken die Teile hinein. Ich nenne diese Methode «Freistil» und setze sie oft ein, wenn es mir nicht um ein konkretes Motiv, sondern um einen Farbtupfer geht, oder wenn ich eine große Fläche zügig ausfüllen möchte (wie die Gartenmauer, Foto auf Seite 76). Bei detaillierten Mosaiken nimmt das Zuschneiden mehr Zeit in Anspruch. In diesem Fall ist es sinnvoll, den Kleber erst vor dem Platzieren der Teile auf ihre Rückseiten aufzutragen, andernfalls besteht die Gefahr, dass er abbindet, bevor alle Teile verlegt sind. Diese Methode wende ich oft für Kübel oder Pflanzenschilder an, um Fehler zu vermeiden.

INDIREKTE METHODE A

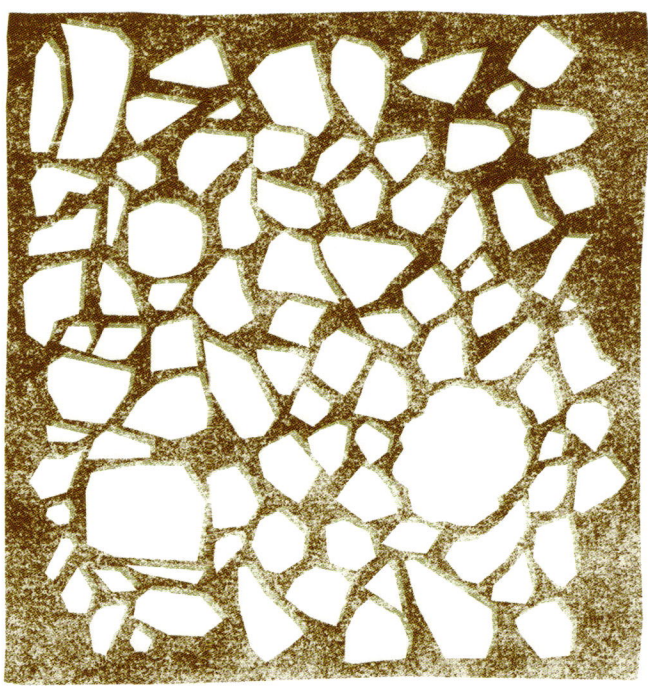

A Die Mosaikteile werden kopfüber auf Papier befestigt und mit diesem ins Mörtelbett gelegt.

DIE INDIREKTE METHODE

Je nach Art des Projekts wende ich eine von drei Varianten der indirekten Methode an.

A: Wenn Sie bequem an einem Arbeitstisch sitzend ein ganzes, detailliertes Mosaik vorbereiten und im Ganzen verkleben möchten, können Sie die Teilchen mit einem wasserlöslichen Klebstoff auf robustem Packpapier oder einer selbstklebenden Folie befestigen. Dabei müssen die Teile kopfüber auf das Papier geklebt werden, damit ihre Rückseiten in den Mörtel oder Fliesenkleber gedrückt werden können. Das Papier wird anschließend entfernt.

B: Alternativ können Sie Glasfaser-Gittergewebe verwenden, das es im Baustoffhandel als Rollenware gibt. Es sieht aus wie das Gitter, auf dem Mosaikmatten im Fliesenhandel verkauft werden. Bei dieser Methode tragen Sie den wasserlöslichen Kleber auf die Rückseite der Mosaikteile auf und kleben diese dann auf das

Gitter. Der Kleber muss gut durchtrocknen, damit sich die Teile beim Bewegen des Gitters nicht lösen. Das vorbereitete Mosaik auf dem Gitter wird als Ganzes in feuchten Zement oder eine Schicht Fliesenkleber gelegt. Wenn Zement oder Fliesenkleber trocken sind, kann das Mosaik verfugt werden. Danach ist das Gittergewebe nicht mehr zu sehen.

C: Für Trittsteine können Sie das Mosaik auf dem Boden der Form auslegen. Zuerst feuchten Sand einfüllen oder Selbstklebefolie (klebrige Seite oben) auf den Boden legen, dann die Mosaikteile kopfüber darauf legen. Anschließend wird der Zement darauf geschüttet. Wenn er ausgehärtet ist, wird der Trittstein aus der Form genommen. Danach ziehen Sie die Selbstklebefolie ab oder fegen den Sand von der Trittplatte. In beiden Fällen muss das Mosaik noch verfugt werden.

INDIREKTE METHODE B

INDIREKTE METHODE C

B Mosaikteile werden mit ihren Rückseiten auf Gittergewebe geklebt und mit dem Gewebe in feuchten Zement oder Fliesenkleber gelegt.

C Mosaikteile werden kopfüber auf eine Schicht feuchter Sand in die Form für einen Trittstein gelegt.

VERFUGEN

Wenn die Mosaikteile fest sitzen und Sie grobe Mörtel-spuren mit einem Schaber entfernt haben, kann das Mosaik verfugt werden. Fugenmörtel ist als Fertigmischung in vielen Farben erhältlich, Sie können weißen oder hellgrauen Fugenmörtel nehmen, diesen aber auch selbst einfärben.

Ziehen Sie für diese Arbeit robuste Gummihand-schuhe an. Die Fugenmasse muss tief in die Fugen gedrückt werden, was sich recht gut mit den Fingern bewerkstelligen lässt. Sie können zum Verteilen auch einen flexiblen Spachtel, einen Gummischaber oder einen Duschabzieher verwenden. (Ich benutze gern ein altes, flexibles Palettmesser mit schmaler Spitze und für große Projekte mit breiten Fugen einen Verfugbeutel, der wie ein großer Konditor-Spritzbeutel aussieht.) Wenn Sie die Mosaikteile tief in eine dicke Mörtelschicht gedrückt haben und die Oberfläche nicht ganz glatt sein muss, kann auf das Verfugen verzichtet werden.

SÄUBERN

Selbst wenn Sie sich bemühen, sehr sauber zu arbeiten, werden Reste von Fliesenkleber oder Fugenmasse auf der Oberfläche des Mosaiks zurückbleiben. Legen Sie bei der Arbeit einen feuchten Schwamm bereit, um Kleckse und Tropfen gleich abzuwischen. Reinigen Sie die gesamte Oberfläche nach dem Verkleben und noch einmal nach dem Verfugen.

Lassen Sie den Fugenmörtel etwa eine Stunde antrocknen, bevor Sie die Fläche mit einem gut ausge-drückten Schwamm oder einem dicken Lappen feucht abwischen. Das fällt leichter, wenn die Mosaikteile gleichmäßig dick sind und der Schwamm nicht an vor-stehenden Ecken hängen bleibt. Fliesen haben Stan-dardstärken, aber zerschlagene Teller oder andere Mate-rialien sind ungleichmäßig dick. Das ist kein Problem, aber Sie sollten beim Abwischen aufpassen, denn die vorstehenden Ränder dickerer Teile können scharfkantig sein.

GEGENÜBER: Weil ein Teil meines Gartens an einem Hang liegt, habe ich Stützmauern errichtet, um Beete und Wege zu terrassieren. Diese 41 cm hohe Mauer aus zwei Reihen Porenbetonblöcken ist komplett mit Mosaik bedeckt.

OBEN: Ins Mosaik der 9,8 Meter langen Mauer habe ich außer ver-schiedenen Ornamenten mehrere große Terrakottatöpfe eingearbeitet. Obwohl ich einen Kleber für senkrechte Flächen verwendet habe, mussten sie gestützt werden, bis er ausgehärtet war.

Manche Mosaikteile wurden in eine dicke Mörtelschicht eingedrückt und mussten nicht verfugt werden. Für detaillierte Motive habe ich die Rückseiten der Teile mit Mörtel bedeckt und die Flächen später verfugt.

DIREKTE METHODE
MOSAIK AUF EINEM GROSSEN KÜBEL

Material

- Großer Terrakotta-Kübel
- Mosaikteile, in flachen Behältnissen nach Farben sortiert
- Fertigzement
- PVA-Lack
- Spachtel
- Schleifpapier
- Holzklötze oder leere Dosen (zum Abstützen)
- Zeitungspapier
- Schwamm
- Schutzbrille, Handschuhe, Arbeits- oder Schutzkleidung

Siehe auch Adressen auf Seite 204 und Tools und Liste auf Seite 78.

1 Arbeitsplatz und Kübel vorbereiten

Die Arbeitsfläche mit Zeitungspapier abdecken. Schutzbrille, Handschuhe und Arbeits- oder Schutzkleidung anziehen. Den Kübel anschleifen, damit er den Lack besser aufnimmt.

Den Lack auftragen (siehe Seite 78). Den Kübel auf die Seite legen und möglichst waagerecht lagern, damit die Mosaikteile nicht abrutschen. Wenn Sie eine Blume oder ein anderes Motiv machen wollen, zeichnen Sie die Umrisse mit Bleistift auf dem Kübel vor.

2 Die Mosaikteile vorbereiten

Legen Sie alle Mosaikteile übersichtlich bereit. Falls Teile geschnitten werden müssen, erledigen sie dies jetzt.

3 Den Mörtel anmischen

Den Mörtel mit Wasser zu einer dicken Paste verrühren, die nicht vom Kübel abgleitet. Mischen Sie immer nur kleine Portionen, damit der Mörtel nicht eintrocknet, wenn Sie warten müssen, ehe Sie den Kübel drehen können.

4 Das Mosaik verlegen

Mit einem Spachtel etwas Mörtel auf die Rückseite eines Mosaikteils geben, dann das Teil fest auf die Kübeloberfläche drücken. Das nächste Stück bestreichen und mit etwa 5 mm Abstand andrücken. Fortfahren, bis die Ihnen zugewandte Seite des Kübels bedeckt ist.

5 Säubern, trocknen lassen und drehen

Entfernen Sie mit einem feuchten, gut ausgedrückten Schwamm Mörtelreste von den gerade aufgeklebten Teilen. Warten Sie, bis der Mörtel auszuhärten beginnt. Dann können Sie den Kübel um 90 Grad drehen und die nächste Seite bekleben.

Größere oder dreidimensionale Mosaikteile (wie die Tierköpfe am Kübel auf der Seite gegenüber) müssen meist gestützt werden, damit sie nicht verrutschen oder abfallen. Fixieren Sie solche Teile mit Holzklötzen, leeren Dosen oder zerknülltem Zeitungspapier, und lassen Sie den Mörtel ganz aushärten, bevor Sie die nächste Seite in Angriff nehmen. Dennoch sollten Sie 15–30 Minuten nach dem Anbringen dieser Teile Zementspuren von der Oberfläche entfernen. Danach lassen Sie den Mörtel abbinden.

6 Verfugen

Wenn der ganze Kübel mit Mosaik bedeckt und gesäubert ist, lassen Sie ihn mehrere Stunden oder über Nacht stehen. Rühren Sie den Mörtel mit Wasser zu einer Paste an, die etwas weicher ist als die zum Kleber verwendete. Diese Masse wird mit dem Spachtel oder den Händen (mit Handschuhen) sorgfältig und lückenlos in die Fugen gedrückt. Versuchen Sie, am Kübelrand einen fließenden Abschluss zu formen. Wenn der Kübel ringsherum verfugt ist, lassen Sie ihn etwa 25 Minuten stehen. Danach die Oberfläche mit einem feuchten, gut ausgedrückten Schwamm säubern. Geben Sie dem Mörtel 48 Stunden Zeit zum vollständigen Aushärten, bevor Sie den Kübel bepflanzen.

GEGENÜBER: Kübel mit Mosaik aus Geschirr, Fliesen oder Flaschendeckeln können elegant, kunstvoll oder witzig aussehen. Sie sind aber auch sehr schwer. Frostempfindliche Gewächse, die im Haus überwintern müssen, setzen Sie am besten in einen leichten Kunststofftopf, der sich leichter herausheben lässt.

INDIREKTE METHODE
SCHUH-ABSTREIFER MIT KRONKORKEN

Material

- Runde Form für einen Trittstein (Kunststoffform oder 15 cm langes Stück von einem Schalrohr mit 38 cm Durchmesser)
- Sperrholz, Stärke 5–12 mm, Durchmesser 10 cm größer als die Form
- 75–90 Kronkorken
- Fertigmörtel oder Portlandzement und Sand
- Betontrennmittel, Schalöl oder Vaseline
- Sand (für den Boden der Form)
- Spachtel
- Schleifpapier
- Zeitungspapier
- Plastikbeutel zum Abdecken während der Aushärtung
- Schutzbrille, Handschuhe, Arbeits- oder Schutzkleidung

  Siehe auch Adressen auf Seite 204 und Liste auf Seite 78.

1 Die Form vorbereiten

Die Form auf eine ebene Fläche stellen. Schutzbrille, Handschuhe und Arbeits- oder Schutzkleidung anziehen. Wenn Sie einen Schalring verwenden, stellen Sie ihn auf eine Sperrholzplatte, damit er einen «Boden» bekommt. Die Form mit Trennmittel oder Vaseline bestreichen, damit sich die Betonplatte später leicht herauslösen lässt.

2 Sand einfüllen

Eine 12 mm dicke Schicht Sand gleichmäßig auf dem Boden der Form verteilen. Einige Kronkorken mit der offenen Seite nach unten auf den Sand legen. Die glatten Seiten müssen etwas über der Sandschicht liegen, damit Mörtel zwischen sie dringt und sie festhält. Falls die Kronkorken im Sand versinken oder bündig mit ihm abschließen, nehmen Sie etwas Sand heraus, glätten den verbleibenden und versuchen es erneut. Wenn die Schichtstärke stimmt, legen Sie die Kronkorken mit Abständen von 12 mm auf den Sand.

3 Mörtel anrühren und in die Form schütten

Genug Fertigmörtel oder Portlandzement und Sand anmischen, um eine 8–10 cm dicke Schicht in die Form zu schütten. So wird der Trittstein dick genug, um ihn etwas im Boden einzusenken, statt ihn nur aufzulegen. Die nötige Menge lässt sich am einfachsten ermitteln, indem Sie die Form zunächst mit Sand füllen, diesen in Ihr Mischbehältnis umfüllen und ein Drittel Zement hinzufügen. Weil es mich ärgert, wenn mir bei der Arbeit das Material ausgeht, mische ich eine großzügige Menge und verbrauche den Rest beispielsweise für Pflanzenschilder (siehe Seite 182). Größe und Volumen von Formen variieren, aber für einen mittelgroßen Trittstein sollten Sie etwa 3,5 kg Trockenmischung kalkulieren. Geben Sie so viel Wasser dazu, dass eine dickflüssige Masse entsteht. Vorsichtig schütten, damit die Kronkorken nicht verrutschen. Trittsteine mit einem Durchmesser von mehr als 38 cm müssen armiert werden, damit sie nicht so leicht brechen. Geben Sie 2,5 cm Mörtelmischung in die Form, und legen Sie dann ein Stück Fliegengitter, Kükendraht oder verzinkten, feinen Maschendraht darauf und beschneiden Sie es so, dass rundherum 4 cm Abstand zur Form entsteht. Dann erst die restliche Mischung einfüllen, mit einem Plastikbeutel abdecken und mehrere Tage durchhärten lassen.

4 Die Platte aus der Form nehmen

Die Platte vorsichtig aus der Form nehmen, umdrehen und den losen Sand abbürsten. Sie wird nicht verfugt, denn die Kanten der Kronkorken dienen zum Säubern der Schuhsohlen. Den Umriss der Platte auf dem Boden anzeichnen und den Rasen abstechen oder ein Loch ausheben. Es muss so tief sein, dass die Platte bündig mit dem Erdreich abschließt.

....

GEGENÜBER: Diese Platte liegt seit mindestens acht Jahren am Ausgang meines Gartens und erinnert mich daran, mir die Schuhe abzuputzen, bevor ich ins Haus gehe.

BETON

& HYPERTUFA

In Gartencentern gibt es die verschiedensten Gartendekorationen aus Beton — von Zwergen über Vogeltränken bis zu Laternen. Manche sind sehr teuer, andere recht fantasielos. Wer Fantasie hat, kann Dekorationen selbst machen und dabei Stil, Form und Größe selbst bestimmen.

Unter den Materialien, mit denen ich gearbeitet habe, ist Beton mein Favorit Er ist langlebig, vielseitig, und die Arbeit macht Spaß. Mit Zement (und selbstverständlich Wasser) lassen sich drei Grundmischungen herstellen. Verwendet man nur Zement und Sand, entstehen dauerhafte Stücke mit glatter Oberfläche. Mischt man Zement mit Sand und grobem Kies oder Kieseln, bekommt die Oberfläche eine gröbere Struktur. Und verwendet man statt Kies Zusatzstoffe wie Torfmoos, Perlit oder Vermiculit, entsteht Hypertufa. Aus ihm lassen sich Objekte herstellen, die viel leichter sind als Beton, und deren interessante Oberfläche Ähnlichkeit mit natürlichem Gestein hat.

Wenn Sie Kübel und Tröge herstellen wollen, die (leer und bepflanzt) beweglich sind und die außerdem porös sein sollen, damit sie Wasser speichern und die Pflanzen atmen können, sollten Sie sich unbedingt mit Hypertufa beschäftigen. Gärtner schätzen schon lange natürlichen Tuffstein für Tröge und Kübel, weil er leicht und porös ist. Allerdings sind solche Pflanzgefäße teuer und nicht überall zu bekommen. Wahrscheinlich wurde darum Hypertufa als preiswerte Alternative erfunden.

GEGENÜBER: Für den eckigen Kasten habe ich einen zweiteiligen Pappkarton als Form benutzt (siehe Seite 102), für die runden zweiteilige Formen für Blumentöpfe (siehe Seite 99).

Wenn Sie erst einmal beginnen, mit diesen Mischungen zu arbeiten, werden Sie staunen, was sich daraus machen lässt: nicht nur Pflanzgefäße, sondern auch Kerzenhalter, Windlichter und Laternen, Vogeltränken und Nistkästen, Trittsteine, Gartenskulpturen, Möbel und – wenn Sie der Ehrgeiz packt – sogar einen Fischteich, eine große Son-nenuhr, eine lebensgroße Skulptur oder eine unverwüst-liche Sandburg. Eine Internetsuche mit dem Begriff «Hypertufa» liefert jede Menge Rezepte und Anregun-gen.

ARBEITEN MIT FORMEN

Ob Sie mit Beton oder Hypertufa arbeiten: Eine Form zum Einfüllen oder Auftragen der Mischung ist unerlässlich. Die Mischung muss darin oder darauf aushärten, damit sie dauerhaft deren Form annimmt.

Als Form eignen sich die verschiedensten Dinge, beispielsweise Blumentöpfe oder Schüsseln aus Kunst-stoff, Pappkartons und große Pappröhren, die im Bau-handwerk als Schalrohre verwendet werden. Im Keller oder in der Garage werden Sie sicherlich noch mehr finden. Am besten eignen sich Gegenstände aus Plas-tik, Pappe oder Styropor, weil die Mischung an ihnen nicht zu stark haftet. Formen aus Holz (meist Sperr-holz) müssen gut gefettet werden (siehe Trennmittel auf Seite 91) und können zerlegbar konstruiert werden. Das ist praktisch für große Objekte oder mehrere gleiche Stücke. Verbinden Sie die Einzelteile mit Schrauben, Isolierband oder Spanngummis, sodass sie sich leicht demontieren und vom fertigen Werkstück abnehmen lassen.

Verwenden Sie nur Formen mit gerader oder nach oben leicht erweiterter Form und glatten Wänden ohne Rillen oder andere Unebenheiten. Es ist frustrierend, wenn ein Werkstück zerbricht, weil man die Form zu früh abnimmt. Aber noch ärgerlicher ist es, wenn sich die Form gar nicht entfernen lässt.

Weil sich die Oberflächenbeschaffenheit der Form auf der Zementmischung abbildet, erhalten Sie mit Plastik-formen (zum Beispiel Blumentöpfen, Papierkörben, Katzentoiletten oder Wannen) eine glatte, glänzende Oberfläche. Pappkartons ergeben eine glatte, aber matte Oberfläche, und wenn die Form eine raue Oberfläche hat, wird auch das geformte Objekt rau. In jedem Fall können Sie Ihr Objekt nach dem vollständigen Aushärten mit einer Drahtbürste oder anderen Mitteln bearbeiten, um die Oberfläche selbst zu gestalten.

Es ist zwar möglich, ganze Formen aus Styropor zu bauen, aber ich schneide es ungern und finde es nicht sonderlich stabil. Allerdings verwende ich es als Boden-einlage in Formen für Pflanzgefäße mit fest integrierten Füßen (siehe Seite 104).

In Bezug auf die Haltbarkeit sind Holzformen der Spitzenreiter. Blumentöpfe und andere Formen aus Kunststoff überstehen mehrere Dutzend Benutzungen, Styroporformen und Schalrohre können einige Male ver-wendet werden, Pappkartons nur einmal.

FORMGEBUNG mit SAND

Gewöhnlicher Sand eignet sich gut zum Formen gewölb-ter Stücke. Auf den Sand, der zu einem Hügel aufgehäuft ist, wird der Zement gegeben, der dann kopfüber in Schalenform trocknet (wie beim großen Blatt, Foto auf Seite 109). Mit Vertiefungen im Sand lassen sich auch aufwärts gewölbte Formen herstellen (z. B. das Dach des Feenhauses, Foto auf Seite 112). Die Seite der Mischung, die den Sand berührt, ist später die Außenseite. Das Blatt hat aufwärts gewölbte Ränder, das Dach ein Gefälle. Sand eignet sich nicht nur als eigenständiger Formgeber, son-dern auch zum Fixieren einer empfindlichen oder gro-ßen anderen Form (beispielsweise eines großen Kürbis-ses). Diese wird in den Sand eingebettet, damit sie unter dem Gewicht der feuchten Zementmischung nicht zer-bricht.

Sand, der zur Formgebung verwendet werden soll, muss vorher gründlich durchfeuchtet werden. Er ent-zieht sonst der Zementmischung die Feuchtigkeit, was

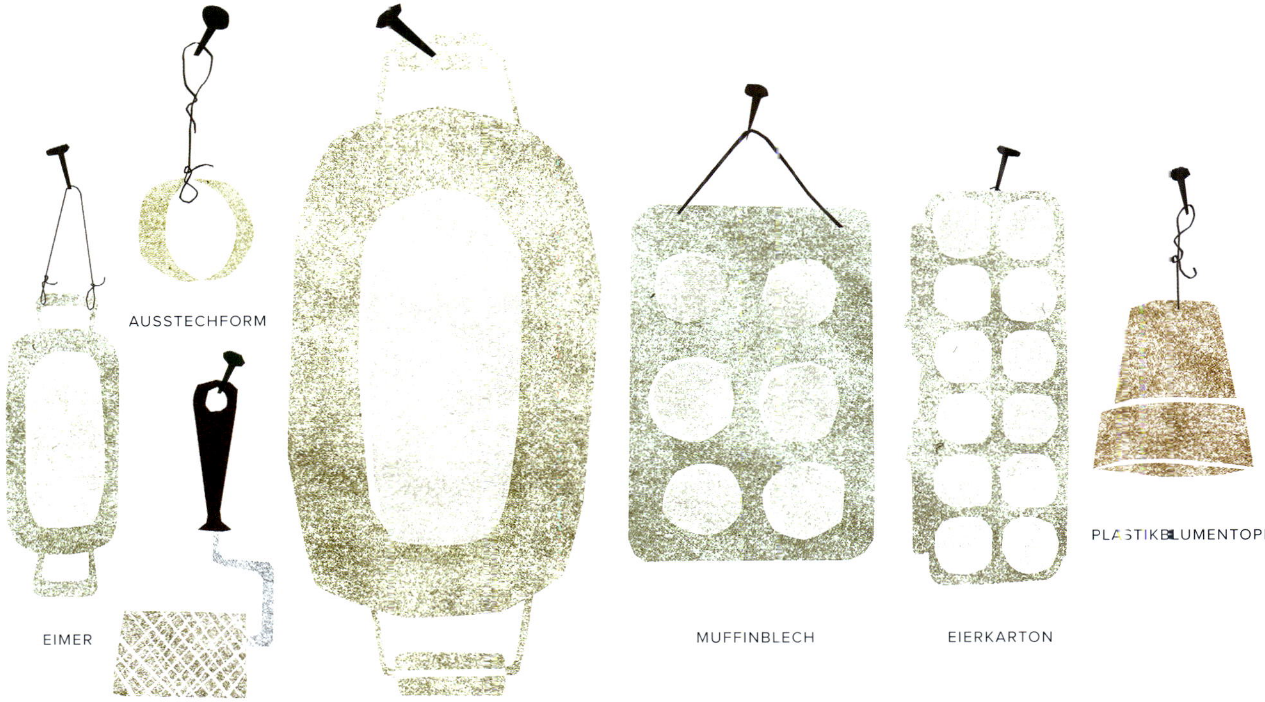

AUSSTECHFORM

PLASTIKBLUMENTOPF

EIMER

MUFFINBLECH

EIERKARTON

STRUKTURWALZE

PLASTIKWANNE

zur Folge hat, dass diese bei der Trocknung reißen kann. Wenn Ihr fertiges Werkstück keine raue Oberfläche haben soll, legen Sie einfach Plastikfolie auf den geformten Sand.

ANDERE FORMEN

Bei einem Rundgang durch einen Baumarkt gibt es viel zu entdecken, das sich als Form eignet: Schalringe für Fundamente, Bleche, Mülleimerdeckel, runde Plastikschlitten, Plastikwannen und mehr.

Im Haushaltswaren- und Bastelhandel (oder auf dem Flohmarkt) finden Sie vielleicht Pralinenförmchen, Gießformen für Kerzen oder Seife, oder Ausstechformen für kleinere Verzierungen. In Pappverpackungen von Präsent-Ostereiern können Sie Rieseneier für die Vogeltränke herstellen.

Für relativ wenig Geld gibt es Musterwalzen und Strukturwalzen in verschiedenen Ausführungen zu kaufen, mit denen sich die Oberfläche interessant gestalten lässt. Im Internet finden Sie außerdem Händler, die fertige Formen für praktische und dekorative Gartenobjekte anbieten (siehe Adressen auf Seite 204).

Trennmittel — unverzichtbar!

Verwenden Sie unbedingt ein Trennmittel, damit sich das ausgehärtete und eventuell etwas geschrumpfte Werkstück später leicht und unbeschädigt aus der Form lösen lässt. Lediglich bei Pappkartons, die nur einmal verwendet werden, können Sie darauf verzichten. Preiswerte Vaseline vom Drogerie-Discounter eignet sich gut, ebenso ranzig gewordenes Speiseöl. Silikonöl, Leinöl und andere Öle können ebenfalls verwendet werden. Ich bevorzuge ein ungehärtetes Pflanzenfett, von dem ich jedes Jahr für die Weihnachtsbackerei eine große Packung kaufe. Den Rest verbrauche ich dann für meine Betonformen.

Um Formen zu schonen, verwende ich manchmal robuste Müllsäcke. Ich kleide die Form mit dem Sack aus und streiche Fältchen sorgfältig glatt, damit diese nicht von Beton umschlossen werden und sich später schwer entfernen lassen.

OBEN: In Haushalt, Garage und Schuppen finden Sie wahrscheinlich viele alltägliche Dinge, die als Formen dienen können. Mit einer Strukturwalze lassen sich Oberflächen gestalten.

ARBEITEN MIT BETON & HYPERTUFA

MATERIAL

Das Schöne am Arbeiten mit Beton und Hypertufa ist, dass die Materialien überall für wenig Geld zu bekommen sind. Was Sie nicht im Haus haben, finden Sie in jedem Baumarkt. Das Wichtigste ist in der folgenden Liste zusammengefasst.

- Portlandzement
- Sand
- Torfmoos
- Perlit und/oder Vermiculit
- Fließendes Wasser und Schlauch
- Behälter zum Abmessen von Mengen
- Sieb
- Trennmittel (Vaseline, Speiseöl, ungehärtetes Pflanzenfett)
- Behälter zum Mischen (Mörtelkübel, Plastikwanne, Baueimer)
- Kellen und Werkzeug zum Mischen
- Formen (siehe Seiten 90–91)
- Rundhölzer, dicke Nägel oder Korken für Drainagelöcher
- Isolierband
- Schaber, Drahtbürsten, Werkzeuge zum Formen
- Sperrholzplatten (12 mm) als Unterlage und zum Transportieren feuchter Werkstücke
- Sprühflasche zum Befeuchten der Werkstücke während der Trocknung
- Plastikbeutel und Zeitungspapier zum Abdecken
- Schutzbrille, Atemschutzmaske und robuste Gummihandschuhe

NACH BELIEBEN:

Färbemittel für Zement

Material zur Verstärkung (Kükendraht, Plastikgitter, Moniereisen, Plastikhalter von Six-Pack-Getränketrägern)

Elektrischer Zementmischer

Styropor

Sicherheit

Tragen Sie bei der Arbeit mit Betonzutaten unbedingt Schutzbrille, Atemschutzmaske und robuste Gummihandschuhe sowie Arbeitskleidung. Vor allem der Staub, der beim Anrühren entsteht, reizt Augen, Lunge und Haut. Wer Kontaktlinsen trägt, sollte sie herausnehmen und unter der Schutzbrille eine normale Brille tragen. Wenn die Trockenmaterialien gründlich mit dem Wasser vermischt sind, können Sie auf Schutzbrille und Atemschutzmaske verzichten. Tragen Sie aber bei allen Arbeiten mit Zement Gummihandschuhe, denn er trocknet die Haut sehr stark aus.

Werkzeug zum Mischen

An erster Stelle steht ein großes Gefäß zum Anrühren der Mischung. In Baumärkten gibt es für diesen Zweck runde Mörtelkübel und eckige Mörtelwannen in verschiedenen Größen. Alternativ können Sie größere Mengen auch in einer Schubkarre mischen. In jedem Fall sollte die Menge nur so groß sein, dass Sie sie mit Muskelkraft mischen können. Säubern Sie das Mischbehältnis nach der Arbeit gründlich, denn wenn Betonresten darin antrocknen und Krusten bilden, ist es nicht mehr zu gebrauchen.

Für die meisten Projekte verwende ich einen Mörtelkübel und einen Gartenschlauch. Für sehr große Vorhaben wie meinen Weg habe ich einen elektrischen Zementmischer benutzt, aber für kleine Mengen lohnt sich der Aufwand der Reinigung nicht.

TROCKENE ZUTATEN SIEBEN

Weil die trockenen Zutaten keine Klumpen enthalten dürfen, verwende ich ein grobes Sieb (siehe Foto Seite 163). Ballen und Holzpartikel aus dem Torfmoos werfe ich meist auf den Mulchhaufen. Der Zement sollte leicht aus dem Sack rieseln. Tut er es nicht, ist er eventuell feucht geworden und sollte nicht mehr verwendet werden. Enthält er nur wenige Klümpchen, können diese ausgesiebt werden.

MENGEN ABMESSEN

In den meisten Rezepten für Beton und Hypertufa wird angegeben, wie viele «Teile» von jeder Zutat nötig sind. Das ist recht ungenau. Ein «Teil» definiert sich durch die Größe des Gefäßes, das zum Abmessen benutzt wird, wie die Tasse beim Backen.

Ich mische immer etwas mehr an, als ich für mein Projekt brauche. In den meisten Fällen benutze ich als Messbehältnis ein 2-Liter-Gefäß. In manchen Anleitungen wird für einen großen Kübel eine Gesamtmenge von 18–27 Liter Trockenzutaten angegeben. Ich verwende meist 6 gefüllte Messbehältnisse von jeder Zutat. Das entspricht je etwa 11 Litern Portlandzement, Torfmoos und Vermiculit (siehe Rezepte auf Seite 97). Anfängern empfehle ich, große Gebinde der Materialien zu kaufen, großzügige Mengen anzumischen und kleinere Formen zum Verbrauchen von Resten bereitzustellen. Notieren Sie sich den Verbrauch. Wenn Sie wissen, wie viel Sie für bestimmte Projekte benötigt haben, werden Sie später den Bedarf besser einschätzen können.

Ich bewahre Behälter, die sich zum Abmessen und Einfüllen der Mischung in die Formen eignen. auf. Normaler Beton kann manchmal gegossen werden. Hypertufa-Mischung wird eingefüllt und verdichtet. Abgesehen von diesem Unterschied zwischen Beton und Hypertufa bestimmen auch Größe und Art der Form, wie sie gefüllt wird. In einer Kürbisform lässt sich der Werkstoff nicht festklopfen, er muss also flüssiger sein, damit man ihn gut gießen kann. Dient andererseits die Außenwand eines Plastiktopfs als Form, muss die Mischung so fest sein, dass sie nach dem Auflegen nicht abrutscht.

HALBFERTIGE WERKSTÜCKE BEWEGEN

Es ist praktisch, unter die Form eine stabile Sperrholzplatte (12 mm) zu legen, auch wenn die Form einen Boden hat. So können Sie die Form auf einem Arbeitstisch füllen und dann zum Aushärten aus dem Weg räumen. Die Platte sollte an allen Seiten einige Zentimeter größer sein als die Form.

Um größere Stücke zu bewegen, brauchen Sie eine sehr stabile Platte und einen Helfer. Einfacher ist es, die Form an einem Platz zu füllen, an dem sie stehen bleiben kann, bis der Inhalt komplett ausgehärtet ist. Wird das Werkstück während des Trocknungsvorgangs bewegt, kann es sehr leicht brechen. Wenn Sie auf demselben Tisch arbeiten und trocknen, wird es schnell eng, fertige Stücke können beschädigt werden und der Arbeitsplatz lässt sich schlecht reinigen.

Werkzeuge zur Nachbearbeitung

Hypertufa und Beton können, wenn sie halb ausgehärtet sind, bearbeitet werden. Ich habe einen Eimer mit Beiteln, Schabern, harten Pinseln und Fliegendraht, mit dem ich scharfe Kanten glätte. Auch Holzraspeln sind geeignet, und wahrscheinlich werden Sie bald selbst improvisieren. Zementmischungen strapazieren das Metall und machen Klingen stumpf. Verwenden Sie altes Werkzeug, denn anschließend ist es für keinen anderen Zweck mehr zu gebrauchen.

Ein altes Holzlineal oder eine Holzleiste benutze ich, um Flächen zu begradigen, beispielsweise die Böden von Kübeln, damit sie gerade stehen. Sichtbare Innenflächen glätte ich mit einem flexiblen Teigschaber. Außerdem habe ich einen Schaber für die Töpferei mit einer glatten und einer gezahnten Kante, mit der sich Strukturen gestalten lassen.

DRAINAGE

Pflanzkübel müssen Drainagelöcher haben, damit die Pflanzen später nicht an Staunässe zugrunde gehen. Ich setze gleich bei der Herstellung Holzdübel oder dicke Nägel in die Kübelböden ein. Später lassen sich die Löcher nur mit einem Steinbohrer bohren. Hypertufa lässt sich auch sägen. Dabei wird aber das Sägeblatt stark strapaziert. Sinnvoller ist es, vorher nachzudenken und sich das nachträgliche Bohren oder Sägen zu ersparen.

Zutaten

PORTLANDZEMENT

Portlandzement ist die Hauptzutat für Mörtel, Beton und Hypertufa. Er wird in unterschiedlichen Mengenverhältnissen (siehe Rezepte auf Seite 97) mit Sand und Kies oder Kieseln (für Beton) oder mit Torfmoos, Vermiculit und Perlit (für Hypertufa) gemischt.

Portlandzement gibt es für wenig Geld in jedem Baumarkt zu kaufen. Gängige Gebinde sind 25 kg und 40 kg. Neben dem üblichen hellgrauen gibt es auch weißen Portlandzement (Weißzement), der etwas teurer ist. Hinsichtlich Verarbeitung und Funktion unterscheiden sich die beiden Farben nicht. Wenn Sie den Beton aber mit flüssigen oder pulverförmigen Farben eintönen wollen, ist Weißzement die bessere Wahl.

Obwohl viele Menschen die Begriffe «Beton» und «Zement» gleichbedeutend verwenden, handelt es sich um verschiedene Dinge. Beton ist ein Verbundwerkstoff, der neben Zement (als Bindemittel) weitere Stoffe wie Sand oder Kies enthält.

Kaufen Sie keine Zementsäcke, die sich steinhart anfühlen. Das bedeutet, dass sie bereits Feuchtigkeit absorbiert haben und nicht mehr verarbeitet werden sollte.

SAND

Sand ist für wenig Geld im Baustoffhandel erhältlich. Ganz gleich, ob er als Bausand, Mauersand, Putzsand, Pflastersand oder Spielsand bezeichnet wird: Alle Arten eignen sich zur Herstellung von Beton und Hypertufa, und auch die Korngröße spielt keine Rolle. Wenn Sie jährlich den Spielsand in der Sandkiste ihrer Kinder austauschen, können Sie den gebrauchten Sand bedenkenlos vor Gartenprojekte verwenden. Sie sollten ihn jedoch sieben, um Verunreinigungen zu entfernen.

Strandsand ist für Pflanzgefäße ungeeignet, denn das Salz diffundiert im Lauf der Zeit in das Pflanzsubstrat und schädigt die Pflanzen. Auch für Vogeltränken sollte er nicht verwendet werden: Singvögel mögen kein salziges Wasser. Gartendekorationen oder Kerzenhalter können, wenn sie aus ungesiebtem Strandsand mit Muscheln, Kieseln oder glatt geschliffenem Glas gefertigt werden, sehr interessant aussehen. Selbstverständlich eignet sich Strandsand für Formen. Bedenken Sie bitte, dass es in manchen Regionen aus Gründen des Küstenschutzes nicht erlaubt ist, Sand vom Strand mitzunehmen.

FÜLLSTOFFE

Rezepte für Hypertufa enthalten unterschiedliche Anteile von Perlit, Vermiculit und Torfmoos (manchmal mit Sand), die das Volumen vergrößern und das Gewicht ver-

ringern. Auch diese Produkte gibt es in Großgebinden in Gartencentern und Baumärkten. Perlit und Vermiculit sind austauschbar, sie geben der Mischung aber unterschiedliche Farbtöne. Perlit ist weiß, Vermiculit dagegen graubraun und leicht glitzernd. Es dunkelt die Mischung geringfügig ab und gibt ihr einen leichten Glanz. Perlit ist leichter erhältlich als Vermiculit. Verwenden Sie, was greifbar ist.

VERSTÄRKUNGEN

Für größere Werkstücke wie Pflanzbehälter, Skulpturen, Möbel, Trittplatten und Sockel für Sonnenuhren oder Vogeltränken ist eine zusätzliche Verstärkung empfehlenswert, damit sie nicht brechen. Die Verstärkung kann entweder der Mischung beigefügt oder beim Schütten in Boden und/oder Wand eingelegt werden. Polypropylen- oder Acrylfasern sowie spezielle Acrylemulsionen werden unter die Betonmischung gerührt. Soll die Verstärkung beim Schütten des Betons eingearbeitet werden, haben Sie die Wahl zwischen verzinktem Maschendraht, Armierungseisen, Fliegengitter aus Draht, Glasfasergewebe oder Stücken von Baustahlmatten. Alternativ können Sie Plastikringe von Getränke-Six-Packs, Fugenband für Gipskartonplatten, Stücke von Kunststoff-Rankgittern oder gröberes Nylon-Gittergewebe verwenden. Damit die Armierung nicht sichtbar ist, muss sie in jedem Fall so zugeschnitten werden, dass sie mindestens 2,5 cm Abstand zu allen Kanten des Betonteils hat. (Die genannten Produkte bekommen Sie im Baustoffhandel, im Baumarkt oder bei Online-Händlern. Siehe auch Adressen auf Seite 204.)

GEGENÜBER: Dieser Pflanztrog ist einer meiner ersten Versuche. Entweder habe ich die Mischung nicht ausreichend verdichtet oder das Mischungsverhältnis stimmte nicht – auf jeden Fall entstanden Risse, die repariert werden mussten. Dafür habe ich Laschen aus Kupferblech zugeschnitten, die Ecken abgerundet und mit einem Betonbohrer Metall und Beton gebohrt. Dann habe ich die Laschen mit langen Schrauben befestigt. Solche Reparaturen müssen vorgenommen werden, bevor der Riss vom Rand bis zum Boden reicht.

Farbstoffe

Beton und Hypertufa können mit flüssigen oder pulverigen Spezial-Farbstoffen eingefärbt werden. Farbpulver wird unter die Trockenzutaten gemischt, flüssige Farbe wird mit dem Wasser zugegeben. Ebenso ist es möglich, die ausgehärteten Werkstücke mit Acrylfarben, speziellen Betonfarben oder Lasuren auf Wasser- oder Säurebasis zu lasieren oder zu bemalen. Gefärbte Mischungen bleichen nicht so leicht aus wie anschließend aufgetragene Lasuren oder Farben. Manchmal gibt aber das Projekt die Arbeitsweise vor.

Das typische Betongrau verschwindet, wenn man die Mischung einfärbt, beim nachträglichen Bemalen haben Sie dagegen mehr Gestaltungsspielraum. Bemalt man eine halb ausgehärtete Oberfläche mit verdünnter Acryl- oder Latexfarbe, saugt der Beton Wasser und Pigmente während der weiteren Trocknung auf und die Farbe dringt tiefer ein als beim Bemalen der trockenen Oberfläche. Alle Farben halten länger, wenn der Beton versiegelt wird.

Versiegelungen

Fischteiche und andere Projekte, die wasserdicht sein müssen, können nach dem Aushärten mit Spezialprodukten wie Chlorkautschuklack oder Polyesterbeschichtung versiegelt werden. Ansonsten ist eine Versiegelung nicht unbedingt notwendig. Sie empfiehlt sich aber, um lasierte oder gefärbte Oberflächen langfristig zu schützen.

DER ARBEITSPLATZ

Mit Zementmischungen arbeitet man am besten im Freien. Erstens besitzt kaum jemand einen ausreichend großen, gut belüfteten Raum, und zweitens ist es eine schmutzige Angelegenheit. Die idealen Jahreszeiten sind Frühling und Herbst, wenn es kühler ist und weniger Gartenarbeit anfällt. Suchen Sie einen schattigen Platz, an dem die Mischung nicht zu schnell austrocknet, und an dem Sie nicht zu sehr ins Schwitzen geraten (sonst klebt der Staub in allen Poren).

Die Arbeit an einem Tisch empfiehlt sich, um den Rücken zu schonen. Stellen Sie zwei robuste Tische nebeneinander, und legen Sie robuste Plastikplanen darauf. Ein Tisch dient zum Arbeiten, auf dem anderen kön-

nen schwere Stücke zum Trocknen liegen bleiben. Der Trocknungstisch muss bis zu vier Wochen an seinem Platz stehen können, im Idealfall unter einem Dach, denn heftiger Regen kann Dellen im halb ausgehärteten Beton verursachen. Steht kein überdachter Platz zur Verfügung, legen Sie eine große Platte über das Werkstück oder legen Sie es zum Trocknen unter den Tisch.

Achten Sie darauf, dass der Gartenschlauch bis zum Arbeitsplatz reicht, denn Sie brauchen fließendes Wasser zum Anrühren der Mischung und zum anschließenden Reinigen des Arbeitsbereichs.

Werkstücke aus Beton und Hypertufa sollten möglichst langsam trocknen. darum werden sie mit Plastik abgedeckt. Dafür können Sie Müllsäcke, Folienhüllen aus der Reinigung oder Planen verwenden. Verzichten Sie nicht auf die Abdeckung! Wenn der Werkstoff austrocknet, bevor er ausgehärtet ist, verringert sich seine Stabilität.

Stellen Sie die vorbereiteten Formen bereit, bevor Sie die Mischung anrühren – also solange Ihre Hände noch sauber sind. Ich bereite immer mehr Formen vor, als ich zu brauchen meine, weil ich die Menge der Mischung oft großzügig kalkuliere. So kann ich Reste sofort verwerten, und sei es nur für Kübelfüße, die sich in Formen aus Eierkartons oder Styroporbechern herstellen lassen.

Wenn Sie Füße separat herstellen, stecken Sie in jeden einen Dübel oder einen langen Nagel, um sie später in Löcher, die in die Kübelböden gebohrt werden, einzuzementieren. Sie können auch Mischung in Ausstechformen oder Pralinenförmchen füllen und nach dem Aushärten mit Mörtel oder Zweikomponentenkleber als Dekoration auf größere Stücke kleben. Flache Plastikschalen von Lebensmitteln eignen sich als Formen für Platten, aus denen Mosaik-Pflanzenschilder werden können (Seite 175). Werfen Sie Reste der Mischung nicht weg!

Statt gegossener Füße können Sie auch Steine, Ziegel, kleine Blumentöpfe, Glasmurmeln oder witzige Figuren mit Klebstoff oder versteckten Löchern und Holzdübeln an den Topfböden befestigen. Die Füße verbessern die Drainage und helfen, Flecken auf der Terrasse zu vermeiden.

REZEPTE

Im Lauf der Jahre habe ich viele Rezepte für Zementmischungen aus Büchern, eigenen Experimenten, dem Internet und von Freunden gesammelt. Bedenken Sie bei der Entscheidung für ein Rezept, dass die Zusammenstellung der Zutaten Einfluss auf Gewicht und Aussehen des fertigen Stücks hat. Die Oberfläche kann rau wie Naturstein oder sehr glatt sein. Je weniger Perlit, Vermiculit oder Torfmoos Sie für Hypertufa verwenden, desto schwerer wird das Werkstück und desto mehr Ähnlichkeit hat es mit normalem Beton.

DAS RICHTIGE REZEPT WÄHLEN: Für Kübel, die nicht zu schwer sein sollen, verwende ich Hypertufa. Für Blätter und Trittplatten bevorzuge ich Beton, weil Hypertufa selbst mit einer Verstärkung zerbrechlicher ist. Zudem bilden sich in glattem Beton Blattstrukturen und andere Details besser ab, und Trittsteine aus Beton halten länger. Als Untergrund für Mosaike benutze ich ausschließlich Beton.

MISCHUNG UND ERTRAG: Die sechsfache Menge meines Lieblingsrezepts für Hypertufa genügt für einen großen Trog (46 × 30 × 20 cm) und einige kleinere Töpfe. Diese Menge kann ich noch leicht in einem Mörtelkübel anrühren. Genauer bedeutet das, je 6 Teile Zement, Torfmoos und Vermiculit zu mischen, wobei ein Teil meinem 2-Liter-Messbehältnis entspricht (siehe Seite 93). Machen Sie sich bei den ersten Projekten Notizen, damit Sie ein Gefühl dafür bekommen, wie viel Mischung Sie für spätere Projekte brauchen – und für welche Mengen Ihre Muskelkraft ausreicht.

KÜBELFÜSSE IM EIER-KARTON GIESSEN
In jedes Näpfchen habe ich einen 8 cm langen Nagel gesteckt, um die Füße später am Pflanzgefäß befestigen zu können.

FARBSTOFFE UND VERSTÄRKUNGEN: In jedem Rezept können auf einen Liter Trockenzutaten etwa 7,5 Gramm Pulverpigment zugefügt werden. Wenn Sie Fasern verarbeiten wollen, geben Sie etwa eine Handvoll zu den trockenen Zutaten. Wichtig ist, die Fasern auseinanderzuzupfen, in kleinen Mengen zuzugeben und jeweils gründlich unterzumischen.

Flüssige Farbstoffe und Acrylemulsion werden mit dem Wasser zugegeben. Wenn Sie Spezialprodukte für Beton kaufen, beachten Sie bitte die Dosierungshinweise des Herstellers, denn zu viel Farbstoff kann den Beton schwächen. Acrylemulsion ebenfalls gemäß Herstelleranweisung dosieren und die Wassermenge entsprechend reduzieren.

Hier stelle ich Grundrezepte vor, die ich häufig verwende. Wenn Sie sich anderweitig informieren, werden Sie feststellen, dass es gerade für Hypertufa sehr unterschiedliche Empfehlungen gibt. Das folgende Rezept hat sich für mich bewährt, weil es leicht ist, eine schöne Oberfläche ergibt und zuverlässig gelingt.

	PORTLAND-ZEMENT	SAND	TORF-MOOS	VERMICULIT ODER PERLIT	KIES/KIESEL
BETON für Trittplatten	1	3			
BETON-UNTERGRUND für Mosaike	1	1			3
HYPERTUFA (für leichtere Pflanzbehälter und andere Projekte)	1		1	1	

Die richtige Konsistenz

Durch zu viel Wasser wird die Betonmischung geschwächt, durch zu wenig wird sie krümelig und schwer zu verarbeiten (das lässt sich allerdings durch langsames Zugeben von mehr Wasser beheben). Rechnen Sie als Faustregel 1 Teil Wasser auf 1 Teil Zement, und rühren Sie es langsam unter, bis die gewünschte Konsistenz erreicht ist. Für Trittplatten beispielsweise sollte die Mischung eine Konsistenz wie Kuchenteig haben, damit sie sich einfach und zügig in die Formen gießen lässt.

Für Hypertufa sollte die Mischung eher an einen Knetteig erinnern und so fest sein, dass beim Zusammendrücken in der Hand nur wenig Wasser austritt. Rinnt Wasser an Ihrem Arm entlang, ist sie viel zu nass. Hält sie schlecht zusammen, ist sie zu trocken. Dann lässt sie sich schlecht verarbeiten und das fertige Projekt reißt leicht. Zum Ausgleich können Sie etwas Wasser oder trockene Zutaten hinzufügen, aber nicht so viel, dass das Mengenverhältnis stark verändert wird. Wenn die Konsistenz stimmt, lassen Sie die Mischung einige Minuten ruhen. Dann prüfen Sie sie nochmals und nehmen bei Bedarf Korrekturen vor.

Die Formen füllen

Beim Einfüllen oder Gießen dürfen keine Luftblasen eingeschlossen werden, weil sie später zu Rissen führen können. Um Lufteinschlüsse zu vermeiden, setzen Sie die Form mehrmals hart auf die Tischplatte auf

oder schlagen mit der Hand oder einem Werkzeug gegen ihre Seite.

Danach die Mischung glätten, sofern es nötig ist, und Kleckse sofort wegwischen. Dann sollten Sie die Werkstücke mitsamt ihren Sperrholzplatten möglichst an einen Platz stellen, an dem sie ungestört trocknen können. Wenn der Beton bereits abzubinden beginnt, dürfen sie nicht mehr bewegt werden. Decken Sie die Formen mit Müllbeuteln oder robuster Plastikfolie zu, und binden oder kleben Sie die Abdeckung fest. Nach einigen Tagen fühlt sich der Beton hart an, ausgehärtet ist er aber oft erst nach mehreren Wochen, und mit der Zeit härtet er noch nach.

OBEN: Gefäße aus Hypertufa in verschiedenen Formen und Größen, mit und ohne Füße, eignen sich gut für Steingartengewächse und bunte Einjährige.

PFLANZTOPF MIT EINER PLASTIKSCHÜSSEL ODER EINEM PLASTIKTOPF ALS FORM

Ein Pflanztopf lässt sich leicht herstellen, indem man die Hypertufa-Mischung in ein gefettetes Plastikgefäß oder auf seine gefettete Oberfläche gibt. Beide Methoden werden hier erklärt.

Material

- Hypertufa aus 9,5–11,4 Litern jeder Zutat (siehe Rezepte auf Seite 97)
- 1 Plastikschüssel oder -blumentopf, maximal 30 cm Durchmesser (für größere Gefäße ist mehr Übung notwendig)
- Behältnis zum Mischen
- Trennmittel (siehe Seite 91)
- 3–4 Holzdübel, 8–10 cm lang
- Sieb
- Zusammengefalteter Fliegendraht, Raspel oder harte Drahtbürste (nach Belieben)
- Sperrholzplatten, 12 mm dick, etwas größer als die Töpfe
- Plastikplane zum Abdecken des Arbeitsbereichs
- Schutzbrille, Atemschutzmaske, und Gummihandschuhe

Siehe auch Adressen auf Seite 204 sowie Liste auf Seite 78.

* *Hinweis: Bevor Sie beginnen, lesen Sie bitte die grundsätzlichen Hinweise auf Seite 92.*

1 Arbeitsbereich und Form vorbereiten

Die Arbeitsfläche abdecken, alle Materialien bereitlegen. Abhängig davon, ob Sie Methode 1 oder 2 anwenden wollen, die Plastikform innen oder außen großzügig fetten. Die Methoden ergeben unterschiedliche Ergebnisse, die in Schritt 3 genauer erklärt werden. Die Plastikform auf eine Sperrholzplatte stellen, um sie später vom Arbeitstisch zum Trocknungsplatz tragen zu können. Ist die Form außen gefettet, wird sie kopfüber gestellt. Ist sie innen gefettet, muss ihre Öffnung nach oben zeigen

2 Hypertufa mischen

Schutzbrille, Atemschutzmaske und Gummihandschuhe anziehen und anbehalten, bis die Zutaten gemischt sind.

Danach die Handschuhe anbehalten. Die trockenen Zutaten durch ein grobes Sieb geben, um Klümpchen zu entfernen. Die Zutaten sorgfältig mit einer Hacke, dann mit den Händen mischen. Der Zement wird zuletzt untergemischt. Für diese Menge Trockenzutaten brauchen Sie etwa 10–12 Teile Wasser. Rühren Sie es langsam unter, bis die Mischung die Konsistenz eines Knetteigs (für Ausstechplätzchen) hat. Drücken Sie eine Handvoll Mischung zusammen: Sie soll zusammenhalten, ohne dass viel Wasser austritt.

3 Methode 1: Die Innenseite der Form bedecken

Bei dieser Methode erhalten Sie ein Gefäß mit glatter Außenseite und handgeglätteter Innenseite. Beide können später bearbeitet werden. Die gefettete Form aufrecht auf die Sperrholzplatte stellen und den Boden gleichmäßig mit Hypertufa-Mischung bedecken. Die Mischung mit der Faust fest zusammendrücken, um Lufteinschlüsse zu beseitigen. Dann die Innenwand ebenso bedecken. Die Schichtstärke an Boden und Wand beträgt etwa 2,5 cm, für größere Pflanzgefäße liegt sie bei 4–5 cm.

Fertigstellung: Wenn der obere Rand der Form erreicht ist, die Mischung mit der Hand abrunden, damit sie sich später leichter abschaben lässt (siehe «Glätten und bearbeiten» in Methode 2, unten.). Die Innenfläche mit der Hand oder einem Kunststoff-Teigschaber glätten.

Drei oder vier Holzdübel durch die Schicht am Boden stecken. Das Gefäß mit Folie abdecken und 24 Stunden zum Trocknen stellen. (Die Dübel brauchen nicht gestützt zu werden, weil sie kurz sind und den Boden ganz durchdringen.)

Methode 2: Die Außenseite der Form bedecken

Bei dieser Methode entsteht eine glatte Innenseite und eine handgeglättete Außenseite, aber wie bei Methode 1 ist die spätere Bearbeitung möglich.

Die Plastikform mit der gefetteten Außenseite kopfüber auf die Sperrholzplatte stellen und gleichmäßig mit der Mischung bedecken. Beginnen Sie am unteren Rand. Weil er später oben liegen wird, muss die Mischung hier dick und gleichmäßig verarbeitet werden, damit sie später nicht reißt. Die gesamte Formwand mit Mischung bedecken und diese gut andrücken. Die Schichtstärke sollte 2,5–4 cm betragen. Zuletzt wird die Oberseite (der spätere Boden) mit Mischung bedeckt. Hier kann die Schicht etwas dicker sein (etwa 4,5 cm).

Glätten und bearbeiten: Eine Holzleiste oder ein stabiles Lineal über die Oberseite des Werkstücks ziehen, um den späteren Boden zu begradigen. Sollen Füße eingearbeitet werden, legen Sie ein Kreuz aus Styropor auf die Form und geben Sie die Mischung in die vier Ecken (siehe Illustration zu Schritt 2 auf Seite 104).
Nun kann die Außenseite des Topfes mit den Händen geglättet oder mit einem Werkzeug strukturiert oder geprägt werden. Möglich ist auch, Fliesenstücke, Murmeln, Muscheln oder andere kleine Dekorationen in die nasse Mischung zu drücken. Zuletzt drei oder vier Holzdübel durch den späteren Boden drücken. Das Werkstück mit Folie abdecken und 24 Stunden zum Trocknen stellen.

4 Letzte Handgriffe

Egal, ob Sie die Mischung auf der Innen- oder Außenseite der Form verarbeitet haben: Lassen Sie das Werkstück 24 Stunden trocknen, ehe Sie Dübel und Form vorsichtig entfernen. Danach kann die Oberfläche mit einem Stück zusammengefaltetem Fliegendraht (siehe Seite 105), einer Raspel oder einer harten Drahtbürste bearbeitet werden. Das Werkstück mit Wasser besprühen, wieder mit Folie abdecken und eine bis zwei Wochen trocknen lassen. Anschließend den Topf ohne Abdeckung nochmals eine bis zwei Wochen ruhen lassen und täglich mit Wasser füllen, damit Kalk ausgeschwemmt wird. Geschieht das jetzt nicht, kann der Kalk später ins Substrat gelangen, und viele Pflanzen vertragen keinen übermäßig kalkhaltigen (alkalischen) Boden.

VARIANTE MIT ZWEI FORMEN

Denkbar ist auch, zwei Plastiktöpfe in verschiedenen Größen als zweiteilige Form zu verwenden. Weil die Mischung zwischen die Wandungen der beiden Töpfe gefüllt wird, können Sie die Wandform und -stärke Ihres Hypertufa-Gefäßes genau bestimmen.

Diese Methode eignet sich besonders gut für große Pflanzkübel. Der Unterschied zwischen den Durchmessern der beiden Plastiktöpfe muss mindestens 8 cm betragen. Der innere Topf kann rund oder eckig sein, wichtig ist nur, dass zwischen den ineinander gestellten Töpfen genug Platz für eine Wandstärke von 2,5–5 cm bleibt. (Ich verwende als äußere Formen gern große Plastikkübel, in denen Bäume und Sträucher verkauft werden.)

GEGENÜBER: Diesen Hypertufa-Topf habe ich auf der Außenseite einer Rührschüssel mit 30 cm Durchmesser geformt und die äußere Oberfläche nur mit den Händen geglättet. Die Füße wurden mithilfe eines Styroporkreuzes (siehe Seite 104) direkt in den Boden integriert. Nach einigen Tagen habe ich die Oberfläche mit dunkler Holzlasur eingesprüht, die während der weiteren Trocknung vom Material aufgesogen wurde.

PFLANZKASTEN MIT EINER FORM AUS ZWEI PAPPKARTONS

Tröge und große Pflanzkübel gehören zu den beliebtesten Hypertufa-Projekten, weil sie so eindrucksvoll aussehen, und weil sie viel weniger kosten als gekaufte Pflanzgefäße in vergleichbarer Größe.

Pappkartons eignen sich gut als Form, weil es sie in allen Größen gibt – und das meist kostenlos. Man kann sie leicht vom teilweise durchgehärteten Material abreißen, und wenn man zwei ineinanderstellt, gelingt auch eine gleichmäßige Wandstärke ohne Probleme. Je größer das Pflanzgefäß werden soll, desto stabiler muss die Pappe sein, damit sie dem Gewicht der nassen Mischung standhält.

Material

- Hypertufa aus 9,5–11,4 Litern jeder Zutat (siehe Rezepte auf Seite 97)
- 2 Pappkartons, Größenunterschied ca. 5 cm (z. B. 46 x 30 x 20 cm und 36 x 20 x 15 cm)
- Behältnis zum Mischen
- Genug Sand, Ziegel oder Steine zum Füllen des kleineren Kartons
- Maschendraht, 5 cm kleiner als Länge/Breite des größeren Kartons
- 3–6 Holzdübel oder starke Zweige (mindestens 8 cm lang)
- Kantholz 5 x 10 cm, 25 cm länger als die Höhe des großen Kartons, zum Stampfen der Mischung
- Sieb
- Harte Drahtbürste, Fliegendraht oder grobe Raspel
- Isolierband
- Sperrholzplatten, 12 mm dick, etwas größer als der größere Karton
- Plastikplane zum Abdecken des Arbeitsbereichs
- Schutzbrille, Atemschutzmaske und Gummihandschuhe

NACH BELIEBEN: Styropor, Messer mit gezahnter Klinge, Maschendraht, Farbpulver, Verstärkung zum Untermischen (siehe Seite 94)

Siehe auch Adressen auf Seite 204 sowie Liste auf Seite 78.

Hinweis: Bevor Sie beginnen, lesen Sie bitte die grundsätzlichen Hinweise auf Seite 92.

1 ## Arbeitsbereich und Form vorbereiten

Die Arbeitsfläche abdecken, alle Materialien bereitlegen. Den größeren Karton auf die Sperrholzplatte stellen, damit das Werkstück später bewegt werden kann. Wenn Sie eine Armierung in den Boden einlegen wollen, schneiden Sie sie jetzt so zu, dass sie mit 2,5 cm Abstand zu allen Seiten auf den Boden des größeren Kartons passt. Der Abstand ist wichtig, damit sie vollständig eingebettet wird. Kleben Sie außerdem mehrere Runden Isolierband um den größeren Karton, damit sich die Außenwand durch das Gewicht der feuchten Mischung nicht übermäßig nach außen wölben kann. Der kleine Karton wird nicht beklebt, sondern in Schritt 5 mit Steinen und Sand gefüllt.

2 ## Füße vorbereiten (nach Belieben)

Wenn Ihr Kübel Füße haben soll, schneiden Sie aus Styropor ein Kreuz, das auf den Boden des unteren Kartons passt (siehe Abbildung unten).

3 ## Hypertufa mischen

Schutzbrille, Atemschutzmaske und Gummihandschuhe anziehen und anbehalten, bis die Zutaten gemischt sind. Danach die Handschuhe anbehalten. Die Mischung gemäß Schritt 2 auf Seite 99 herstellen. Sie soll die Konsistenz eines dickflüssigen Kuchenteigs haben. Farbpulver oder Verstärkungsfasern müssen vor dem Zugeben des Wassers sorgfältig mit den Trockenzutaten gemischt werden. Bei Verwendung von Flüssigfarben oder Acrylemulsion (siehe Seite 94–96) die Wassermenge entsprechend reduzieren.

4 ## Den Boden des äußeren Kartons füllen

Für integrierte Füße zuerst das Styroporkreuz aus Schritt 2 in den Karton legen, Mischung in die Ecken geben und mit der Faust oder dem Ende des Kantholzes verdichten. Danach (oder direkt auf dem Kartonboden, wenn keine Füße vorgesehen sind) eine 2,5 cm dicke Schicht auf der gesamten Fläche verteilen. Auf diese Schicht die Armierung legen, beispielsweise Kükendraht oder Plastik-Getränkeringe. Darauf eine weitere Schicht Mischung (2,5 cm dick) verteilen. Je größer das Gefäß ist, desto wichtiger ist diese Armierung.

5 ## Den inneren Karton einsetzen

Setzen Sie nun den kleineren Karton auf die Mischung im großen. Der Abstand seiner Wände zum großen Karton muss an allen Seiten gleich sein. Um nicht später Drainagelöcher bohren zu müssen, stechen Sie nun drei bis sechs Löcher in den Boden des inneren Kartons und schieben Holzdübel durch sie und durch die Mischung darunter. Füllen Sie Sand, Ziegel oder Steine in den kleineren Karton, damit er nicht verrutscht oder zusammenfällt.

6 ## Den Zwischenraum mit Mischung füllen

Nun wird für die Wände Mischung in den Zwischenraum der beiden Kartons gefüllt und zwischendurch immer wieder mit dem Ende des Kantholzes verdichtet, damit keine Lufteinschlüsse die Stabilität des fertigen Pflanzkastens beeinträchtigen können.

Wenn sich der äußere Karton durch das Gewicht der feuchten Mischung verformt, stützen Sie ihn mit Mauersteinen oder Ähnlichem. Sie können die Außenwände des Kastens auch später noch begradigen und glätten.

2 FÜSSE
Für integrierte Füße wird ein Styroporkreuz auf den Boden der Form gelegt.

4–5 ARMIERUNG UND DRAINAGELÖCHER
Zur Verstärkung des Bodens Kükendraht oder mehrere Getränkehalter-Plastikringe in die Mischung für den Boden einbetten. Für die Drainagelöcher Holzdübel in die Mischung drücken. Sie werden später entfernt.

7 Abdecken und trocknen

Wenn die Wände die gewünschte Höhe haben und gut verdichtet sind, decken Sie das Werkstück mit einem Plastiksack oder eine Plane ab und lassen es 24 Stunden trocknen. Um es mit seiner Sperrholzplatte zu tragen, brauchen Sie einen Helfer.

8 Die Kartons teilweise entfernen

Nach 24 Stunden hat der Abbindeprozess begonnen, aber das Material muss noch sehr behutsam behandelt werden. Nehmen Sie Steine und Sand aus dem inneren Karton, und lösen Sie dann den aufgeweichten Karton selbst ab. Sie können auch die Wände des äußeren Kartons ablösen. Bevor aber sein Boden und das Styroporkreuz entfernt werden, müssen Sie mindestens weitere 24 Stunden warten. Mit einem gefalteten Stück Fliegendraht und einer Drahtbürste können Sie nun die Oberflächen glätten. Zum Abrunden der Kanten eignet sich eine Raspel. Versuchen Sie, auch die Unterkanten etwas abzuschrägen. Danach besprühen Sie die Oberflächen mit etwas Wasser. Wenn Sie dekorative Schnitzereien oder Durchbrüche anbringen möchten, ist jetzt der richtige Zeitpunkt. Danach wird das Werkstück wieder in Folie gehüllt und muss weitere 24–48 Stunden trocknen.

9 Styroporkreuz entfernen und Unterkanten brechen

Nach zwei Tagen kann der Kasten vorsichtig umgedreht werden. Lassen Sie sich dabei helfen, denn er ist schwer und noch recht empfindlich. Entfernen Sie vorsichtig das Styroporkreuz – notfalls in mehreren Stücken – ohne dabei die Füße zu beschädigen. Drehen Sie die Dübel vorsichtig heraus und prüfen Sie, ob die Löcher den Boden ganz durchdringen.

10 Fertigstellung

Nun können Sie die Unterkante und die Füße glätten und abrunden. Wenn Ihnen die Form des Pflanzkastens zusagt, bearbeiten Sie die Oberfläche mit einer Drahtbürste, um ihr mehr Charakter zu geben und letzte Reste der Pappe zu entfernen. Die Bürste beseitigt auch vorspringende Moos- oder Perlit-Partikel, sodass die Oberfläche natürlichem Stein ähnlicher wird. Sie können die Oberfläche nun auch noch ritzen oder schnitzen, aber üben Sie nicht zu viel Druck aus, sonst kann sie brechen. Prüfen Sie, ob die Dübellöcher durchgängig sind.

Den Kasten erneut mit Wasser einsprühen und etwa eine Woche abgedeckt ungestört aushärten lassen. Danach die Folie abnehmen und den Kasten weiter langsam trocknen lassen. Nach einigen Tagen (je nach Wetter) wird er sich hart und trocken anfühlen, aber die Aushärtung ist noch nicht abgeschlossen.

Der Kasten muss nun einige Wochen lang täglich mit Wasser gefüllt werden, um den Kalk auszuschwemmen, der den Pflanzen schaden könnte. Das Wasser fließt durch die Löcher im Boden ab. Normalerweise dauert es etwa einen Monat, bis ein großer Kasten vollständig ausgehärtet ist und bepflanzt werden kann.

6 MISCHUNG IM ZWISCHENRAUM VERDICHTEN
Die Mischung in den Zwischenraum der Kartons füllen und mit dem Ende des Kantholzes feststampfen.

9 FÜSSE FREILEGEN
Wenn der Kasten hart genug ist, können Kartonboden und Styroporkreuz entfernt werden, um die Füße freizulegen.

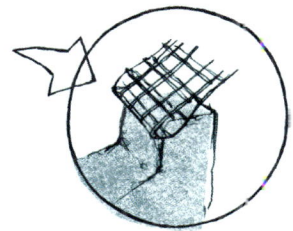

10 UNTERKANTE UND FÜSSE GLÄTTEN
Die Kanten werden mit Fliegendraht, einer Raspel oder einer groben Feile abgerundet und geglättet.

MÜHLSTEIN AUS BETON

Der Mühlstein kann aufrecht in eine Mauer integriert oder liegend als Trittstein verwendet werden. Bei liegenden Steinen bepflanze ich das Loch in der Mitte gern mit «trittfestem» Thymian oder Rasenkamille. Um Trittsteine zu verzieren, kann man ein Mosaik auf den Formboden legen (wie beim Schuhabstreifer auf Seite 87) oder nach dem Aushärten auf der Oberfläche aufbringen. Ich lege den Formboden gern mit stark geäderten Blättern aus, die sich in der Betonoberfläche abbilden. Bei Mühlsteinen für Mauern lasse ich die Oberfläche manchmal glatt, gelegentlich versuche ich auch, eine gemeißelte Struktur zu imitieren.

Material für einen Mühlstein

- 13 cm Schalrohr, 38 cm Durchmesser
- Quadratischer Plastikblumentopf, Boden 10 x 10 cm
- Betonmischung für Trittplatten (siehe Seite 97), ca. 2,8 Liter Zement und 8,5 Liter Sand
- Kreis aus Kükendraht oder anderem Armierungsmaterial, 33 cm Durchmesser, Mitte für der 10-cm-Topf ausgeschnitten
- Trennmittel (siehe Seite 91)
- Behältnis zum Mischen
- Sieb
- Plastikplane zum Abdecken des Arbeitsbereichs
- Steine oder Beutel mit Kieseln zum Beschweren des Blumentopfs
- Sperrholzplatte (12 mm), etwas größer als die Form
- Isolierband
- Schutzbrille, Atemschutzmaske und Gummihandschuhe

Siehe auch Adressen auf Seite 204 und Liste auf Seite 78.

Hinweis: Bevor Sie beginnen, lesen Sie bitte die grundsätzlichen Hinweise zum Arbeiten mit Beton und Hypertufa auf Seite 92.

* *Wenn Sie Schritt 2 überspringen, können Sie nach dieser Anleitung einen gewöhnlichen Trittstein ohne Loch in der Mitte herstellen. Als Formen eignen sich auch Deckel von Mülltonnen, Plastikwannen, Styroporteile oder Aluminiumringe. Manche Fachhändler bieten mehrteilige Formen an, die wie konventionelle Platten oder Pflastersteine aussehen. Es ist sogar möglich, die Mischung direkt in ausgehobene Mulden im Boden zu gießen. In diesem Fall müssen der ausgehobene Bereich und seine Umgebung großzügig durchfeuchtet werden, weil trockener Boden der Mischung sonst zu schnell das Wasser entziehen würde.*

1 Die Form vorbereiten

Für jeden Mühlstein ein 13 cm langes Stück Schalrohr zuschneiden. Arbeiten Sie wegen der Staubentwicklung im Freien. Die Innenseite des Rings großzügig fetten, dann den Ring auf die Sperrholzplatte stellen. Die äußeren Kanten mit Isolierband auf der Platte festkleben.

2 Den Ausschnitt vorbereiten

Um einen klassischen Mühlstein zu imitieren, fetten Sie nun die Außenseiten (aber nicht den Boden) des quadratischen Plastikblumentopfs. Ein gefaltetes Stück Isolierband in die Mitte des Schalrohrs kleben, den Blumentopf mit Steiner oder einem Beutel mit Kieseln beschweren und auf das Isolierband stellen. Wenn Sie auf den Ausschnitt verzichten und lieber eine interessante Oberfläche gestalten wollen, legen Sie einige stark geäderte Blätter oder Farnwedel auf den Boden des Schalrohrs und lassen Sie den Blumentopf weg.

1–2 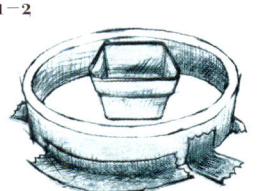   3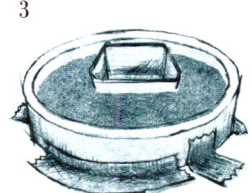

VORBEREITUNGEN FÜR DEN MÜHLSTEIN MIT LOCH
Das Schalrohr mit Isolierband auf der Sperrholzplatte fixieren und den Plastikblumentopf in die Mitte stellen. Ein Stück gefaltetes Isolierband unter dem Boden hält ihn fest. (Nicht die Wand des Topfes festkleben, sonst hinterlässt das Isolierband einen Abdruck in der Betonoberfläche.)

GEGENÜBER: Dieser Mühlstein lockert die Steinmauer in meinem Gehölzgarten auf. Der kleine Farn hat sich von allein in seinem Loch angesiedelt.

3 Die Mischung herstellen

Schutzbrille, Atemschutzmaske und Gummihand-schuhe anziehen und anbehalten, bis die Mischung angerührt ist. Danach die Handschuhe anbehalten. Stellen Sie die Mischung anhand der Anleitung in Schritt 2 auf Seite 99 her. Sie muss eine Konsistenz wie dickflüssiger Kuchenteig haben. Die Mischung langsam in die vorbereitete Form schütten. Wenn Sie einen Blumentopf in die Mitte gestellt haben, halten Sie ihn fest, damit er beim Füllen der Form nicht ver-rutscht. Haben Sie Blätter auf den Formboden gelegt, geben Sie mit einem Plastikbecher eine Schicht Mischung darauf, um sie zu fixieren. Danach weitere Mischung in die Form schütten.

4 Armierung

Wenn der Ring etwa zur Hälfte gefüllt ist, legen Sie Ihre Armierung hinein. Dann die restliche Mischung in die Form gießen und mit den Händen oder dem Ende eines dicken Kantholzes verdichten, um Luft-einschlüsse zu vermeiden. Das Werkstück mit Folie abdecken und 24 Stunden trocknen lassen.

5 Letzte Handgriffe

Das Schalrohr und den Plastikblumentopf vorsichtig entfernen. Falls nötig, die Kanten mit einer Raspel oder einem anderen Schabewerkzeug vorsichtig abrunden. Den Beton mit etwas Wasser einsprühen, wieder mit Folie abdecken und einige Wochen durchhärten lassen. Dann kann er verlegt und betreten werden.

BLÄTTER AUS BETON

Große Blätter von Bergenien, Rhabarber, Kürbis oder Funkien eignen sich gut für Vogeltränken oder -futter-plätze, Wasserspiele oder Gartendekorationen aus Beton. Kleinere Blätter von Zucchini oder Wein verwende ich auch für die Dächer der niedlichen «Feenhäuser» in meinem Schattengarten (siehe Seite 112). Die Größe der Blätter bestimmt, was sich mit ihnen machen lässt. Generell sind aber Blätter mit klaren Formen und mar-kanter Äderung die beste Wahl. Schneiden Sie die Blätter erst kurz vor der Verwendung.

Überlegen Sie zuerst, wie Sie die Blätter verarbei-ten wollen. Kleine Korrekturen sind noch während der Arbeit möglich. In große Blätter arbeite ich fast immer einen Dorn ein, um sie später im Boden oder auf einem Pfosten zu befestigen. Dächer für ein Feenhaus haben einen Zementbuckel auf der Unterseite, damit sie nicht vom Haus herunterrutschen können. Es ist einfacher, Metallteile zur Befestigung beim Formen einzuarbeiten, als später Löcher in den Beton zu bohren und Befesti-gungselemente anzubringen.

GEGENÜBER: In große, nur flach gewölbte Betonblätter lege ich immer Kükendraht oder ein ähnliches Verstärkungsmaterial ein. Dieses Blatt ist etwa 51 cm lang und 36 cm breit.

Material

- 1 großes, stark geädertes Blatt, Stiel kurz abgeschnitten
- Hügel aus feuchtem Sand, einige Zentimeter größer als das Blatt
- Mischung aus ca. 2,8 Litern Zement und 8,5 Litern Sand (siehe Rezepte auf Seite 97)*
- Behältnis zum Mischen
- Trennmittel (siehe Seite 91)
- Großes Sieb
- Reste von Kükendraht oder anderes Material zur Verstärkung
- Raspel oder Schaber
- Sperrholz (12 mm), ringsherum ca. 10 cm größer als der Sandhügel
- Plastikplane zum Abdecken des Arbeitsbereichs
- Schutzbrille, Atemschutzmaske und Gummihandschuhe

NACH BELIEBEN: Langer Stift zum späteren Befestigen (beispielsweise verzinkte Schlossschraube von 25 oder 30 cm Länge)

Siehe auch Adressen auf Seite 204 und Liste auf Seite 78.

* *Es ist zwar möglich, Blätter aus Hypertufa zu gießen, ich bevorzuge aber Beton, weil er haltbarer ist und weil sich in seiner glatten Oberfläche die Blattadern besser abzeichnen.*

Hinweis: Bevor Sie beginnen, lesen Sie bitte die grundsätzlichen Hinweise zum Arbeiten mit Beton und Hypertufa auf Seite 92.

1 Die Sandform vorbereiten

Die Sperrholzplatte mit Folie bedecken und darauf einen Hügel aus feuchtem Sand aufhäufen, der rundherum etwa 2,5 cm größer als das Blatt ist. Darauf das Blatt ausbreiten, die stärker geäderte Seite liegt oben. Das Blatt mit etwas Speiseöl einsprühen, damit es sich später leichter entfernen lässt. Wenn keine Sandrückstände an den Rändern des Blatts zurückbleiben sollen, decken Sie den Sand mit dünner Plastikfolie ab, bevor Sie das Blatt auflegen. (Soll das Blatt nur an den Rändern eine Sandkruste haben, legen Sie keine Folie auf den Sand, aber verteilen Sie die Mischung in Schritt 2 etwas über die Blattränder hinaus.)

2 Die Mischung herstellen und auftragen

Schutzbrille, Atemschutzmaske und Gummihandschuhe anziehen und anbehalten, bis die Mischung fertig ist. Danach die Handschuhe anbehalten. Zement und Sand mischen, wie in Schritt 2 auf Seite 99 beschrieben. Dabei nur so viel Wasser zugeben, dass die Mischung zusammenhält, wenn man sie fest zusammendrückt. Die Mischung in einer 2–2,5 cm dicken Schicht auf dem Blatt verteilen und an den Rändern nur geringfügig abschrägen, damit sie nicht zu zerbrechlich werden.

Damit das große, relativ flache Werkstück nicht bricht, legen Sie nun kleine Stücke Kükendraht oder Fliegengitter überlappend auf die Mischung. Dabei ringsherum einige Zentimeter frei lassen. Eine zweite 2–2,5 cm dicke Schicht Mischung auf der Armierung verteilen. Am Blattansatz besonders sorgfältig arbeiten und ausreichend Material aufbringen, vor allem, wenn das Blatt wasserdicht sein soll.

3 Den Montage-Dorn einsetzen (nach Belieben)

Wenn das Betonblatt später nicht flach auf dem Boden liegen, sondern auf einem Pfosten verankert werden soll, können Sie einen Dorn einarbeiten. Stecken Sie die Schlossschraube durch ein Stück feines Metallgitter (8 x 8 cm) und schieben Sie das Gitter bis zum Kopf. Das Gitter wird zusammen mit der Armierung auf die erste Schicht Mischung gelegt, dabei liegt der Schraubenkopf unten. Beim Verteilen der zweiten Schicht Mischung werden Armierung, Trägergitter des Dorns und Schraubenkopf komplett eingebettet. Meist sieht es am natürlichsten aus, wenn Sie den Befestigungsdorn in der Nähe des Stielansatzes platzieren. Achten Sie darauf, während der Härtung nicht gegen den Dorn zu stoßen, denn dies ist eine empfindliche Stelle.

4 Letzte Handgriffe

Nachdem die zweite Schicht Mischung verteilt ist, das Werkstück mit Plastikfolie abdecken und 24–36 Stunden trocknen lassen. Dann vorsichtig umdrehen und das Blatt vom Beton ablösen.

Wenn sich das Blatt nicht sauber ablösen lässt, können Sie Reste mit einem Cutter, einer Stricknadel oder einem spitzen Stäbchen entfernen. Danach die Oberfläche vorsichtig abfegen, um Krümel zu entfernen. Reste, die noch immer haften, lassen sich später abbürsten, wenn sie getrocknet sind. Jetzt können Sie die Oberfläche des Betons vorsichtig glätten oder mit einem Cutter die Blattadern nachritzen, damit sie deutlicher zu erkennen sind. Falls nötig, glätten Sie die Ränder mit einem Schaber oder einer Raspel. Das Blatt abdecken und nochmals 24

Stunden trocknen lassen, bevor die letzte Bearbeitung der Oberfläche erfolgt. Sie können nun mit einem Steinbohrer ein dünnes Loch in das Blatt bohren, um eine Dekoration anzubringen (vielleicht einen kleinen Betonvogel oder eine Blume) oder um es auf einem Pfosten festzuschrauben. Das Blatt mit Wasser einsprühen und abgedeckt etwa eine Woche trocknen lassen. Dann die Folie abnehmen und den Beton mehrere Wochen oder so lange wie möglich aushärten lassen. Soll das Blatt als Vogeltränke dienen, füllen Sie es in den letzten Wochen täglich mit Wasser, um den Kalk zu entfernen. Wenn es vollständig trocken und ausgehärtet ist, könnten Sie es versiegeln (siehe Seite 96).

3 DORN ZUR MONTAGE
Kükendraht dient zur Armierung und auch zur Befestigung des langen Metalldorns.

FEENHAUS

In den Häusern, die ich in einigen Ecken meines Schattengartens aufgestellt habe, wohnen zwar keine Feen, sondern Grillen und andere Garteninsekten. Trotzdem geht von den niedlichen Häuschen ein Zauber aus. Moospolster, die ich an anderen Stellen aufgenommen und auf die Dächer gelegt habe, sind angewachsen und integrieren die Häuschen in die Bepflanzung.

Das Feenhaus wird wie ein Pflanzkasten gebaut (siehe Seite 102), allerdings nicht mit zwei Pappkartons, sondern mit Pappröhren in verschiedenen Größen. (Wenn ich größere Betonprojekte in Angriff nehme, stelle ich meist einige Röhren bereit, um Reste der Mischung zu verbrauchen.)

Material

- 13–15 cm von einer Papp-Versandröhre (8 cm Durchmesser, für die äußere Form) und ein ebenso langes Stück der Pappröhre von Küchenpapier (für die innere Form)
- 1–2 Becher (240–475 ml) Beton- oder Hypertufa-Mischung (siehe Rezepte auf Seite 97)
- 15–18 cm großes Blatt von Zucchini, Wein oder Funkie für das Dach
- Sand zum Formen
- Behältnis zum Mischen
- Sieb
- Rundholz (zum Stampfen der Mischung)
- Isolierband
- Sperrholzplatte (12 mm)
- Plastikplane zum Abdecken des Arbeitsbereichs
- Schutzbrille, Atemschutzmaske, und Gummihandschuhe

Siehe auch Adressen auf Seite 204 und Liste auf Seite 78.

Hinweis: Bevor Sie beginnen, lesen Sie bitte die grundsätzlichen Hinweise zum Arbeiten mit Beton und Hypertufa auf Seite 92.

1 Das Haus

Die dicke Pappröhre auf die Sperrholzplatte stellen und mit einigen Streifen Isolierband fixieren. Die dünne Pappröhre mittig in die dickere stellen. Schutzbrille, Atemschutzmaske und Gummihandschuhe anziehen und anbe-

halter, bis die Mischung hergestellt ist. Danach die Handschuhe anbehalten. Gemäß Schritt 2 auf Seite 99 eine Beton- oder Hypertufa-Mischung mit fester Konsistenz (wie Knetteig für Plätzchen) herstellen. Die Mischung zwischen die Pappröhren füllen und mit einem Rundholz stampfen, um Lufteinschlüsse zu entfernen. Mit Plastikfolie abdecken und zur Seite stellen.

2 Das Blätterdach

In einen Hügel aus feuchtem Sand eine Mulde für das Blatt drücken. Das Blatt so hineinlegen, dass die Adern nach oben zeigen. Eine gleichmäßige Schicht Mischung auf das Blatt geben. Wenn Sie die Mischung etwas über die Blattränder hinaus verteilen, haftet Sand an ihr. Dadurch sehen die Ränder der Betonblätter interessanter aus.
Damit das Dach nicht vom Haus rutscht, setzen Sie in die Mitte des Blatts einen 2,5 cm hohen Betonknauf. Blatt und Knauf mit einer 12 mm dicken Schicht der Mischung bedecken. Dann das Dach unter Folie einen oder zwei Tage trocknen lassen.

3 Letzte Handgriffe

Vorsichtig die Pappröhre von der Außenseite entfernen und – wenn möglich – die innere Röhre herausnehmen. Das Blatt vom Dach entfernen. Das Dach auf das Haus setzen und das Haus in den Garten stellen. Wer mag, legt ein Moospolster darauf.

1 DIE HÄUSER
Für die Wände des Hauses die dicke Röhre mit Isolierband auf der Holzplatte fixieren und die dünne in ihre Mitte stellen. Dann den Zwischenraum mit Mischung füllen.

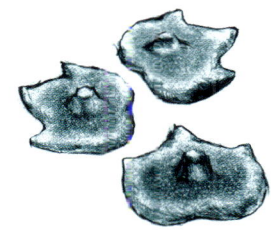

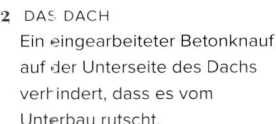

2 DAS DACH
Ein eingearbeiteter Betonknauf auf der Unterseite des Dachs verhindert, dass es vom Unterbau rutscht.

GEGENÜBER: Durch das Moos, das sich auf dem Dach angesiedelt hat, fügt sich das Feenhaus gut in die Bepflanzung ein.

KÜRBISSE ALS FORMEN

Getrocknete Kürbisse geben großartige Formen für Beton und Hypertufa ab. Am besten eignen sich Sorten mit dicker, harter Schale. Sie können Kürbisse selbst anpflanzen oder auf dem Markt kaufen und dann trocknen, um sie im folgenden Jahr zu verarbeiten. Dünnschalige Sorten müssen in einem Eimer mit Sand eingebettet werden, damit sie durch das Gewicht der Füllung nicht brechen.

Material

- Großer getrockneter Flaschenkürbis mit relativ dickem Hals
- Beton- oder Hypertufa-Mischung (siehe Rezepte auf Seite 97)
- Eimer und genug Sand zum Einbetten des Kürbisses
- Behältnis zum Mischen
- Sieb
- Scharfes Messer oder Cutter
- Sperrholzplatte (12 mm)
- Plastikplane zum Abdecken des Arbeitsbereichs
- Schutzbrille, Atemschutzmaske, und Gummihandschuhe

Siehe auch Adressen auf Seite 204 und Liste auf Seite 78.

Hinweis: Bevor Sie beginnen, lesen Sie bitte die grundsätzlichen Hinweise zum Arbeiten mit Beton und Hypertufa auf Seite 92.

1 Den Kürbis aushöhlen

In die Unterseite des Kürbisses ein Loch mit 5–6,5 cm Durchmesser schneiden und die Samen und Fasern aus dem Inneren entfernen. Den Kürbis kräftig schütteln, um Samen und Fasern zu lösen, und diese mit einer langen Pinzette oder den Fingern herausziehen.

2 Den Kürbis einbetten

Einige Zentimeter Sand in den Eimer füllen und den Kürbis daraufsetzen. Das Loch im Boden liegt oben. Rings um den Kürbis weiteren Sand einfüllen, bis er komplett eingebettet ist.

3 Den Kürbis mit Mischung füllen

Schutzbrille, Atemschutzmaske und Gummihandschuhe anziehen und anbehalten, bis die Mischung angerührt ist. Danach die Handschuhe anbehalten. Die Mischung für Beton oder Hypertufa gemäß Schritt 2 auf Seite 99 anrühren. Sie muss dickflüssig wie Kuchenteig sein, damit sie den Innenraum des Kürbisses vollständig ausfüllt. Wenn sie zu nass ist, härtet sie nicht zuverlässig aus und kann trotz des Sandbetts den Kürbis sprengen und auslaufen. Wenn der Kürbis einen schlanken Hals hat, gießen Sie die Mischung sehr langsam hinein, und drücken Sie sie mit einem Stäbchen durch den Engpass. Mehrmals kräftig gegen die Eimerwand schlagen, damit sich die Mischung gleichmäßig verteilt. Sollen mehrere Kürbisse aufeinandergesetzt werden, arbeiten Sie in die oberen Stifte zur Befestigung ein. Dafür den Kopf eines Nagels durch ein Stück Fliegengitter stecken, damit er nicht in die Höhlung fällt, und nach dem Füllen des Kürbisses auflegen. Etwas Mischung auf das Fliegengitter geben, um es zu fixieren.

4 Letzte Handgriffe

Den Eimer mit Plastikfolie bedecken und 1–2 Tage ruhen lassen. Dann den Kürbis aus dem Sand nehmen und die Schale ablösen. Zum Auftürmen mit einem Steinbohrer Löcher in die unteren Kürbisse bohren und die Nägel der oberen hineinstecken.

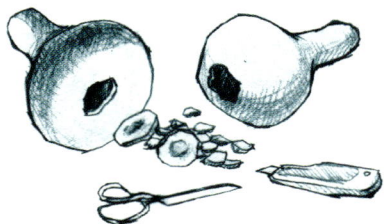

1 Das Loch im Kürbis muss groß genug sein, um die Mischung einzufüllen – aber nicht so groß, dass die Stabilität der ausgehöhlten Schale beeinträchtigt wird.

GEGENÜBER: Ausgehöhlte, getrocknete Kürbisse eignen sich als Gießformen für originelle Gartendekorationen.

HOCH HINAUS

PFLANZSTÄBE, DREIBEINE & OBELISKEN

Wenn ein Garten bepflanzt ist, fängt die Arbeit erst an. Sie müssen Unkraut jäten, gießen, ausputzen und düngen. Menschen, die keinen Garten besitzen, ahnen oft gar nicht, wie viel Arbeit «hinter den Kulissen» erledigt wird. Samen und Jungpflanzen sind zu versorgen, der Garten muss gegliedert werden, wüchsige Pflanzen müssen gebändigt und hohe gestützt werden.

Es gibt gute Gründe, Pflanzen zu stützen, und es gibt viele Möglichkeiten, das zu tun. Manche Lösungen sehen attraktiv aus, andere sind rein zweckmäßig. Sinnvoll ist eine Mischung aus beidem. In einer idealen Welt hätte jede Pflanze die richtige Größe, und die hohen Sorten würden ohne Hilfe aufrecht stehen. Manche Blumen haben aber weiche Triebe, die sich neigen, sodass die Blüten auf dem Boden liegen, schmutzig werden oder verfaulen, wenn sie nicht gestützt werden. Andere nehmen ihren Nachbarn das Licht und können empfindliche Arten buchstäblich erdrücken. Gemüse bringt, wenn es gestützt wird, bessere Erträge. Es ist weniger anfällig für Fäulnis und Schädlinge – und der Nutzgarten sieht einfach schöner aus.

Ich verwende Pflanzenstützen aller Art – von simplen Gabeln bis zu großen Spalieren. Dabei hängt die Wahl von der jeweiligen Pflanze ab: Wie hoch und schwer ist sie? Trägt sie Früchte? Klettert sie oder neigt sie dazu, außer Kontrolle zu geraten? In ästhetischer Hinsicht wird man für die Staudenbeete andere Lösungen finden als für den Nutzgarten, es gibt jedoch durchaus ansehnliche Möglichkeiten, um Blumen und Gemüse zu stützen.

Gartencenter bieten allerlei Stützen und Spaliere aus Holz und Metall an, aber die meisten sind fantasielos oder teuer – oder beides. Zum Glück ist es nicht schwierig, Stützen in den Größen und Formen, die Sie benötigen, selbst zu bauen. Sie brauchen dafür nur einfaches Werkzeug und preiswerte Materialien.

Manche Stützen müssen installiert werden, bevor die Pflanzen, die an ihnen wachsen sollen, im Frühling austreiben. Erledigen Sie diese Arbeit am besten schon im Vorfrühling, wenn Sie Bereiche, die später dicht bewachsen sind, noch leicht erreichen können. So können Sie die Pflanzen, wenn sie wachsen, immer wieder an die Stützen anbinden. Das ist viel einfacher, als später im Jahr ausgewachsene Pflanzen zu bändigen.

EINZELNE STÜTZEN

Nicht alle Pflanzenstützen müssen kunstvoll sein. Ich benutze oft simple, gegabelte Stäbe zum Stützen von hängenden Kürbissen, schweren Sonnenblumen oder anderen großen Blüten. Die Stäbe fallen zwischen dem Blattwerk kaum ins Auge, lassen sich auf jede gewünschte Länge schneiden und können direkt neben der Pflanze in den Boden gesteckt werden. Beim Baum- und Strauchschnitt sortiere ich gegabelte Zweige aus und bewahre sie im Gartenschuppen auf.

Wenn mir die Astgabeln ausgehen, stelle ich aus Bambusstäben oder Zweigen einfache Stützen her. Bambusstäbe spalte ich an einem Ende auf. Dann schiebe ich einen Stein oder ein Stück Holz zwischen die Hälften, um sie zu spreizen, und umwickle den Stab unterhalb der Gabel fest mit gewachster Schnur, damit er sich nicht weiter aufspaltet.

Zweige lege ich über Kreuz und umwickle die Kreuzungsstelle fest mit Schnur. Die Wickeltechnik nennt sich Götterauge und ist rechts abgebildet. Kürzere Astgabeln und Zweigkreuze dieser Art stecke ich auch an den Beetkanten in den Boden und verwende sie als Schlauchführung. So liegt der Schlauch nicht auf den Pflanzen, wenn ich ihn durch den Garten ziehe.

Ist keine Astgabel greifbar, spalten Sie einen Bambusstab. Einen Stein zwischen die Hälften schieben, um sie zu spreizen, und den Stab unter der Gabel fest mit gewachster Schnur umwickeln, damit er sich nicht weiter spaltet.

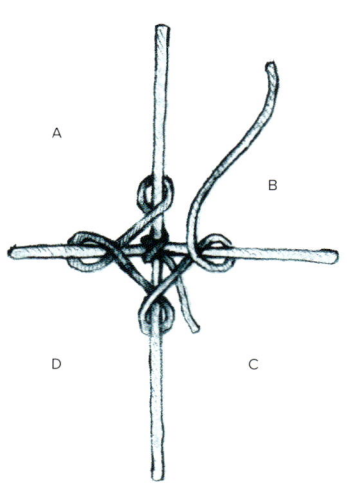

EIN GÖTTERAUGE WICKELN
Zwei Zweige rechtwinklig über Kreuz legen. Einer ist so hoch wie die zu stützende Pflanze, der andere etwa 25 cm lang.
Ein 1,8 m langes Stück robuste Schnur parallel zu einem Zweig legen und ein 5 cm langes Ende hängen lassen. Die Schnur um die gekreuzten Zweige zweimal von A nach C wickeln, dann unter den senkrechten Zweig legen und zweimal von D nach B wickeln, um die Zweige miteinander zu verbinden. Nun die Schnur entgegen dem Uhrzeigersinn nacheinander um die Arme des Kreuzes legen, bis das Götterauge die gewünschte Größe hat. Zuletzt das Ende der Schnur verknoten und dicht an einem Zweig abschneiden.

GEGENÜBER: Einfache Astgabeln eignen sich gut, um schwere Sonnenblumen, Dahlien oder hängende Kürbisse zu stützen, und sie fügen sich unauffällig in den Garten ein.

Wenn Sie im Garten Gehölze schneiden, legen Sie stark verästelte Zweige ohne Blätter für Kletterer wie Erbsen, Wicken oder Kapuzinerkresse zur Seite. Die unteren Enden sollten so dick sein, dass man sie tief in den Boden stecken kann. Bevor die Pflanzen sich ausgebreitet haben, sehen diese Zweige vielleicht aus wie eine Reihe kahles Gestrüpp, aber sie werden bald üppig begrünt sein.

Gedrechselte Stuhlbeine, einzelne Geländerstützen, Moniereisen, Bambus- oder Hartholzstäbe machen sich als Pflanzenstützen nützlich. Verwenden Sie Federklammern, Klettbinder, Stoffstreifen oder alte Nylonstrümpfe zum Anbinden der Pflanzen. Die Enden meiner Pflanzstäbe verziere ich oft mit Fundstücken vom Flohmarkt oder selbst gemachten «Blumen» aus Blechdosen, Sprungfedern oder gehämmertem Kupfer (siehe Foto Seite 123).

Hier sehen Sie einige Endstücke für einzelne Pflanzstäbe, die für wenig Geld auf dem Flohmarkt zu finden sind: Salzstreuer in Vogelform, Schachfiguren, Absperrhähne, gusseiserne Zaunteile, farbige Flaschen, Metallfedern, interessante Küchenutensilien, Eisenwaren oder verrostete Werkzeuge.

GEGENÜBER: Alte Absperrhähne wirken an den Pflanzstäben wie Blüten. Halten Sie auf dem Flohmarkt die Augen nach originellen Dekorationen offen.

FEDERBLUMEN

Vor einiger Zeit habe ich auf dem Flohmarkt eine Kiste verschiedener Metallfedern gekauft, weil sie interessant aussahen, und weil ich ahnte, dass sie für irgendetwas zu gebrauchen sein würden. Jahrelang standen sie auf dem Regal, bis ich eines Tages damit spielte. Ich verhakte sie ineinander und fädelte einige Perlen auf die Drähte. Mit der Zeit entstand ein ganzes Sortiment von Federblumen, die jetzt meine Beete schmücken. Inzwischen sind viele verrostet, aber dadurch fügen sie sich umso besser ein und wirken zwischen den Blumen wie kleine Kunstwerke. Inzwischen werfen wir Federn nie mehr weg, sondern bewahren sie in einer beschrifteten Box im Regal auf.

Material

- 20–30 Federn, verschiedene Größen und/oder Metalle
- 1 große Feder, Durchmesser passend für einen Pflanzstab
- 1 stabiler Pflanzstab aus Bambus, Hartholz oder Metall in der Höhe der zu stützenden Pflanze
- 10–20 Perlen, Bohrungen groß genug für die Federdrähte

NACH BELIEBEN: Spitzzange, Sekundenkleber

Hinweis: Wenn Ihnen bei der Arbeit die Federn ausgehen, fertigen Sie selbst Spiralen aus ummanteltem Draht, den es in Eisenwarenhandlungen in verschiedenen Farben zu kaufen gibt. Einfach den Draht mehrmals um ein dünnes Rundholz wickeln und die Spirale herunterschieben. In Bastelgeschäften bekommen Sie farbige Drähte und Formen aus Draht sowie andere interessante Metallteile, die sich einarbeiten lassen. Für diese Fantasieblumen ist alles erlaubt.

1 Die größte Feder als Unterbau

Die Blume lässt sich am einfachsten am Pflanzstab befestigen, wenn man eine große Feder als Basis verwendet und die kleineren in sie einhakt. Die größte Feder wird auf den Stab gesteckt. Schieben Sie einfach das Ende der großen Feder durch die Windungen einer kleinen. Dann die kleine Feder auf der großen einige Windungen abwärts führen.

2 Weitere Federn anbringen

Befestigen Sie möglichst viele kleine Federn an der großen. Danach können Sie in die bereits befestigten kleinen Federn weitere einhängen, bis die Blume eine füllige Form bekommt.

3 Perlen auffädeln

Schieben Sie Perlen auf die Enden von einigen äußeren Federn, und schieben Sie sie einige Windungen hinab, damit sie nicht herunterfallen können. Sie können die Perlen mit einem Tropfen Sekundenkleber sichern oder, wenn das Metall weich genug ist, die Enden der Federn mit einer Spitzzange zubiegen.

4 Die Blume auf dem Stab befestigen

Die große Feder auf das Ende des Pflanzstabs schieben. Wenn Sie keine Feder mit ausreichend großem Durchmesser gefunden haben, basteln Sie einfach eine Blüte und fädeln Sie ein Stück stabilen Draht durch ihre Mitte. Durchbohren Sie den Stab etwa 2,5 cm unter seinem Ende, schieben Sie den Draht durch das Loch und drehen Sie seine Enden fest zusammen.

GEGENÜBER: Diese üppige Blume entstand aus Federn von Flohmarkt, die ich einfach miteinander verhakt habe.

KUPFERBLUMEN

Dünnes Blech aus Kupfer oder Messing lässt sich mit einer robusten Schere schneiden und zu hübschen Blumen formen, die Pflanzstäbe oder Zaunpfähle schmücken können. Je dünner das Metall, desto leichter lässt es sich schneiden und biegen. Bedenken Sie aber, dass sehr dünnes Metall die Form nicht so zuverlässig hält wie etwas dickeres. Für diese Blumen empfehle ich Bleche mit 0,6–0,7 mm Stärke.

Metallblech lässt sich nicht nur falten und biegen, sondern auch mit einem Hammer bearbeiten. Dabei ist aber Vorsicht geboten, denn durch zu starkes Hämmern kann es «ermüden» und brüchig werden.

Material

- 25 x 25 cm Kupfer- oder Messingblech, 0,6–0,7 mm stark
- Blechschere oder robuste Haushaltsschere
- Bohrmaschine und dünne Metallbohrer oder dünne Schrauben mit Muttern
- Kupfer-Klebstoff (siehe Adressen, Seite 204)
- Holzrest, ca. 13 x 18 cm
- Schleifpapier oder Schleifklotz, Körnung fein bis grob
- Gummihammer oder Kugelkopfhammer
- Bleistift

NACH BLIEBEN: Form zum Hämmern des Metalls, Flaschendeckel, Perlen, Federn, Draht oder aufgerollte Blechstreifen fürs Blütenzentrum oder Gehänge; Metallfeile

1 Umrisse übertragen

Am einfachsten sind Blüten herzustellen, für die alle Blütenblätter aus einem Stück zugeschnitten werden (Blüte A auf Seite 126). Wenn Sie raffinierte Blüten mit mehrlagigem Aufbau herstellen wollen (siehe Blüte B auf Seite 126), müssen Sie einzelne Blütenblätter zuschneiden und an einem Mittelteil befestigen. Dazu können sie gebohrt und mit Schrauben und Muttern montiert oder mit Epoxy- oder

....

GEGENÜBER: Diese «Lilie» ist aus einem Stück Kupferblech zugeschnitten. Die Blütenblätter wurden einzeln gefaltet und leicht gehämmert, um eine Mittellinie zu erhalten, die der Blüte mehr Volumen gibt und die gebogenen Blütenblätter in Form hält.

Metallkleber angeklebt werden. Denken Sie daran, dass eine Blüte aus vielen Einzelteilen empfindlicher ist als eine Blüte aus einem Stück. Darum schneide ich meist eine Grundform mit einigen strahlenförmig angeordneten Blütenblättern zu und bringe später nur wenige Details (beispielsweise Perlen) an.

Die gewünschte Blütenform wird auf Papier gezeichnet, ausgeschnitten und auf die Rückseite des Metalls gelegt. Dann den Umriss mit Bleistift nachzeichnen und die Blüte ausschneiden.

2 Kanten glätten

Die Metallkanten mit Feile oder Schleifpapier glätten, damit Sie sich bei der weiteren Arbeit nicht daran verletzen können. Übermäßig sorgfältig brauchen Sie dabei nicht vorzugehen, denn wenn die fertige Blüte auf einem Stab montiert ist, wird sie kaum noch berührt werden.

3 Die Blüte in Form hämmern (nach Belieben)

Ein Brett aus weichem Kiefernholz eignet sich gut zum Hämmern von Metall, weil es einen Teil der Schläge absorbiert. Für gewölbte Blütenblätter brauchen Sie eine entsprechende Form zum Hämmern. Ein Gummihammer hinterlässt kaum Spuren, ein Kugelhammer ergibt eine narbige Oberfläche. Holzklötze oder -scheite, dicke Rundhölzer und sogar ein alter Baseball eignen sich zum Formen von Blütenblättern, die beim Hämmern die Rundung ihrer Unterlage annehmen. Die Mitte von Blüte C auf Seite 126 habe ich auf einem kleinen, harten Gummiball geformt.

Ein Blatt lässt sich nicht mit einem Schlag formen. Arbeiten Sie sich langsam in Längs- und Querrichtung voran, um das Metall nicht zu beschädigen.

4 Das Metall falten (nach Belieben)

Blüten A und B auf Seite 126 werden einfach ausgeschnitten und gefaltet.

Dazu falten Sie das Blatt einmal in der Mitte oder auch mehrmals, hämmern die Faltlinien behutsam und falten es dann wieder auseinander. Durch diese Faltlinien bekommt das Blatt eine dreidimensionale Form und mehr Stand. Falten Sie das Metall aber nicht mehrmals auf einer Linie zusammen und auseinander, sonst kann es brechen. Falls dies geschieht, versuchen Sie, die Teile auf andere Weise in die Gestaltung der Blüte einzubeziehen. Manchmal gibt es ja auch «glückliche Unfälle».

5 Andere Verzierungen

Wenn Sie das Metall nicht hämmern oder falten möchten, könnten Sie den Rand dicht an dicht einschneiden, um eine gefranste Blüte zu erhalten (Blüte D) oder ein einfaches Lochmuster hineinbohren. Es ist auch möglich,

Teile zu verbinden oder überlappend anzuordnen. Kupfer- und Messingblech lässt sich relativ leicht mit normalen Metallbohrern durchlöchern und mit Schrauben und Muttern oder Draht verbinden. Außerdem gibt es Metall- kleber, die gut halten – sie brauchen also nicht zu löten.

6 Die fertige Blüte befestigen

Zur Befestigung am Pflanzstab bohren Sie je ein Loch in die Mitte der Blüte und ins Ende des Stabs, um die Blüte festzuschrauben. Möglich ist auch, eine große Perle auf ein Stück Draht zu fädeln und in die Mitte zu schieben. Den Draht zur Hälfte biegen und beide Enden durch das Loch in der Mitte der Blüte schieben. Die Perle muss größer als das Loch sein, damit sie nicht durchrutscht.

BLÜTENFORMEN
Spielen Sie einfach mit dem Metall. Dabei ergeben sich ganz von allein neue Formen, aus denen sich fantasievolle ein- und mehrteilige Blüten hämmern, falten oder biegen lassen.

A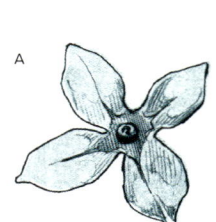

B

C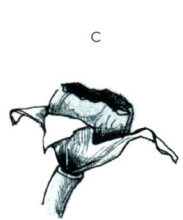

D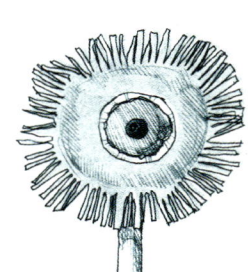

DREIBEINE UND *OBELISKEN*

Dreibeine und Obelisken mit mehreren Stützen sind bewährte Klassiker, die es in allen Varianten gibt. Es gibt mehrere Möglichkeiten, solche Pflanzenstützen im Handumdrehen zu bauen – und zwar so, dass sie sich zum Verstauen flach zusammenlegen lassen. Ganz ein- fach ist es mit alten Absperrhähnen oder Metallsternen, die es für wenig Geld auf dem Flohmarkt gibt. Ste- cken Sie drei oder mehr Stäbe durch die Aussparungen des Hahns oder Sterns. Dann brauchen Sie nur die unteren Enden zu spreizen und fest in den Boden zu stecken.

Liegt das verbindende Metallteil etwa auf Höhe des oberen Drittels, ist die Stütze kaum zu sehen, wenn die Pflanzen angebunden sind. Wenn Ihnen aber (wie mir) die Metallteile gefallen, dürfen Sie gern höher sitzen, damit man sie sieht. Nachdem diese einfachen Pflanzen- stützen aufgestellt sind, müssen die Pflanzen an ihnen festgebunden werden.

GEGENÜBER: Einfache Dreibeine lassen sich zum Verstauen leicht auseinandernehmen. Sie lassen sich in jeder beliebigen Höhe bauen, indem man lange oder kurze Stäbe verwendet.

BOHNENSTANGE

Als Kletterhilfe für Bohnen genügt ein Pfahl, von dessen Spitze stabile Drähte strahlenförmig zum Boden gespannt sind. Die Bohnen werden an die Enden der Drähte gepflanzt. Für meine Bohnenstange habe ich einen hohen Pfahl im Boden einzementiert, auf dessen Spitze ein Nistkasten festgeschraubt war. Darum habe ich zur Befestigung der Drähte einen Haken seitlich am oberen Ende des Pfahls festgeschraubt.

Material

- 1 stabiler Holzpfahl, 2,4 m hoch
- 1 Dutzend Holzpflöcke, 30 cm lang, alternativ lange Camping-Erdnägel
- Kunststoffummantelter Draht und Drahtklemmen für die Schlaufen
- 1 großer Schraubhaken
- Bohrmaschine und Bohrer (etwas dicker als der Durchmesser des ummantelten Drahts)
- Spaten
- Hammer
- Wasserwaage
- Steine oder Ziegel
- Maßband
- Zementmischung (nach Belieben)

* *Wie viel Draht Sie benötigen, hängt von der Höhe des Pfahls und vom Abstand der Bodenanker zum Pfahl ab. Für einen Pfahl mit 1,8 m Höhe und einem Radius von 90 cm sollten Sie etwa 25 m Draht kalkulieren. Kaufen Sie lieber etwas mehr, dann lassen sich die Drahtklemmen leichter befestigen. Überstehende Enden können Sie zum Schluss abkneifen.*

1 Den Pfahl aufstellen

Den Haken seitlich ins obere Ende des Pfahls schrauben. Wenn nichts auf der Spitze des Pfahls montiert ist, können Sie dort auch einen langen Nagel einschlagen, der 2,5-4 cm aus dem Holz herausragt. In einem sonnigen, freien Garten-

GEGENÜBER: Im Frühling sieht man die Drähte, die strahlenförmig vom Pfahl nach unten führen, aber im Hochsommer, wenn die Bohnen gewachsen sind, ist nur noch der Nistkasten auf der Spitze zu sehen.

bereich ein Loch von mindestens 40 cm Tiefe ausheben und den Pfahl hineinstellen. Mit einer Wasserwaage gerade ausrichten und mit einigen Steinen fixieren. Dann Erde in das Loch schaufeln und sorgfältig feststampfen. Wenn Ihr Boden sehr weich oder locker ist, können Sie es auch mit einer Zementmischung füllen, damit der Pfahl fest steht.

2 Pflöcke bohren und Kreis anzeichnen

Alle Pflöcke 2,5 cm unter dem oberen Ende durchbohren. Das Loch muss so groß sein, dass sich der ummantelte Draht leicht durchfädeln lässt. Zeichnen Sie um den Pfahl herum einen Kreis mit 60–90 cm Radius an.

3 Die Drähte abmessen und vorbereiten

Messen Sie den Abstand vom Kreis zum Haken. Verdoppeln Sie dieses Maß und addieren Sie für die Befestigungsschlaufen 20–30 cm. Schneiden Sie sechs Drähte in dieser Länge zu. Sie können nun die Enden der Drähte durch die Löcher in den Holzpflöcken fädeln, zu Schlaufen legen und mit Drahtklemmen sichern. Dadurch sind die Pflöcke fest an den Drähten montiert. Alternativ legen Sie lediglich Schlaufen in die Drahtenden, die mit Klemmen gesichert und mit Camping-Erdnägeln im Boden befestigt werden.

4 Die Drähte anbringen

Legen Sie nun die Drähte in den Haken am oberen Ende des Pfahls ein. Die Drähte hängen auf beiden Seiten herab und werden in gleichmäßigen Abständen (wie die Stundenmarkierungen auf einem Uhr-Zifferblatt) und leicht nach außen abgeschrägt auf dem Kreis in den Boden eingeschlagen. Die Drähte müssen dabei straff gespannt werden.

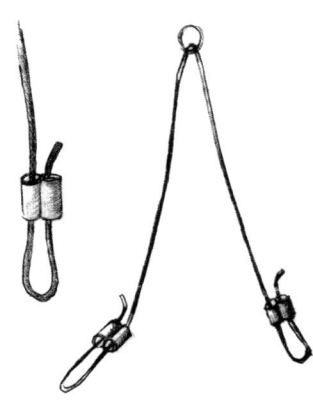

4. Das Drahtende wird so durch die Löcher der Klemme geführt, dass eine Schlaufe entsteht. Dann die Klemme mit einem Hammer oder einer Zange fest verschließen. Drahtklemmen mit Schraubmechanismus lassen sich bei Bedarf später wieder öffnen.

STABILES DREIBEIN MIT VERSCHNÜRTEN STANGEN

Wer Rispentomaten (Foto links) oder andere hohe Pflanzen mit schweren Früchten mit einem Dreibein stützen möchte, braucht kräftige Stangen und vor allem robuste Schnur, um sie miteinander zu verbinden. Ich verwende gern Maurerschnur aus reiner Baumwolle, die etwas «eingeht», wenn sie feucht wird. Dadurch zieht sich die Verschnürung mit der Zeit fester zusammen. Ich habe auch schon künstliche Sehne verwendet, die in Geschäften für Bogensport verkauft wird. Generell halte ich aber nicht viel von Nylonschnüren. Sie halten länger als Baumwollschnüre (und manchmal sogar länger als die Pfähle), aber mit gefällt ihr Glanz nicht, und sie lassen sich schlecht spannen. Künstliche Sehne aus gewachster Nylonschnur fügt sich aber gut in den Garten ein, und in ihr halten auch Knoten zuverlässig.

Material

- 3 Bambusstäbe gleichen Durchmessers, je 1,8–2,4 m lang
- 1,8 m Maurerschnur oder künstliche Sehne (siehe Adressen auf Seite 204)

1 Anfang der Schnürung

Die drei Stangen nebeneinanderlegen, die Enden auf gleicher Höhe. Die Schnur doppelt nehmen und die Schlaufe 25 cm unter dem Ende um die erste Stange legen. Die beiden Enden wie beim Weben abwechselnd über und unter die Stangen legen.

2 Weitere Schnürung

Die Enden weiter hin und her über und unter die Stangen führen, bis ein gewebter Streifen von mindestens zehn Reihen oder ca. 10 cm erreicht ist. Die oberen 15 cm der Stangen bleiben frei.

Die Wicklungen sichern

Ein Ende der Schnur vier- bis fünfmal um die Wicklungen zwischen der ersten und zweiten Stange wickeln. Das andere Ende wird ebenso oft um die Wicklungen zwischen der zweiten und dritten Stange gewickelt. Dadurch können die Wicklungen nicht mehr verrutschen

4 Verknoten

Die beiden Schnüre über der mittleren Stange fest verknoten, am besten mit einem Kreuzknoten. Die Enden abschneiden. Diese Art der Schnürung ist stabil und sicher. Das Dreibein lässt sich spreizen, um es im Garten aufzustellen, und zur Lagerung flach zusammenlegen. Normalerweise werden solche Dreibeine 15–25 cm unter dem oberen Ende verschnürt. Wenn Sie die Schnürung tiefer anbringen, können Sie zwischen den oberen Enden ein kleines Holzbrett einklemmen, das als Plattform für eine Deko-Kugel, einen Blumentopf oder einen Nistkasten dient (siehe Abbildung unten).

Außerdem können Sie kürzere Bambusstangen in verschiedenen Höhen waagerecht anbringen, um das Dreibein zu stabilisieren. Diese Stäbe werden mit einem Götterauge (siehe Seite 118) befestigt oder durchbohrt und mit Schnur oder Draht fixiert. Die Querstreben verstärken das Dreibein zwar, sie müssen aber zum flachen Verstauen abmontiert werden.

DREIBEIN MIT NISTKASTEN

Wird die Verschnürung etwa 45 cm unter den Enden (also niedriger als üblich) angebracht, kann über ihr aus kurzen Bambusstäben oder einem Holzbrett eine Plattform für einen Nistkasten, eine Deko-Kugel oder einen Blumentopf befestigt werden.

3
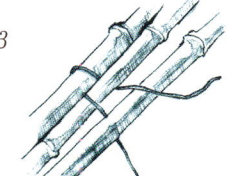 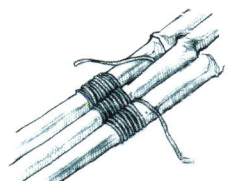 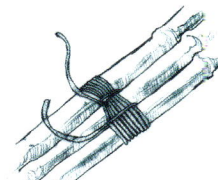 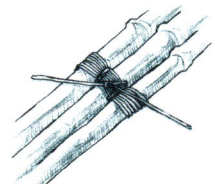 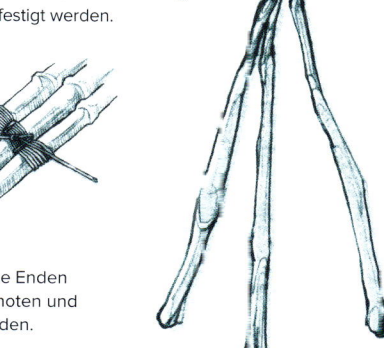

1 Die Schnur doppelt nehmen und etwa 25 cm unter den oberen Enden mit der Verschnürung beginnen.

2 Nach mindestens zehn Schnürgängen die beiden Enden zwischen den Stangen nach vorn ziehen.

3 Die beiden Enden zwischen den Stangen so fest wie möglich um die Verschnürung wickeln.

4 Zuletzt die Enden fest verknoten und abschneiden.

TOMATENTÜRME

Ein stabiles Dreibein gibt Rispentomaten und anderen hohen Pflanzen, die gestützt werden müssen, guten Halt. Wenn das Dreibein fertig ist, muss eine geeignete Befestigung für die Pflanze gefunden werden. Neben Klettbindern, Bindedraht oder Federklemmen aus dem Gartencenter können Sie auch Kabelbinder, Juteschnur oder sogar Streifen von Nylonstrümpfen verwenden.

Tomatenpflanzen binde ich allerdings selten an. Stattdessen lege ich Ringe aus Ranken in verschiedenen Höhen um die Dreibeine, die meine Pflanzen auf ganzer Höhe abstützen. Wenn die Pflanzen wachsen, muss ich nur darauf achten, dass die Triebe und Blätter sich in den Ringen verfangen. Wenn doch einmal ein Trieb fixiert werden muss, verwende ich Klettbinder oder größere Haargreifer. Diese Greifer halten meist zwei Sommer lang, bevor ihre Federn ermüden, und sie kosten viel weniger als Pflanzen-Federklemmen aus dem Gartenfachhandel.

Meine Rankenringe sind keine Kunstwerke. Ich schneide Ranken und biegsame Triebe von maximal 2 cm Stärke im Wald, der an meinen Garten angrenzt, wickle einige spiralförmige Runden und schiebe die Enden zwischen die Windungen, um sie zu fixieren. Außerhalb der Saison hänge ich sie auf eine Bambusstange zwischen den Dachbalken des Schuppens auf. Meist halten sie mehrere Jahre. Ähnliche Ringe habe ich auch schon aus Weidenruten oder geflochtenem Bast hergestellt, den es in manchen Bastelgeschäften zu kaufen gibt.

Sobald die Tomaten-Jungpflanzen ins Beet gepflanzt sind, stelle ich die Dreibeine auf und lege von unten nach oben Ringe in verschiedenen Größen darauf. Sie stützen die Pflanzen zu 99 %, selbst wenn sie die Spitze des Dreibeins erreichen. So kann ich quasi im Vorbeigehen überlange Triebe kürzen oder zwischen die Ringe stecken, um die Pflanzen im Zaum zu halten. Meist habe ich beim Gartenrundgang einige Haargreifer in der Tasche, um widerspenstige Triebe zu bändigen.

Kleine Dreibeine und Ringe können auch für Kübelpflanzen verwendet werden. Wichtig ist, dass die Enden der Stangen sehr tief – möglichst bis auf den Kübelboden – ins Substrat gesteckt werden, damit sie die Pflanzen zuverlässig stützen, wenn diese höher werden.

(In einem Jahr habe ich einige Ranken geschnitten, die für meine Tomaten viel zu dick waren. Sie habe ich einfach spiralförmig um größere Dreibeine für Erbsen und Bohnen geschlungen, und sie haben sich im Lauf der Saison zu wunderschönen grünen «Wigwams» entwickelt. Im Herbst habe ich die abgeernteten Pflanzen und die Ringe in einem Arbeitsgang abgeräumt.)

RANKENSPIRALE
Ranken, die für Ringe zu dick sind, können einfach spiralförmig um ein Dreibein gelegt werden. Sie geben Bohnen oder anderen Kletterpflanzen Halt.

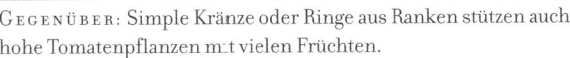

GEGENÜBER: Simple Kränze oder Ringe aus Ranken stützen auch hohe Tomatenpflanzen mit vielen Früchten.

RUSTIKALER OBELISK

Ein Obelisk ist eine selbst stehende Pflanzenstütze mit mehr als drei Beinen. Man kann einfache Modelle aus Stangen selbst bauen oder raffiniertere Versionen aus Holz oder Metall gestalten. Alle eignen sich zum Stützen höherer Pflanzen oder als Kletterhilfe für rankende Gewächse. Wie ein Dreibein, muss auch ein Obelisk fest im Boden verankert werden.

Für einen simplen Obelisken genügen stabile, gerade Äste von Laubgehölzen. Ein dekoratives Modell könnten Sie aus Zedernleisten oder -rundhölzern bauen. In jedem Fall ist es wichtig, exakt zu messen und die Teile sorgfältig miteinander zu verschnüren oder zu verschrauben. Natürlich können Sie Obelisken nach Belieben verzieren. Bedenken Sie aber, dass das Blattwerk die Dekorationen später verdecken wird. Quer und schräg verlaufende Streben geben den Pflanzen Halt und stabilisieren die Konstruktion. Als zusätzliche Rankhilfe kann im Inneren ein Netz oder Maschendraht befestigt werden. Soll der Obelisk zum Blickfang werden, montieren Sie eine dekorative Spitze oder ein Windrädchen.

Material

- Mindestens 4 gerade Äste gleicher Stärke (aber nicht mehr als 5 cm Durchmesser). Die Länge ergibt sich aus der gewünschten Höhe des Obelisken.
- 4–8 Querstreben (etwas dünner als die Äste) sowie kürzere Zweige und Ranken
- Bohrmaschine und Bohrer (lang genug zum Durchbohren der Hölzer, etwas dünner als die Schrauben)
- Holzschrauben oder Terrassenschrauben in verschiedenen Längen
- Dünne Nägel
- Robuste Schnur für Verbindungen
- Schraubendreher oder Akkuschrauber
- Handsäge
- Wasserwaage
- Astschere
- 1 Stück Seife

NACH BELIEBEN: Dicke Schnur, Holzleim, frisch geschnittene Ranken, Kükendraht oder Netz

Hinweis: Zum Verbinden der Hauptteile verwende ich normalerweise Terrassenschrauben. Kleinere Elemente können auch mit Nägeln oder Schnur befestigt werden. Ich bohre alle Löcher vor, damit das Holz nicht reißt. Schrauben reibe ich mit einem Stück feuchter Seife ein, damit sie sich leichter ins Holz drehen lassen.

1 Zwei Paar Äste verbinden

Zuerst werden zwei der Äste an einem ihrer Enden mit Schrauben oder Schnur sorgfältig verbunden. Sie können einen Abstandhalter (einen Holzklotz oder kurzen Zweig) dazwischen schieben, damit sie sich weit genug spreizen lassen, um dem Obelisken Standfestigkeit zu geben. Die Äste können nebeneinanderliegend oder gekreuzt verbunden werden. Meist ergibt sich aus ihren natürlich gewachsenen Krümmungen die beste Anordnung für eine sichere Verschraubung oder Verschnürung. Zwei weitere Äste ebenso verbinden (siehe Abbildung auf Seite 136). Verwenden Sie für die Verbindungen jeweils zwei Schrauben, damit sich das Holz nicht verschieben kann.

GEGENÜBER: Obelisken aus knorrigen, gekrümmten Ästen sehen sogar dann interessant aus, wenn keine Pflanzen an ihnen wachsen. Hier klettern Freilandmelonen in die Höhe.

Noch stabiler wird die Konstruktion, wenn sie aus zwei gegabelten Ästen gebaut wird. Die zusammenhängenden Enden der Äste werden mit Schrauben oder Schnur fest miteinander verbunden. Die gegabelten Enden bilden die schräg nach außen gerichteten «Beine». An dieser Grundkonstruktion können Sie weitere Äste als gerade Stützen anbringen und später kürzere Zweige als Querstreben befestigen. Versuchen Sie, Äste und Zweige zu finden, die sich gut in die Form der Grundkonstruktion einfügen. Ich versuche, möglichst Hölzer mit Kerben oder Zweigansätzen zu finden, die sich mit den anderen Teilen verhaken und verkeilen lassen und so die Stabilität verbessern.

2 Grundkonstruktion aus Astpaaren

Nun werden zwei Astpaare aufrecht gestellt und an den oberen Enden zusammengeschraubt. Dabei kann wieder ein Holzklotz oder Zweig als Abstandhalter eingefügt werden. Damit die Verbindung gut hält, müssen die Holzteile einander berühren. Mit einem Abstandhalter lassen sich die oberen Enden oft besser zusammenschrauben, weil auch in ihn Schrauben gedreht werden können, und weil er genutzt werden kann, um den Winkel der Beine nach Belieben einzustellen.

3 Querstreben anbringen

Die Hauptstützen des Obelisken im gewünschten Winkel spreizen und oberhalb ihrer Enden Streben von 30–45 cm Länge waagerecht oder schräg anbringen, um die Stützen in dieser Position zu fixieren. Zur weiteren Aussteifung des Obelisken sollten zusätzliche Streben gleichmäßig verteilt zwischen den Beinen befestigt werden.

4 Letzte Handgriffe

Winden Sie zuletzt Ranken von wüchsigen Kletterpflanzen um die Konstruktion, um ihren Pflanzen viele Möglichkeiten zu bieten, sich festzuhalten. Schneiden Sie dafür einen guten Vorrat frischer, geschmeidiger Ranken, denn zum Umwickeln des Obelisken braucht man erstaunlich viel Material. Pflanzen, die nicht von allein in die Höhe ranken, können natürlich am Obelisken festgebunden werden.

Wer möchte, bespannt den Obelisken innen (oder außen) mit Netz oder Kükendraht, an dem auch dünne Ranken Halt finden. Zur Befestigung von Netz und Kükendraht genügen kleine Nägel. Die obere Verbindungsstelle des Obelisken können Sie mit dicker Schnur umwickeln, um die Nägel oder Schrauben zu verstecken. Sie hält besser und lässt sich fester wickeln, wenn Sie vorher etwas Holzleim auf die Äste geben.

RUSTIKALER OBELISK

1 Grundkonstruktion aus gegabelten Ästen, die am zusammenhängenden Ende verschraubt sind. Sie steht auf den gegabelten Enden.

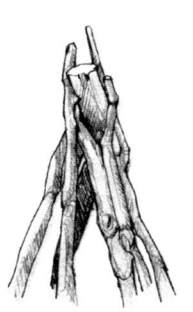

1 Grundkonstruktion aus unverzweigten Ästen

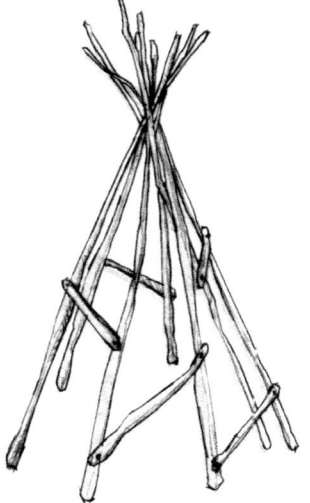

3 Obelisk mit schrägen Verstärkungsstreben

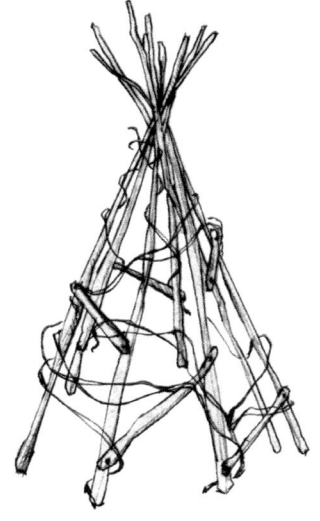

4 Ranken, die um den Obelisken geschlungen werden, geben den Pflanzen noch mehr Halt.

KLASSISCHER OBELISK

FERTIGE GRÖSSE: HÖHE CA. 1,5 M; UNTERE BREITE CA. 46–51 CM

Dieser elegante Obelisk wird nicht aus Ästen gebaut, sondern aus Kanthölzern. Die vier Stützen müssen im gleichen Winkel montiert werden, damit der Obelisk gerade steht und nicht wackelt. Darum werden sie an einem Mittelteil mit abgeschrägten Seiten festgeschraubt. Wer Übung mit Holzarbeiten hat, wird so ein Mittelteil leicht selbst herstellen können. Ich wollte mir diese Mühe aber sparen und verwendete daher ein Fertigteil. Viele Holzhändler und Baumärkte verkaufen Rohlinge zum Drechseln und Einzelteile für den Möbelbau. Ich fand einen modernen Möbelfuß aus Massivholz, der genau die richtige Form hatte. Ich musste nur die große Schraube an einem Ende entfernen und den Fuß mehrmals mit Polyurethanlack einpinseln.

Sie könnten auch einen 10 cm langen Abschnitt von einem Balken (10 × 10 cm) verwenden und auf die Seiten Holzkeile leimen, die es bei Holzhändlern oft beutelweise gibt. Die Anzahl der Keile bestimmt dabei den Winkel der Seiten und damit auch den Stellwinkel der senkrechten Stützen des Obelisken (siehe Abbildung auf Seite 139).

Material

- Abgeschrägtes Mittelteil, z. B. Möbelfuß oder Holzwürfel (10 × 10 × 10 cm) und flache Holzkeile (s ehe Text links)
- 6 Holzleisten, kesseldruckimprägniert (2,4 m x 4 cm x 2 cm) für die senkrechten Stützen
- Holz- oder Terrassenschrauben in verschiedenen Längen (30 mm, 40 mm, 50 mm, 80 mm)
- Dünne Nägel , 40 mm lang
- Akkuschrauber, Holzbohrer und Bits für die Schauben
- Schraubendreher
- Säge
- Wasserwaage
- Maßband/Meterstab
- Holzleim

NACH BELIEBEN: Zaunpfahl-Endstück oder andere Dekoration

1 Mittelteil vorbereiten und Stützen zuschneiden

Die Möglichkeiten zur Vorbereitung des Mittelteils sind Text erklärt (und auf Seite 139 illustriert).
Die vier Holzleisten auf eine Länge von 15 cm kürzen und an den vier Seiten des Mittelteils montieren. Verwenden Sie für jede Stütze zwei Schrauben, die übereinander angeordnet werden.

2 Querstreben zuschneiden und einbauen

Aus den restlichen Leisten je vier Stücke in den folgenden Längen zuschneiden: 19 cm, 27 cm, 34 cm, 42 cm. Aus diesen Stücken mit Leim und Nägeln vier Quadrate in verschiedenen Größen bauen (siehe Abbildung Seite 139).

1 MITTELSTÜCK MIT SCHRÄGEN SEITEN
Links ist ein Holzklotz (10 x 10 x 10 cm) mit aufgesetzten Keilen zu sehen. Auf der Oberseite ist eine Zierkugel für Zaunpfähle festgeschraubt. Das Mittelteil rechts besteht aus einem modernen Massivholz-Möbelfuß und einer Pfahlkappe aus Metall.

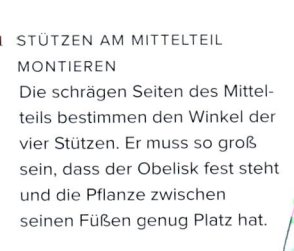

1 STÜTZEN AM MITTELTEIL MONTIEREN
Die schrägen Seiten des Mittelteils bestimmen den Winkel der vier Stützen. Er muss so groß sein, dass der Obelisk fest steht und die Pflanze zwischen seinen Füßen genug Platz hat.

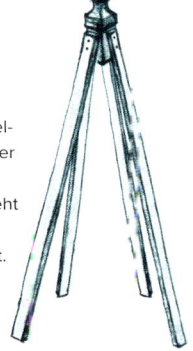

2 QUERSTREEEN
Sie müssen vier Quadrate in verschiedenen Größen bauen.

3 QUADRAT AN DIE STÜTZEN SCHRAUBEN
Weil die Stützen schräg stehen, liegt nur die Unterkante des Quadrats an. Zwischen der Oberkante und jeder Stütze entsteht ein kleiner, dreieckiger Abstand, in dem das Gewinde der Befestigungsschraube zu sehen ist.

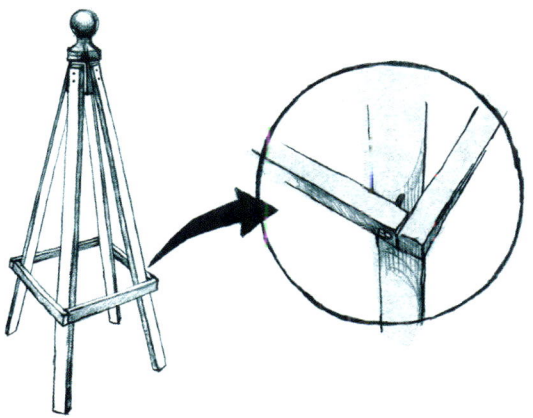

3 Die Quadrate an den Stützen montieren

Das größte Quadrat auf die Grundkonstruktion schieben und mit einer Wasserwaage alle Seiten gerade ausrichten. Es sollte 30–45 über dem Boden sitzen. Das Quadrat an einer Ecke durchbohren und weiter bis in die Stütze bohren. Das Quadrat mit einer Schraube fixieren. Dann die anderen drei Ecken ebenso bohren und ebenfalls festschrauben. Kontrollieren Sie zwischendurch, ob das Quadrat noch gerade sitzt. In den Ecken des Quadrats bleibt jeweils ein kleines Dreieck frei, in dem man das Gewinde der Schraube sieht (siehe Abbildung unten links).

Die anderen Quadrate von unten nach oben ebenso montieren. Für höhere oder niedrigere Obelisken können Sie die Anzahl der Quadrate und damit die Abstände zwischen den quer verlaufenden Leisten verändern. Einige Quadrate sind zur Stabilisierung des Obelisken notwendig, einige dienen allein der Ästhetik.

4 Letzte Handgriffe

Wenn alle Quadrate montiert sind, schneiden Sie aus den Leistenresten vier Stücke von 90 cm Länge zu, die zur Dekoration und Verstärkung mit kurzen Schrauben senkrecht an den Seiten festgeschraubt werden. Die oberen Enden können Sie spitz zusägen.

Nun können Sie noch mit Schrauben in passender Länge eine Dekoration auf der Spitze des Obelisken anbringen. (Zeichnen Sie beide Diagonalen auf der Oberseite des Mittelteils an. Ihr Kreuzungspunkt entspricht der Mitte. Hier wird ein Loch zur Befestigung gebohrt.) Zuletzt wird der fertige Obelisk farbig gestrichen, lasiert oder klar lackiert.

GEGENÜBER: Der klassische Obelisk hat eine klare, geradlinige Form. Er wird aus Holzleisten gebaut und bekommt als Spitze eine Kugel oder eine andere Dekoration.

RUSTIKALE

SPALIERE, ZÄUNE, RANKBÖGEN
& KASTENSTÜTZEN

Eine Rankpflanze oder Kletterrose, die ihre Blüten mithilfe eines Spaliers über die anderen Pflanzen erhebt, sieht beeindruckend aus und gibt dem Garten Struktur. Gurken oder Kürbisse an Spalieren sehen im Gemüsegarten elegant aus. Außerdem reifen ihre Früchte gleichmäßiger und sind nicht durch Fäulnis bedroht, weil sie nicht auf dem feuchten Boden liegen.

Ein Spalier ist im Grunde nur eine Gitterkonstruktion, die Pflanzen stützt. Ein viereckiger Rahmen wird waagerecht und senkrecht oder diagonal mit rustikalen Zweigen oder glatten Leisten ausgefüllt. Für ein Spalier, das ausschließlich funktional sein soll, genügt sogar Maschendraht. Wenn Sie verstanden haben, wie ein einfaches Spalier konstruiert wird, können Sie auch Zäune, Kastenstützen, Rankbögen und Lauben bauen. Kurze, breite Rahmen bilden die Grundstruktur eines Zauns. Sie können in den Boden gerammt oder an Pfosten gebunden werden, die an Mauern befestigt sind oder frei stehen. Eine Kastenstütze besteht aus vier Spalieren, die zu einem Viereck zusammengefügt sind. Stellt man zwei Spaliere einander gegenüber und verbindet sie mit einem «Dach» aus einem dritten Spalier – oder nur ein paar Querhölzern – hat man einen Rankbogen.

Meine Spaliere sind so preiswert und einfach zu bauen, dass man sie am Ende der Saison ausmustern könnte. Normalerweise möchte ich sie aber länger benutzen, darum wähle ich das Holz sorgsam aus und gebe mir bei der Konstruktion und der Verankerung im Boden Mühe.

Bevor Sie beginnen, sollten Sie entscheiden, wie lange Ihre Kletterhilfe halten soll und für welchen Zweck sie gedacht ist. Soll sie schwere, waagerecht wachsende Triebe stützen, oder schnellwüchsige senkrechte Kletterer? Soll sie Sichtschutz bieten oder einen Durchgang umrahmen? Ein Spalier, das die Terrasse abschirmen oder den Kom-

GEGENÜBER: Mitte Juni schmücken zwei Kletterrosen und eine Clematis diesen Rankbogen.

posthaufen verstecken soll, muss in der Regel größer und dicht bewachsen sein.

Überlegen Sie schon zu Beginn, wie und wo das Spalier später montiert werden soll. Wollen Sie die Pfosten in den Boden rammen, an Metallpfählen befestigen, an einen Zaun oder eine Wand hängen? Je genauer Sie solche Fragen durchdenken, desto besser können Sie die Kletterhilfe für ihren Zweck und Standort maßschneidern.

GEGENÜBER: Diesen Rosenbogen habe ich aus Weißzeder gebaut. Die Rinde ist im Lauf der Jahre größtenteils abgefallen und einige dünne Äste mussten erneuert werden. Er steht jetzt seit sechs Jahren an seinem Platz und wird sicherlich noch einige weitere Jahre halten.

DAS RICHTIGE HOLZ

Die Wahl des Holzes hängt hauptsächlich davon ab, was in Ihrer Umgebung zur Verfügung steht. Für die senkrechten Stützen oder Beine brauchen Sie stabile, relativ gerade Stücke mit 4–6,5 cm Durchmesser. Quer oder diagonal montierte Hölzer sollten einen Durchmesser von 2,5–4 cm haben. Dünne Zweige können zur Dekoration eingefügt werden, verbessern aber nicht die Stabilität. Sind die Hölzer hingegen zu dick, brauchen Sie Bohrer und Schrauben in entsprechenden Längen, um sie zu befestigen.

Zeder ist ein langlebiges Hartholz. Auch Eiche, Buche und Ahorn eignen sich für die tragende Rahmenkonstruktion eines Spaliers. Zum Bohren und Schrauben sollten Sie eine Bohrmaschine benutzen. Wenn Sie gebogene Elemente einbauen wollen, können Sie dicke Ranken oder Weidenruten verwenden. Sie sind aber nicht sonderlich stabil und halten nicht so lange wie die Hauptkonstruktion.

Hier in Neuengland wachsen strauchige Weißzedern an vielen Straßenrändern. Sie sind nicht sonderlich attraktiv, aber ihr Holz ist langlebig und wird von den Bauern gern für Zaunpfähle verwendet. Ich benutze es gern, obwohl es schwer zu durchbohren ist.

Wenn sich auf Ihrem Grundstück ein Baum- oder Strauchbestand befindet, werden Sie genügend Jungpflanzen finden. Vermeiden Sie es, eine begrenzte Fläche komplett zu roden – das sieht einfach unästhetisch aus. Fragen Sie bei Bauern, Landschaftsbaufirmen, Bauunternehmen oder in der Försterei, ob und wo Sie Holz schneiden dürfen.

Sie können frisches oder abgelagertes Hartholz verarbeiten. Holz, das längere Zeit auf dem feuchten Boden gelegen hat, wird aber nicht lange halten. Krümmungen,

Buckel und Verzweigungen sehen interessant aus, ihre Platzierung muss aber gut durchdacht sein, weil sie sich besonders schwer bohren lassen. Am besten bauen Sie solche Stücke in Bereichen ein, wo sie durch andere, gerade Hölzer ausreichend Stabilität haben. Manchmal muss dafür ein Stück abgesägt werden. Aus diesem Grund sollten Sie sich möglichst lange Hölzer beschaffen und sie erst auf Länge schneiden, wenn Sie die Konstruktion zusammenbauen.

Dekorative Ranken

Ich flechte oft gedrehte, verschlungene Ranken als Dekoration in meine Spaliere ein, die beim Rückschnitt von wüchsigen Kletterpflanzen wie Geißblatt, Knöterich oder Blauregen anfallen. Wenn Sie solche Ranken im Spätfrühling oder Frühsommer schneiden, sind sie an ihren Blättern leicht zu erkennen, aber gerade wegen der Blätter schwierig zu verarbeiten. Alternativ können Sie sich die Standorte einprägen oder bestimmte Pflanzen markieren und im Spätherbst Ranken schneiden, wenn sie kein Laub tragen.

Ranken sollten Sie innerhalb von 24 Stunden nach dem Schnitt verarbeiten. Bei längerer Lagerung werden sie trocken und starr – und das darf erst geschehen, nachdem sie durch das Spalier geflochten sind. Gedrehte, verschlungene Ranken sehen am schönsten aus, sind aber nicht sonderlich stabil. Rechnen Sie damit, dass sie nicht so lange halten wie die tragenden Hölzer, und dass Sie sie ein- oder zweimal im Lauf des Lebens Ihres Spaliers erneuern müssen.

Beim Bau meines ersten Spaliers hatte ich noch keine Erfahrung und wusste nicht, dass Weinreben nicht die beste Wahl sind. Sie sind eigenwillig und lassen sich schwer verarbeiten, und wenn man sie dann in die gewünschte Form gezwungen hat, werden sie schnell spröde, sodass die Konstruktion nicht lange hält. Selbst für Dekorationen sind sie nicht ideal, darum verwende ich sie inzwischen nur noch für Tomatenringe (siehe Seite 132).

Knorrige Zweige

Neben Ranken eignen sich auch Zweige von Korkenzieherweide oder Krüppelhasel gut als Dekoration. Als der 20 Jahre alte Korkenzieherhasel von Freunden aus unerfindlichen Gründen einging, habe ich mit respektvoll zurückgehaltener Freude einen ganzen Berg herrlich verschnörkelter Zweige für meine Spaliere mitgenommen.

Bambus

Bambus ist relativ langlebig und eignet sich gut für Zäune und Spaliere. Die hohlen Stangen erfordern aber besondere Konstruktionsmethoden. Die nachfolgenden Anleitungen beziehen sich auf die Verarbeitung von massiven Ästen und Zweigen.

OBEN: Die natürlichen Unregelmäßigkeiten des Holzes – hier Weißzeder – tragen zum Charakter des rustikalen Zauns bei.

WERKZEUG UND ZUBEHÖR

- Handsäge oder Kettensäge
- Bohrmaschine oder Akku-Bohrschrauber (evtl. Verlängerungskabel)
- Bohrer (3,0–3,5 mm) zum Vorbohren, Schrauber-Bits
- Astschere, Rebschere
- Schaufel oder Spaten zum Ausheben von Löchern für Pfosten
- Schnellbauschrauben und Terrassenschrauben in verschiedenen Längen
- verzinkte Nägel in verschiedenen Stärken/Längen
- Hammer, Schraubendreher und Zange
- Wasserwaage
- Kunststoffummantelter Bindedraht oder Astbinder
- feuchtes Stück Seife
- geschmeidiger Draht (Floristen-Wickeldraht)
- Meterstab oder Maßband
- Picknicktisch oder andere Arbeitsfläche in bequemer Höhe
- Arbeitshandschuhe und Schutzbrille

NACH BELIEBEN: Bauwinkel; Material zum Umwickeln und Verstecken der Schraubverbindungen (Bast, künstliche Sehne, Hanfschnur); Fliegengitter oder Kükendraht; Zaunpfähle aus Metall

Handschuhe und Brille

Robuste Arbeitshandschuhe und eine Schutzbrille sind unerlässlich, um Hände und Augen bei der Arbeit zu schützen. Ich habe jahrelang Leder-Arbeitshandschuhe verwendet, aber neuerdings bevorzuge ich preiswerte Baumwollhandschuhe mit einer Gummibeschichtung auf Handfläche und Fingern, weil sie rutschfester sind.

Sägen und Bohrer

Zum Fällen und Ablängen von dünnen Stämmen brauchen Sie eine scharfe Handsäge oder eine kleine Kettensäge. Außerdem benötigen Sie Werkzeug zum Bohren und Schrauben. Mein Akku-Bohrschrauber hat nur etwa halb so viel Kraft wie meine Bohrmaschine, darum verwende ich ihn zum Vorbohren der Löcher und benutze die stärkere Bohrmaschine zum Festziehen der Schrauben. Es ist praktisch, mit zwei Geräten zu arbeiten, denn so müssen Sie nicht ständig die Bits wechseln. Natürlich können Sie auch einen normalen Schraubendreher verwenden, allerdings kostet es viel Kraft, Schrauben in frisches Hartholz zu drehen.

Schrauben

Ich verwende Terrassenschrauben in Beige und Grau sowie dunkelgraue Schellbauschrauben, weil sie im Holz kaum zu sehen sind. Diese Schrauben gibt es in verschiedenen Längen von etwa 2,5–8 cm. Schnellbauschrauben haben ein relativ grobes Gewinde, das sicheren Halt gewährleistet. Je nach Durchmesser der Hölzer brauchen Sie lange Schrauben (5–8 cm) zum Verbinden der Hauptteile und kürzere (2,5–3,5 cm) zum Anbringen von Eckverstärkungen und Dekorationen. Zum Vorbohren genügt meist ein Bohrer mit 3–3,5 mm, es empfiehlt sich aber, einige Probelöcher zu bohren. Wenn die Löcher zu groß sind, halten die Schrauben nicht zuverlässig. Verwenden Sie im Zweifelsfall lieber einen Bohrer mit etwas geringerem Durchmesser. Wenn Sie die Schrauben über ein Stück feuchte Seife ziehen, bevor Sie sie in die Löcher einstecken, lassen sie sich leichter festdrehen.

Falls einzelne Hölzer für Ihre Bohrerlänge zu dick sind, können Sie aus dem dickeren Ast ein Stück heraussägen und den dünneren in diese Aussparung einlegen. Sägen Sie den dickeren Ast zweimal parallel ein, und entfernen Sie das Holz zwischen den Sägeschnitten mit Stechbeitel und Hammer. Weil solche Aussparungen zu Lasten der Stabilität gehen, sollten Sie versuchen, sie auf ein Minimum zu beschränken.

SEHR DICKE ÄSTE
Sägen Sie aus dem dickeren Ast ein Stück heraus, um mit Ihren Bohrer- und Schraubenlängen eine feste Verbindung herstellen zu können.

RUSTIKALER RAHMEN

Dieser einfache Rahmen bildet die Basis aller denkbaren Varianten. Legen Sie die gewünschte Größe fest, und suchen Sie dann vier passende Stücke Holz aus. Bevor Sie die Säge zur Hand nehmen, setzen Sie eine Schutzbrille auf, und legen Sie sie bis zum Ende der Arbeit nicht ab. Die Gefahr, dass dünne Zweige vorschnellen, widerspenstige Ranken peitschen oder Splitter fliegen, ist zu groß.

Der Rahmen muss robust und in sich stabil sein — ganz gleich, ob Sie ihn für ein Zaunelement oder ein einfaches Spalier, für eine Kastenstütze (aus vier Rahmen) oder einen Rankbogen (aus zwei einander gegenüber aufgestellten Rahmen mit Querverbindung) verwenden wollen. Wählen Sie das Material sorgfältig aus, und achten Sie auf sichere Eckverbindungen und eine stabile Verankerung.

Material

• 2 stabile, möglichst gerade Hartholz-Äste (4–5 cm Durchmesser) für die senkrechten Pfosten/Beine

• 2 Querhölzer (2,5–4 cm Durchmesser) in der Breite des gewünschten Spaliers zuzüglich 20 cm

• 2 (oder mehr) Hölzer (2,5–4 cm Durchmesser) zur Verstärkung der Ecken

• 2 Latten als Abstandhalter, so lang wie die innere Breite des Rahmens

• Gerades Brett, etwas länger als die Rahmenbreite

• Zange

• Ranken und interessante Zweige zur Dekoration

Siehe auch Werkzeugliste auf Seite 145.

* *Hinweis: Wenn Sie die senkrechten Stützen direkt in den Boden rammen wollen, müssen sie mindestens 45 cm länger sein als die vorgesehene fertige Höhe des Spaliers. Soll das Spalier an einer Wand, einem Zaun oder Metallpfosten befestigt werden, ist diese Extralänge nicht nötig. Trotzdem sollten Sie die Arbeit mit möglichst langen Hölzern beginnen, um Schraubverbindungen im Bereich von ungünstig liegende Ästen oder Schwachstellen vermeiden zu können. Übestehende Enden können Sie zum Schluss immer noch absägen.*

1 Die Senkrechten vorbereiten

Zuerst die beiden senkrechten Stützen nebeneinanderlegen. Der Abstand zwischen ihnen entspricht der Breite des Spaliers. Die beiden Querhölzer müssen so lang sein, dass sie an jeder Seite 10 cm überstehen.

Damit der Abstand zwischen den Stützen gleichmäßig ausfällt, sägen Sie zwei Latten zu, die so lang sind wie die innere Breite des Spaliers, und legen Sie sie als Distanzstücke zwischen d e oberen und unteren Enden der Stützen. Legen Sie außerdem ein Brett an die unteren Enden der Stützen, damit sie gleich lang werden. Wenn Sie auf dem Boden arbeiten, schlagen Sie einige Pflöcke ein, damit sich das untere Brett nicht verschiebt. Die Latten und das Brett sorgen dafür, dass der Rahmen rechtwinklig ausfällt, ohne dass Sie nach jedem Arbeitsschritt nachmessen.

2 Die Querhölzer platzieren

Die beiden Querhölzer werden oben und unten so über die senkrechten Stützen gelegt, dass sie auf beiden Seiten 10 cm überstehen. Das obere Querholz liegt mindestens 3 cm unter den oberen Enden der Stützen. Soll das Spalier in den Boden gesteckt werden, beträgt der Abstand des unteren Querholzes zu den unteren Enden der Stützen mindestens 60 cm. So bleibt genug Länge

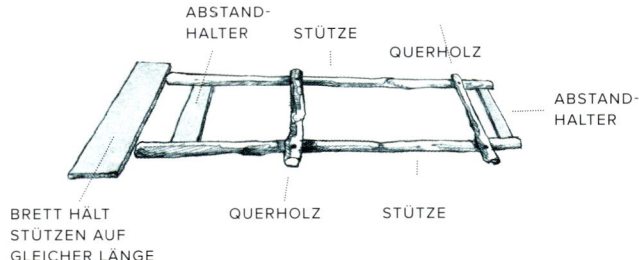

ABSTAND-HALTER   STÜTZE   QUERHOLZ   ABSTAND-HALTER

BRETT HÄLT STÜTZEN AUF GLEICHER LÄNGE   QUERHOLZ   STÜTZE

1 Zwischen die abgelängten Stützen werden oben und unten Latten gelegt, um den Abstand gleichmäßig zu halten. Ein Brett am unteren Ende der Stützen sorgt dafür, dass beide gleich lang ausfallen.

GEGENÜBER: Ein Rankbogen besteht aus zwei Spalieren, die sich gegenüber stehen und durch ein drittes oben verbunden sind. Dieser Bogen wird zusätzlich durch Zaunelemente an den Seiten stabilisiert.

zum Verankern im Boden frei. Soll das Spalier an Metall-pfosten befestigt werden, müssen mindestens die unteren 30–45 cm der Stützen frei bleiben – besser mehr, denn Überlänge können Sie später absägen. Damit sich die Stützen nicht verschieben, werden Latten als Abstandhal-ter zwischen sie gelegt. Ein Brett am unteren Ende fixiert die Länge der Stützen. Wenn Sie keine Abstandhalter verwenden, messen Sie die Abstände genau nach, und binden Sie die Querhölzer provisorisch mit Draht oder Schnur an den Stützen fest.

Selbst wenn Ihre Äste relativ gerade sind, sollten Sie sich nicht aufs Augenmaß verlassen. Kontrollieren Sie die Konstruktion regelmäßig mit Meterstab und Bauwinkel.

3 Das erste Querholz montieren

Bohren Sie Löcher für Schraubverbindungen immer vor. So lassen sich die Schrauben leichter festdrehen, und das Holz reißt nicht so leicht. Wichtig ist aber, erst unmittelbar vor dem Schrauben zu bohren. Wenn Sie zuerst alle Löcher vorbohren, besteht die Gefahr, dass sich beim Montieren Teile verschieben und die Löcher nicht mehr passen. Der Bohrer muss dünner sein als die Schrauben, damit sich ihr Gewinde gut im Holz festbeißt. Ziehen Sie die Schrauben über ein Stück feuchte Seife, dann lassen sie sich leichter ins Holz drehen.

An den Ecken des Rahmens bohren Sie ganz durch das oben liegende Querholz und etwa bis zur Hälfte in die darunterliegende Stütze. Die Schraube muss lang genug sein, um beide Teile fest zu verbinden, ihre Spitze darf

aber nicht auf der Unterseite herausschauen. Falls doch eine Schraubenspitze aus dem Holz heraussteht, feilen Sie sie später ab oder hämmern Sie sie krumm, um Verlet-zungen zu vermeiden. Allzu penibel müssen Sie dabei nicht sein, denn ein Spalier aus rohen Ästen ist rau und voller Splitter. Sie werden ohnehin nicht sehr viel damit hantieren.

Kontrollieren Sie Form und Größe des Rahmens mit Meterstab und Bauwinkel, bevor Sie das zweite Querholz festschrauben. Das Spalier soll möglichst rechtwinklig ausfallen. Das zweite Querholz wird ebenso festge-schraubt wie das erste.

4 Die Ecken verstärken

Wenn alle vier Ecken verschraubt sind, kontrollieren Sie nochmals Form und Größe. Jetzt ist die letzte Gelegen-heit, verrutschte Winkel zu korrigieren. Damit sich der Rahmen später nicht verzieht, müssen mindestens zwei Ecken diagonal verstärkt werden. Die Wahl der Hölzer und ihre Positionen sind auch unter dekorativen Aspekten interessant. Gegabelte Äste sehen toll aus und verbes-sern die Stabilität, weil man sie so festschrauben kann, dass die Gabel um eine Stütze greift.

Das Loch für die Befestigung an einem Ende vorbohren und erneut die Gesamtform prüfen. Zuerst ein Ende fest-schrauben, dann das andere. Für ein flächiges Spalier genügen normalerweise zwei Eckverstärkungen, Sie können aber auch alle vier Ecken verstärken.

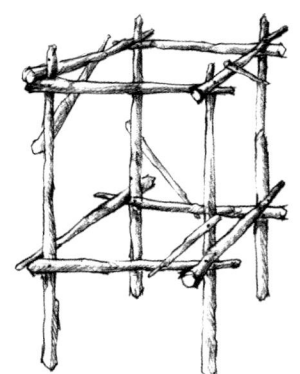

RAHMEN DES SPALIERS
Der Rahmen besteht aus zwei senkrechten Stützen, zwei Querhölzern und mindestens einer Eckverstärkung. Er kann mit weiteren Zweigen oder Ranken ausgestaltet werden.

ZAUN
Dieser Zaun besteht aus Rahmen, die jeweils eine gemeinsame Stütze besitzen.

KASTENSTÜTZE
Auch diese Konstruktion basiert auf gemeinsamen Stützen.

5 Dekorative Ranken

Jetzt kommt der kreative Teil: Sie können ganz nach Belieben längs und quer oder diagonal weitere Zweige festschrauben oder Ranken einflechten. Seien Sie ruhig großzügig, denn jede Strebe gibt den Pflanzen Halt. Andererseits wird die Konstruktion durch allzu viele Bohrungen und Schrauben geschwächt. Es gilt also, das richtige Maß zu finden.

Beim Einflechten von Ranken entsteht meist genügend Spannung, um sie an ihrem Platz zu halten. Gelegentlich kann aber eine Schraube oder ein Nagel erforderlich sein. Sie können den Rahmen auch mit Fliegengitter oder Maschendraht bespannen, damit die Pflanzen das Spalier komplett begrünen können. Denken Sie dabei über die Funktion des Spaliers nach. Soll es hauptsächlich als Pflanzenstütze dienen, Sichtschutz bieten oder ein Blickfang sein? Von welcher Seite wird man es später sehen? Solche Fragen bestimmen, wie es im Detail gestaltet wird.

6 Letzte Handgriffe

Wenn Spitzen von Schrauben vorstehen und ein Verletzungsrisiko darstellen, kneifen Sie sie ab, oder hämmern Sie sie flach. Sie können die Schraubverbindungen auch umwickeln, um sie zu verstecken (siehe nächste Seite).

7 Das Spalier aufstellen

Entscheiden Sie, ob das Spalier direkt im Boden oder an Metallpfosten verankert werden soll.

DIREKT IM BODEN

Es ist nicht schwierig, ein Spalier direkt im Boden zu verankern. Zum Ausheben relativ kleiner, aber tiefer Löcher eignet sich am besten ein Pfostenspaten. Um das Spalier anzuheben und in die Löcher zu stellen, brauchen Sie eine zweite Person. Der Helfer hält das Spalier fest, während Sie mit einer Wasserwaage kontrollieren, ob die Stützen senkrecht und die Querhölzer waagerecht stehen. Stellen Sie einen Eimer mit größeren Steinen bereit, um zu kurze Stützen etwas anzuheben und um sie in den Löchern zu fixieren. Wenn alles schön gerade sitzt, wird Erde ins Loch geschaufelt und gut festgestampft. Sie können die Stützen auch einbetonieren. Bedenken Sie aber, dass sich das Spalier dann nur mit Mühe an einen anderen Platz setzen lässt.

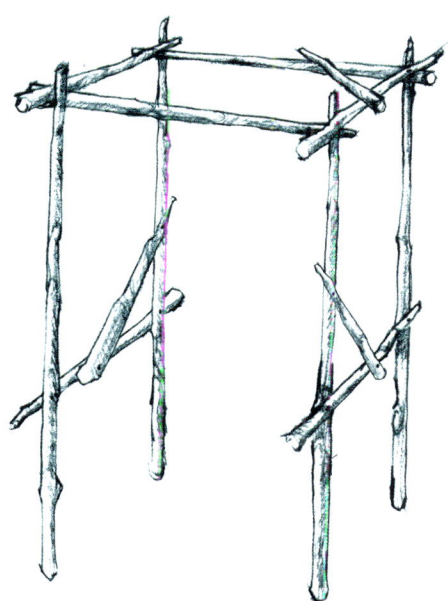

RANKBOGEN
Ein Rankbogen besteht aus zwei Spalieren, die einander gegenüberstehen. Als Dach kann ein weiteres Spalier befestigt werden, oft genügen aber einfach Querstreben.

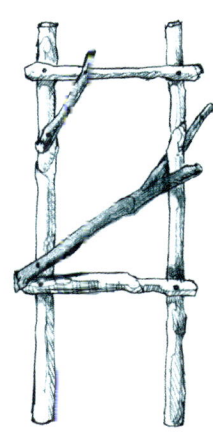

4 ECKEN VERSTÄRKEN
Nachdem die Querhölzer an die Stützen geschraubt sind, werden mindestens zwei diagonale Verstärkungen angebracht, damit sich die Ecken nicht verziehen können. Eine lange Astgabel, die an mehreren Stellen fixiert wird, eignet sich dafür besonders gut.

MONTAGE AN METALLPFOSTEN

Unabhängig von der Holzart werden Stützen aus Holz, die direkt im Boden verankert sind, über kurz oder lang morsch. Zaunpfähle aus Metall, die es in jedem Baumarkt und Gartencenter gibt, verlängern die Lebensdauer eines Holzspaliers und stabilisieren es zusätzlich. Viele Pfosten sind bereits vorgebohrt, was die Montage erleichtert. Sie sind in verschiedenen Längen erhältlich. In den meisten Fällen genügen Pfosten von ca. 1 m Länge. Nur wenn Ihr Boden sehr weich oder nach starkem Regen schwammig ist, sollten Sie längere Pfosten verwenden.

Ein kleines Spalier kann meist an den Pfosten montiert und dann mit ihnen zusammen aufgestellt werden. Wenn das Spalier groß ist oder wenn der Boden steinig oder hart ist, sollten Sie zuerst die Metallpfosten verankern. Danach werden die senkrechten Stützen des Spaliers so an den Pfosten festgeschraubt, dass sie gerade den Boden berühren. Muss die Höhe einer Ecke korrigiert werden, schieben Sie einen Stein unter das Spalier, bevor Sie die Stütze am Pfosten festschrauben. Wenn nach der Montage des Spaliers die Löcher aufgefüllt sind, fallen die Metallpfosten kaum noch ins Auge.

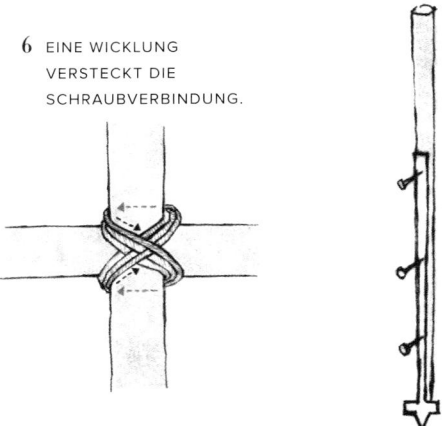

6 EINE WICKLUNG VERSTECKT DIE SCHRAUBVERBINDUNG.

7 BEFESTIGUNG AN METALLPFOSTEN
Zaunpfähle aus Metall sind oft vorgebohrt. So lassen sich die senkrechten Stützen leicht mit langen Schrauben befestigen.

GEGENÜBER: Kastenstützen halten hohe Blumen mit schweren Blüten gut in Form. Wenn die Pflanzen in voller Blüte stehen, sind die Stützkonstruktionen kaum noch zu sehen.

KASTENSTÜTZE

FERTIGE GRÖSSE: 30 X 30 CM, HÖHE CA. 60–75 CM (DIE GENAUE HÖHE HÄNGT DAVON AB, WIE TIEF DIE BEINE INS ERDREICH GESTECKT WERDEN)

Kastenstützen eignen sich für Sträucher oder höhere Stauden mit schweren Blüten, die auseinanderfallen, wenn sie nicht gestützt werden. Seit ich Buschmalve, hohe Katzenminze, Indigolupinen und Pfingstrosen mit solchen Konstruktionen Halt gebe, sehen sie viel besser aus und nehmen weniger Platz ein.

Solange die Pflanzen noch klein sind, können Sie die fertigen Kästen einfach ins Beet stellen. Wenn die Pflanzen schon größer sind und Sie die Blätter nicht beschädigen wollen, bauen Sie nur drei Seiten zusammen. Dann wird die Konstruktion vorsichtig um die Pflanze gestellt, ehe die Hölzer der vierten Seite festgeschraubt werden.

Stellen Sie sich eine Kastenstütze wie ein niedriges Gebilde aus vier Spalieren vor, die gemeinsame Stützen haben. Für jede der vier Seiten benötigen Sie zwei Querhölzer und eine Eckverstärkung. Zusätzlich können Sie weitere Verstrebungen oder Ranken einarbeiten. Da solche Stützen oft vollständig von den Pflanzen verdeckt werden, brauchen sie nicht übermäßig kunstvoll gestaltet zu werden.

Berücksichtigen Sie beim Bau die Wuchsform der Pflanze, damit die Konstruktion weit und hoch genug wird und damit die Stützen tief genug im Boden verankert werden können.

Material

- Hartholz: 4 Stücke von 92 cm Länge, 8 Stücke von 36 cm Länge und mindestens 4 Stücke in verschiedenen Längen (für die Eckverstärkungen).

Siehe auch Liste der Werkzeuge auf Seite 145.

Der Rahmen für die erste Seite

Bauen Sie den Rahmen für die erste Seite aus zwei 92 cm langen Hölzern für die senkrechten Stützen und zwei 36 cm langen Querhölzern. Die Querhölzer müssen an beiden Seiten 2,5 cm über die Stützen hinausstehen. Genauere Hinweise zum Vorbohren und Verschrauben finden Sie auf Seite 148.

Ein Querholz wird mit 5 cm Abstand zu den oberen Enden der Stützen befestigt, das andere mit 45 cm Abstand zu

den unteren Enden. Stets von der Außenseite des Kastens her vorbohren und schrauben.

2 Die zweite Seite

Für die zweite Seite, die im Winkel von 90° zur ersten steht, brauchen Sie eine Stütze und zwei Querhölzer. Die Querhölzer werden direkt über denen der ersten Seite festgeschraubt.

3 Die dritte Seite

Mit der letzten Stütze und zwei Querhölzern bauen Sie die dritte Seite an die freie Stütze der ersten Seite an. Die Querhölzer werden wieder direkt über denen der ersten Seite festgeschraubt (wie in Schritt 2).

4 Die letzte Seite

Nun schrauben Sie die letzten beiden Querhölzer direkt unter denen der zweiten und dritten Seite an die vorhandenen Stützen.

5 Die Ecken verstärken

Schrauben Sie nun an jeder Seite des Kastens mindestens einen Zweig schräg fest, damit sich die Winkel nicht verziehen (siehe auch Seite 148). Wenn der Kasten stabil ist, können Sie zur Dekoration weitere Zweige oder Ranken anbringen.

6 Die Kastenstütze aufstellen

Am besten stellen Sie solche Stützen früh in der Saison auf, wenn die Pflanzen noch klein sind.

Einfach die Stütze über die Pflanze stellen und die vier Stützen 15–20 cm tief in den Boden stecken. Wenn der Boden sehr hart ist, können Sie zuerst mit einem Dibber (siehe Seite 28) Löcher stechen.

Soll eine größere Pflanze gestützt werden, bauen Sie nur drei Seiten des Kastens zusammen. Die letzten beiden Querhölzer können Sie festschrauben, wenn die Stütze aufgestellt ist.

....

GEGENÜBER: Der Zaun auf dem Foto gegenüber ist letztlich nur eine große Kastenstütze, bei der die Holzeinfassung des Hochbeets die unteren Querhölzer ersetzt. Errichtet man so einen Zaun in gerader Linie an einem Weg, teilen sich jeweils zwei benachbarte Felder die zwischen ihnen liegende Stütze.

EINE KASTENSTÜTZE BAUEN

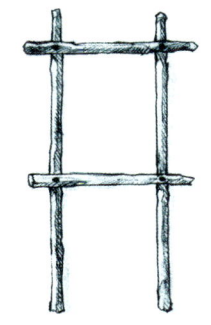

1 Die erste Seite bauen.

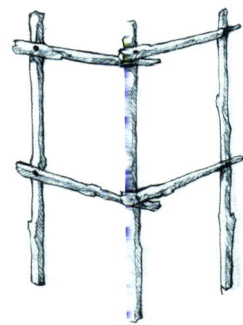

2 Die zweite Seite anbringen.

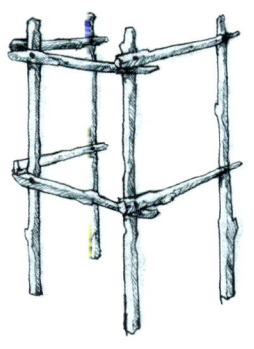

3 Die dritte Seite festschrauben.

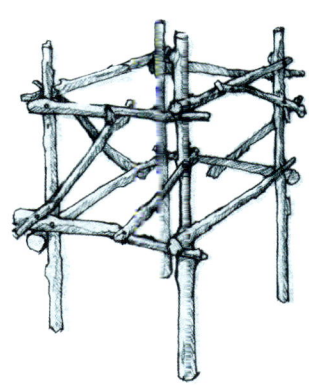

4–5 Die letzten Querhölzer und die Eckverstärkungen montieren.

WEIDENGEFLECHT

Spaliere, Pflanzenstützen und Zäune aus Weidengeflecht haben eine lange Tradition und sehen schön aus. In nasskalten Wintern nehmen sie aber Schaden und müssen unter Dach geräumt werden, wo sie recht viel Platz einnehmen. Ich habe zwar im Lauf der Jahre einige Flechtexperimente unternommen, beschränke mich jetzt aber auf einfache Arbeiten, die wenig Zeit und Geld kosten. Ich werfe sie am Ende der Saison weg oder lasse sie in den Beeten, damit im Winter Vögel darauf sitzen können. Wenn Sie den Zaun verlängern wollen, stecken Sie weitere senkrechte Stützen in Abständen von 13 cm in den Boden und flechten Sie die Ruten überlappend ein.

Material

- 24 gerade, geschmeidige Ruten (z. B. Weide oder Hasel), etwa kleinfingerdick
- 4–6 robuste Gummibänder
- Rebschere

1 Senkrechte Stützen

Stecken Sie die Ruten mit den dicksten Enden in gerader Linie, in gleichmäßigen Abständen (13–15 cm) und so tief wie möglich in den Boden.

2 Der Anfang des Geflechts

Nehmen Sie zwei Weidenruten in die Hand. Das dicke Ende des einen liegt neben dem dünnen Ende des anderen, damit das Geflecht gleichmäßig ausfällt. Beginnen Sie an der äußersten linken Stütze etwa 15 cm über dem Boden. Eine Weidenrute vor die Stütze legen, die andere hinter die Stütze. Die Enden stehen links etwa 10 cm über die Stütze hinaus. Halten Sie diese überstehenden Enden mit einem Gummiband zusammen. Nun die langen Enden der beiden Ruten kreuzen, eine vor und die andere hinter die nächste Stütze legen.

3 Weiter flechten

Die Ruten werden nun immer zwischen den Stützen gekreuzt, dann wird eine vor und die andere hinter die nächste Stütze gelegt. Wenn eine Rute zu kurz wird, legen Sie einfach eine neue mit ca. 15 cm Überlappung an und flechten weiter. Die überlappenden Ruten brauchen nicht zusammengebunden zu werden. Achten Sie aber darauf, dass die Ansätze neuer Ruten versetzt liegen. Hinter der letzten Stütze werden die Ruten mit einem Gummiband fixiert und 10 cm hinter diesem Gummiband abgeschnitten.
Flechten Sie in dieser Weise insgesamt sechs bis acht Reihen, die dicht zusammengeschoben werden müssen. Die unteren Gummibänder können Sie nach einigen Reihen abnehmen, weil die zuerst verarbeiteten Ruten durch die folgenden festgehalten werden.

4 Weitere Flechtstreifen

Je nach gewünschter Höhe des Zauns können Sie zwei, drei oder mehr Streifen in gleichmäßiger Abständen von 20–25 einflechten. Wichtig ist, die einzelnen Reihen jedes Streifens dicht zusammenzuschieben und die Ruten immer in derselben Richtung zu verkreuzen.

2 Der erste Flechtgang

3 Neue Ruten überlappend anfügen. Die Breite der Flechtstreifen bestimmen Sie selbst. Wenn die Abstände zwischen den Streifen größer sind, ist der Zaun in sich nicht ganz so stabil.

RAUTENGEFLECHT AUS WEIDE

Der kleine Zaun auf dem Foto (rechts) hat eine untere Breite von etwa 1,3 m. Wegen der Flechttechnik stehen die Enden an den Seiten etwas weiter vor. Die Länge der Ruten bestimmt, wie hoch der Zaun wird. Sie können eine 30 cm hohe Beetkante oder diese 92 cm hohe Konstruktion herstellen.

Material

- ca. 24 gerade Ruten (Weide oder Hasel), kleinfingerdick und mindestens 122 cm lang
- Rebschere
- Gewachste Schnur (nach Belieben)

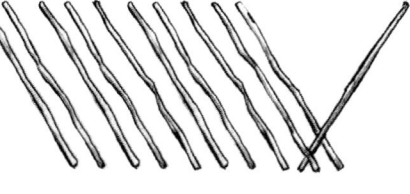

1–2 10 Ruten schräg nach links geneigt in den Boden stecken. An der rechten Seite eine Rute mit entgegengesetzter Schrägstellung einflechten.

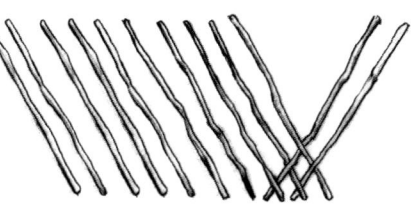

2 Weitere Ruten abwechselnd vor und hinter denen des ersten Arbeitsgangs einflechten und ihre Enden in den Boden stecken.

3 Soll der Zaun breiter werden, verwenden Sie einfach mehr Ruten.

1 Die ersten Diagonalen

Stecken Sie zehn Ruten in gerader Linie und gleichmäßig nach links abgeschrägt mit dem dicken Ende so tief wie möglich (mindestens 10 cm) in den Boden.

2 Die zweiten Diagonalen

Von rechts beginnend, legen Sie nun eine Rute vor die erste und hinter die zweite der vorhandenen. Das dicke Ende der neuen Rute in den Boden stecken.
Die nächste Rute legen Sie hinter die erste, vor die zweite und hinter die dritte Rute, bevor ihr Ende in den Boden gesteckt wird.

3 Weiterflechten

Fahren Sie in dieser Weise fort, bis Sie am linken Ende angekommen sind. Dann können Sie an beiden Enden zwei oder mehr Diagonalen einflechten, um das Muster aufzufüllen. Zu lange Ruten werden jetzt noch nicht abgeschnitten. Je breiter das Geflecht wird, desto mehr Ruten müssen Sie einflechten.
Wenn die Ruten verrutschen und das Rautenmuster ungleichmäßig wird, binden Sie das Geflecht an einigen Kreuzungspunkten mit gewachster Schnur zusammen.
Soll das Geflecht besonders dicht werden, verwenden Sie für den zweiten Arbeitsgang (zweite Diagonalen) doppelt so viele Ruten wie für den ersten. Die zusätzlichen Ruten werden jeweils zwischen den anderen in den Boden gesteckt.

GEGENÜBER: An diesem Zaun darf Kapuzinerkresse in die Höhe klettern.

NACH DER SAISON
PROJEKTE & PLANUNG

Ein Garten schenkt Freue und Zufriedenheit, aber er macht auch eine Menge Arbeit. Selbst wenn es zu kalt ist, um draußen zu arbeiten, oder zu früh, um auszusäen, beschäftige ich mich oft im Haus mit meinem Garten.

Ich freue mich, wenn ich Zeit finde, mein Gartentagebuch auf den neuesten Stand zu bringen, mich über neue Pflanzensorten zu informieren, Problemlösungen zu recherchieren oder Beete für die neue Saison zu planen. Ich bastele Pflanzenschilder oder praktische, zeit- und kraftsparende Hilfsmittel. Und weil ich meine Freude am Garten gern teile, bereite ich auch oft Geschenke für Freunde vor. Ich flechte Knoblauchzöpfe, fädele Chilischoten auf oder beschrifte schöne Tüten für Samen aus dem vorigen Sommer, die ich getrocknet habe.

Das heißt aber nicht, dass ich mir keine Zeit zum Entspannen nehme. Wenn es kalt wird, finde ich es herrlich, es mir mit einem guten Gartenbuch vor dem Kamin gemüt-lich zu machen, von warmen Sommertagen und neuen Gartenabenteuern zu träumen.

GEGENÜBER: Samenstände vom Türkenmohn verwende ich oft und gern für die Trockenfloristik.

NOTIZEN MACHEN UND VORAUSPLANEN

Ich notiere mir so oft wie möglich, was ich wo und wann gepflanzt habe, was gut oder schlecht gedieh. Ich schreibe Details über Pflanzen, Produkte und andere Dinge auf, die ich sonst möglicherweise vergessen würde.

Nach dem Bau unseres jetzigen Hauses habe ich die amtliche Flurkarte kopiert, auf ein weißes Blatt Papier durchgepaust und dabei alle Informationen weggelassen, die für die Gartenplanung nicht relevant waren. Die Zeichnung ist so groß, dass ich die Lage der verschiedenen Beete einzeichnen konnte, aber keine weiteren Einzelheiten über die Bepflanzung. Stattdessen habe ich von jedem Beet eine separate, größere Zeichnung angefertigt und darauf so viele Informationen wie nur möglich untergebracht. Wenn Sie keine Flurkarte Ihres Grundstücks besitzen, fragen Sie beim Bauamt oder Katasteramt nach. Natürlich können Sie auch selbst einen Grundstücksplan zeichnen. Orientieren Sie sich beim Vermessen an den Ecken des Hauses, an Laternenpfählen, Bäumen oder anderen markanten Elementen.

Ich beginne mit der Planung meiner Beete im Winter, wenn die Saatgutkataloge kommen. Beim Aussuchen und Bestellen stelle ich Listen zusammen, in denen ich notiere, was wo gepflanzt werden soll. Dabei schaue ich immer wieder in den Grundstücks-Gesamtplan, um sicher zu sein, dass der Platz für alle meine Wünsche ausreicht. Bevor ich ins Gartencenter fahre, schreibe ich meist eine Einkaufsliste und versuche, mich an sie zu halten. Manchmal gelingt es, aber oft erliege ich der Versuchung schöner Pflanzen.

Wenn ich Samen und Pflanzen aus Katalogen bestelle, schneide ich die Katalogtexte gern aus und klebe sie in mein Gartentagebuch. Die Beschreibungen enthalten oft Informationen, die nicht auf den Samentüten stehen, und überdies ein Foto. Zusätzlich klebe ich im Lauf der Saison eigene Fotos auf die entsprechenden Seiten und notiere, was ich nicht vergessen möchte.

Auf Reisen halte ich immer die Augen nach interessanten Ideen offen, die ich schnell skizziere oder fotografiere, um später genauere Zeichnungen anfertigen zu können. Manchmal kopiere ich Ideen, aber oft geben sie den Anstoß für ein ganz anderes Projekt.

Den Computer benutze ich für alle möglichen Dinge, und manchmal zeichne ich Pflanzpläne mit einem Grafikprogramm. Leider gibt es nur sehr wenige Gartengestaltungsprogramme, die für Amateure konzipiert (und bezahlbar) sind. Vor etwa zehn Jahren habe ich ein Programm entdeckt, das mir gut gefiel, aber aus unerfindlichen Gründen ist es nicht mehr erhältlich. Ich halte die Augen offen und hoffe, bald eins zu finden, das ich benutzen und empfehlen kann.

Bis dahin werde ich mir die Wintertage mit Skizzen, Listen und Tabellen vertreiben, um startbereit zu sein, wenn der Frühling kommt. Ich mag die ruhigen Tage, an denen ich beim Gartenrundgang notieren kann, welche Nistkästen für die ersten Bewohner vorbereitet werden müssen und was sonst noch vor Saisonbeginn zu erledigen ist. So geht der Winter schnell vorbei, und schon stecke ich wieder mit beiden Händen in der Erde.

GEGENÜBER Selbst im Winter finde ich immer gute Gründe, mich mit meinem Garten zu beschäftigen.

ZEITSPAR-WERKZEUGE

Ich bin immer auf der Suche nach praktischen Werkzeugen. Was ich nicht im Handel finde, mache ich selbst. Natürlich will ich nicht Harke oder Schaufel neu erfinden. Es gibt aber anderes Werkzeug und Zubehör, das es in der Art (oder zu dem Preis), wie ich es mir wünsche, nicht zu kaufen gibt. Gartensiebe benutze ich beispielsweise, um Substratmischungen herzustellen, aber auch zum Trocknen von Samen und Blüten. Als ich im Handel keine Siebe mit der Maschenweite fand, die ich benötigte, fing ich an, sie selbst zu bauen. Und als mir Behälter in verschiedenen Größen zum Ernten und Einlagern

fehlten, begann ich, sie aus robusten, engem Maschendraht selbst herzustellen. Weil der Gartenschlauch immer im Weg lag, habe ich Halter entwickelt, die rundum praktisch sind. Wenn auch Sie Gartenarbeiten kennen, für denen Ihnen das optimale Werkzeug fehlt, werden Sie sicherlich im Lauf der Zeit ebenfalls Ihre eigenen Hilfsmittel «erfinden».

GEGENÜBER: Auf Flohmärkten findet man allerlei, das sich zum Gartensieb umfunktionieren lässt: Röstpfannen für Esskastanien, alte Durchschläge, asiatische Dämpfeinsätze und Geschenkkörbchen aus Draht.

RUNDE SIEBE

In unserem Haushalt werden alle Küchenabfälle und die meisten Gartenabfälle kompostiert. Bevor der fertige Kompost verwendet werden kann, muss er gesiebt werden, um unverrottete Bestandteile zu entfernen. Der Rückstand aus dem Sieb wird wieder auf den Komposthaufen geworfen oder mit Mulchmaterial gemischt. Ich siebe auch Torfmoos für Hypertufa (siehe Kapitel 4), weil es oft dickere Zweigstückchen oder Steinchen enthält.

Jahrelang habe ich mir größere Mengen Rinderdung von Bauern aus der Nähe liefern lassen und bald gelernt, dass er meist Steine und andere Überraschungen enthält, die vor dem Ausbringen beseitigt werden müssen. Dafür benutze ich ein großes Sieb, das genau auf die Schubkarre passt. So kann ich in einem Arbeitsgang sieben und die Schubkarre füllen.

Ich besitze eine Menge selbst gebauter oder umfunktionierter Siebe, die ich im Frühling für Erde und Mulch und im Spätsommer zum Trocknen von Samen, Blüten und Kürbissen benutze. Auf Trödelmärkten stöbere ich immer nach alten Küchendurchschlägen, Röstpfannen für Esskastanien, Dämpfeinsätzen und anderen Dingen, die sich als Sieb nützlich machen können. Runde Siebe mit Holzrändern stelle ich selbst her. Dafür verwende

ich, je nach Zweck, unterschiedliche Arten von Maschendraht, von feinem Fliegendraht für Fenster bis zu verzinktem Kükendraht (siehe Seite 167).

Material

- Runder Holzring, 30–46 cm Durchmesser (siehe Adressen auf Seite 204)
- Sehr dünner, biegsamer Holzstreifen, etwas länger als der Ringumfang
- Fliegendraht oder feiner Maschendraht (3 mm, 5 mm oder 12 mm Maschenweite), 5–8 cm größer als der Ringdurchmesser
- Drahtschere
- Tacker und Klammern
- Hammer und kurze Polsternägel
- Einhandzwingen
- Stabile Schere
- Eimer

NACH BELIEBEN: Holzleim, Bohrmaschine und Bohrer, Schnur

1 Den Rand vorbereiten

Den Holzstreifen in einen Eimer mit Wasser legen, damit er geschmeidig und biegsam wird. Den Umriss des Holzrings mit einem Permanentmarker auf den Maschendraht übertragen. Einen zweiten Kreis 2,5 cm außerhalb des ersten zeichnen. Wenn Sie den Holzrand streichen möchten, tun Sie es jetzt. Er muss vor dem nächsten Arbeitsschritt trocknen.

2 Den Draht am Ring befestigen

Den Maschendraht auf der äußeren Kreiskontur ausschneiden. Den Holzring mittig darauflegen, der Draht steht also ringsherum 2,5 cm über. Diesen Überstand möglichst glatt hochbiegen und mit Einhandzwingen am Holzring festhalten. Dann den Maschendraht mit dem Tacker in 12 mm Abstand zum Falz am Holzring befestigen. Dabei den Draht stramm ziehen, damit er glatt am Ring anliegt und nicht wellig wird.

Weil Holzringe für die Korbflechterei recht hart sind, brauchen Sie einen starken Tacker. Legen Sie die Stelle, die geklammert werden soll, über die Ecke eines Tischs, damit Sie beim Drücken auf den Tacker Ihr Körpergewicht einsetzen können. Wenn eine Klammer den Ring nicht ganz durchdrungen hat, können Sie mit dem Hammer nachhelfen.

3 Den Holzring anbringen

Den eingeweichten Holzstreifen so um den Holzring legen, dass die Kanten des Maschendrahts und die Klammern verdeckt werden. Die Enden des Holzstreifens müssen einander einige Zentimeter überlappen. Wenn der Streifen zu lang ist, kürzen Sie ihn mit einer robusten Schere. Sie können die Außenseite des Holzrings mit Holzleim bestreichen, bevor Sie den Streifen herumlegen. Den Streifen mit Einhandzwingen festhalten und, falls Leim verwendet wurde, diesen durchhärten lassen. Dann ringsherum in engen Abständen Polsternägel mit dem Hammer durch den Holzstreifen schlagen.

4 Schnur zum Aufhängen (nach Belieben)

Um das Sieb aufzuhängen, wenn es nicht in Gebrauch wird, bohren Sie ein Loch durch den Rand und ziehen eine Schnur durch.

1 Den Ringumriss auf das Drahtgeflecht zeichnen, dann 2,5 cm außerhalb des Kreises einen zweiten Kreis zeichnen.

2 Der Ring mittig auf den zugeschnittenen Drahtkreis legen.

2 Den Maschendraht 12 mm über dem Falz an den Holzring tackern.

3 Der Holzstreifen um den Rand legen und befestigen.

GEGENÜBER: Bei guter Luftzirkulation trocknen Samen am besten, und auf einem Sieb geht es besonders schnell. Legen Sie Steine oder Zweige unter das Sieb, damit es nicht direkt auf der Arbeitsfläche steht.

OBEN: Eine alte Holzkiste, deren Boden durch Maschendraht ersetzt wird, gibt ein gutes Sieb ab.

DRAHTKÖRBE FÜR DEN GARTEN

FERTIGE GRÖSSE: 36 X 66 X 13 CM OHNE GRIFF

Drahtgeflecht gibt es in verschiedenen Ausführungen, beispielsweise verzinkt oder mit grüner Kunststoffum-mantelung. Maschenweiten zwischen 5 mm und 12 mm eignen sich für Körbe am besten. Kunststoffummantelter Maschendraht lässt sich leichter verarbeiten, er strapa-ziert die Hände weniger stark und er bricht beim Falten nicht so schnell (siehe Schritt 4, unten).

Die Drahtstärken liegen üblicherweise zwischen 0,3 und 0,9 mm, wobei als Faustregel gilt, dass für größere Maschenweiten auch dickerer Draht verarbeitet wird. Maschendraht ist als Rollenware in verschiedenen Breiten und Längen in Baumärkten und Gartencentern erhältlich. Wenn Sie mehr als einen Korb anfertigen wol-len, können Sie beim Kauf einer größeren Rolle Kosten sparen.

Material

- Schutzbrille
- 61 x 92 cm Maschendraht mit 12 mm Maschenweite
- Hartholz für den Rand: 4 Stücke von 69 cm Länge und 4 Stücke von 38 cm Länge. Kaufen Sie lange Bretter (4 cm breit, 5 mm dick) aus Ahorn oder Eiche und schneiden Sie sie selbst auf Maß
- 10 Buchschrauben, 12 mm lang
- Blechschere und Seitenschneider
- Spitzzange
- Holzklotz (z. B. Reststück von einem Zaunpfahl mit Querschnitt 10 x 10 cm)
- Klüpfel oder Hammer
- Bohrmaschine und Bohrer (5,0 / 5,5 mm)
- Säge
- Federklemmen
- Schleifpapier, grob und fein
- Lineal
- Schraubendreher
- Holzleim

NACH BELIEBEN: 4 farbige Buchschrauben (15 mm) zum Befestigen eines Griffs, fertig gekaufter Holzgriff. Alternativ für einen Schnurgriff dicke Hanf- oder Juteschnur und ein Stück Kunststoffschlauch.

* Mit einem Seitenschneider lassen sich Drähte exakt und sauber abschneiden. Wenn Sie den Maschendraht mit einer Blechschere zuschneiden, können Sie vorstehende Drahtenden auch mit einer Beißzange sauber abkneifen. Zum Abschneiden der dünnen Drähte von Fliegengitter eignet sich sogar ein robuster Nagelknipser.

GEGENÜBER: Die robusten Körbe eignen sich gut für die Ernte. Die größten sind so lang, dass sie auch auf Dachbalken im Schuppen stehen können, beispielsweise zum Trocknen von Lavendel oder Kürbissen.

1 Den Maschendraht vorbereiten

Tragen Sie bei der Arbeit stets eine Schutzbrille, denn Maschendraht ist widerspenstig und kann überraschend zurückfedern. Lassen Sie sich beim Ausmessen und Zuschneiden von einer zweiten Person helfen, die den Maschendraht flach hält. Wickeln Sie ein Stück Maschendraht von der Rolle ab, und ziehen Sie es mehrmals über eine Tischkante, um es zu glätten. Dann wickeln Sie das nächste Stück ab und verfahren ebenso, bis Sie ein etwa 110 cm langes, relativ glatt liegendes Stück vor sich haben.

2 Ausmessen und zuschneiden

Markieren Sie in 97 cm Abstand zum Ende des Maschendrahts mit Permanentmarker oder Malerkrepp eine gerade Linie. Schneiden Sie dieses Stück Maschendraht so ab, dass an der Schnittkante möglichst keine Drahtenden vorstehen. Danach schneiden Sie die andere Kante des Maschendrahts ebenso ab. Das zugeschnittene Stück muss 92 cm lang sein. Manchmal ist Maschendraht nicht exakt rechtwinklig, aber das ist kein Problem. Diese Ungenauigkeit wird durch den Holzrand kaschiert.

3 Ausschnitte für die Ecken messen und anzeichnen

Für einen Korb mit 13 cm Höhe müssen alle vier Seiten des Maschendrahts hochgebogen werden. So bekommt der Korb eine Größe von 36 x 66 cm. Vorher muss aber an jeder Ecke ein Quadrat von 13 x 13 cm aus dem Maschendraht herausgeschnitten werden. Markieren Sie die jeweiligen Schnittlinien mit Lineal und Permanentmarker oder mit Malerkrepp. Durchtrennen Sie den Maschen-

draht so, dass am Korb Drahtenden stehen bleiben, die später umgebogen werden können. Bewahren Sie die Reste des Maschendrahts für Betonarbeiten auf.

4 Die Seiten rechtwinklig hochstellen

Biegen Sie eine Seite des Korbs vorsichtig und gerade hoch. Nun den Holzklotz innen an der Kante anlegen und von außen gegen Maschendraht und Klotz hämmern, sodass eine gerade, rechtwinklige Faltlinie am Boden des Korbs entsteht. Mit den anderen drei Seiten wiederholen. Falls dabei das eine oder andere seitlich vorstehende Drahtende abbricht, ist das kein Problem. Sie können sogar jedes zweite Drahtende abkneifen, um sich die Verarbeitung der Ecken (siehe Schritt 6) zu erleichtern. Unbeschichteter Maschendraht bricht leicht und sollte so wenig wie möglich gebogen werden.

5 Die Ecken ausrichten

An den Ecken, wo die Seitenteile zusammentreffen, stehen nun kurze Drahtenden vor. Verschieben Sie die Seiten so, dass diese Enden aneinander vorbeigleiten und über die Ecken hinausstehen.

3 ECKEN AUSSCHNEIDEN
An den Ecken die Quadrate anzeichnen, die entfernt werden. Dann den Maschendraht so durchtrennen, dass am Korb kleine Drahtenden stehen bleiben.

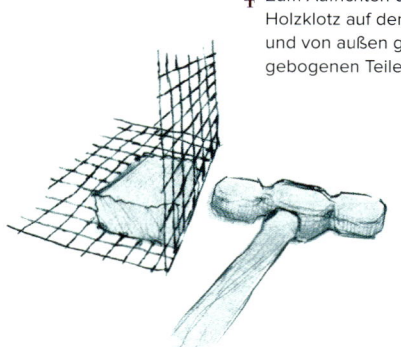

4 Zum Aufrichten der Seitenteile einen Holzklotz auf den Maschendraht legen und von außen gegen die hochgebogenen Teile hämmern.

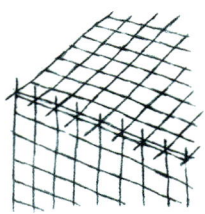

5 Die Seiten so verschieben, dass die vorstehenden Drahtenden miteinander verzahnt werden.

6 Die Ecken verbinden

Die Seitenteile an den Ecken dicht zusammenhalten und die vorstehenden Drahtenden eines Seitenteils um den ersten senkrechten Draht des angrenzenden Seitenteils biegen. Versuchen Sie, die Enden dabei auch nach unten zu biegen, sodass sie den senkrechten Draht umschließen und dennoch relativ flach in der Ecke liegen. Die vorstehenden Enden von weitmaschigem Geflecht sind lang und dick genug, um die Ecken sicher zu verbinden. Die Enden von feinem Fliegendraht sind jedoch zu kurz und zu dünn. Kneifen Sie sie kurz ab, und «nähen» Sie die Ecken dann mit einem separaten, dickeren Draht (ca. 0,8 mm) zusammen.

7 Den Korb winklig ausrichten

Wenn alle vier Ecken verbunden sind, muss der Korb gerade auf der Arbeitsfläche stehen. Ist das nicht der Fall, bringen Sie ihn jetzt in die richtige Form. Beim Montieren des Rands (Schritt 10) lassen sich nur noch kleine Unregelmäßigkeiten ausgleichen.

8 Den Rand ausmessen und zuschneiden

Nachdem alle vier Ecken verbunden und rechtwinklig sind, kann der Rand angebracht werden. Er stabilisiert die Form und verdeckt die Oberkanten des Maschendrahts. Bei Bedarf kann hier auch ein Griff befestigt werden. Zuerst die innere Länge der beiden langen Seiten messen und exakt passende Holzstücke zuschneiden. Die Schnittkanten glätten und die Hölzer so in den Korb legen, dass sie oben 12 mm über den Maschendraht hinausstehen. Mit Einhandzwingen festhalten. Dann an den Schmalseiten des Korbs den Abstand zwischen diesen Hölzern messen und zwei exakt passende Teile zuschneiden.

Die Teile für den äußeren Rand ebenso zuschneiden. Beginnen Sie mit den langen Seiten und achten Sie genau auf die Verbindung an den Ecken. Im Zweifelsfall die Hölzer etwas zu lang zuschneiden, anhalten und exakt passend absägen. Der obere Rand des Maschendrahts soll sauber zwischen den beiden Lagen des Holzrands liegen.

9 Den Rand lackieren oder lasieren (nach Belieben)

Falls der Rand (und eventuell der Griff) lackiert oder lasiert werden soll, muss dies vor der endgültigen Montage geschehen. Nehmen Sie alle Hölzer vom Korb ab, und notieren Sie ihre Positionen auf der Rückseite (oder auf dem Papier, auf das sie zum Streichen gelegt werden). Sie können Holzlasur, Lackfarbe oder Acrylfarbe verwenden. Farben für den Außenbereich halten am längsten. Natürlich muss die Farbe vollständig durchtrocknen, bevor Sie fortfahren.

10 Den Rand montieren

Die Einzelteile des Rands werden jeweils paarweise montiert. Fixieren Sie Innen- und Außenrand einer Seite mit Einhandzwingen, damit sie beim Anzeichnen nicht verrutschen. Dann wieder abnehmen, paarweise zusammenklammern und beide in einem Arbeitsgang durchbohren, damit die Löcher für die Buchschrauben exakt deckungsgleich ausfallen. Je ein Loch in 12 mm Abstand zu den

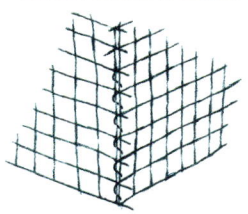

6 Die vorstehenden Drahtenden mit einer Spitzzange um den senkrechten Draht des angrenzenden Seitenteils biegen.

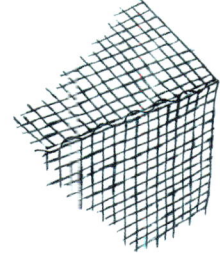

6 Bei sehr feinem Fliegendraht die vorstehenden Drahtenden kurz abkneifen und die Ecken mit einem Stück dickerem Draht (0,8 mm) verbinden.

8–10 Einhandzwingen halten den inneren und äußeren Rand zusammen, während die Buchschrauben angebracht werden.

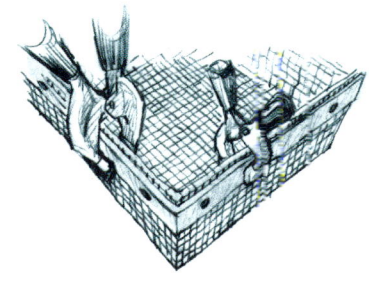

Enden der Hölzer bohren, ein weiteres in der Mitte. Wenn Sie einen Griff anbringen wollen, verzichten Sie vorerst auf das Loch in der Mitte – es wird später gebohrt. Je größer der Korb ist, desto mehr Schrauben sind nötig, um den Rand sicher zu befestigen.

Raue Holzkanten schleifen, dann die Rahmenhölzer wieder am Korb anlegen. Die Buchse einer Buchschraube von außen durch die Bohrung schieben und das Gegenstück von innen hineindrehen – aber vorerst nicht ganz festziehen, damit noch kleine Korrekturen möglich sind. Lässt sich eine Buchschraube nicht einschieben, weil ein Draht vor der Bohrung liegt, können Sie ihn mit einer Flachzange aus dem Weg biegen oder notfalls abkneifen. Wenn Sie mehrere Drähte abkneifen müssen, kann sich der Rand später verschieben. Um das zu vermeiden, geben Sie etwas Holzleim zwischen die Hölzer und klammern sie zusammen, bis er ausgehärtet ist.

Griff und Füße (nach Belieben)

Ein Holzgriff wird in der Mitte der Längsseiten zwischen die inneren und äußeren Randhölzer geschoben. Danach bohren Sie in der Mitte jeder Seite zwei Löcher übereinander und verbinden die Holzlagen mit den längeren Buchschrauben.

Alternativ können Sie Schnurgriffe anbringen. Dazu bohren Sie an den langen Seiten zwei Löcher im Abstand von 13 cm durch den Holzrand. Die Länge der Griffschlaufen festlegen und zwei Stücke Kunststoffschlauch in dieser Länge zuschneiden. Durch jeden ein Stück Schnur ziehen und die Enden so weit heraushängen lassen, dass dicke Knoten zur Befestigung gebunden werden können. Füße unter dem Korbboden verbessern die Luftzirkulation. Sie können dafür entweder Reste von den Rahmenhölzern verwenden und mit Buchschrauben montieren, oder Holzknöpfe unter dem Boden platzieren und von innen durch kleine Vierecke aus Holz hindurch festschrauben. Auf den Rand meiner Körbe schreibe ich manchmal mit Schablonen oder einem Brandeisen launige Sprüche oder Verse wie «Rosen, Tulpen, Nelken, alle Blumen welken». Wenn Sie den Korb verschenken wollen, könnten Sie auch den Namen des Empfängers, ein besonderes Datum oder eine persönliche Mitteilung auf den Rand schreiben.

10 Buchschraube – Buchse rechts, Schraube links.

11 Zwei übereinander angebrachte Buchschrauben halten den Holzgriff fest.

11 Holzknöpfe oder Reste von den Rahmenhölzern können als Füße montiert werden, um den Korbboden etwas anzuheben und die Luftzirkulation zu verbessern – hilfreich zum Trocknen von Blüten und Lagern von Obst.

GEGENÜBER: Anstelle eines Holzgriffs können Sie auch dicke Schnüre anbringen, die durch einen Kunststoffschlauch gezogen sind.

einer alten Handschaufel gebohrt und die Schaufel mit Nieten befestigt. Eine Nietenzange kostet nicht viel, ist einfach zu benutzen und für viele kleine Reparaturen im Haushalt zu gebrauchen.

Außer langen Schläuchen, die bis in die hintersten Gartenecken reichen, habe ich an einigen Stellen Spiralschläuche deponiert, um Kübel oder Sämlinge bequem bewässern zu können – im Gewächshaus, auf der Terrasse und neben der Hintertür. Meist werden diese Schläuche mit einem Drahthalter verkauft, meiner Erfahrung nach dauert das Aufwickeln des Schlauchs länger als das Bewässern. Darum habe ich mir eine andere Lösung überlegt.

SCHLAUCHHALTER

Wenn ein Gartenschlauch nicht in Gebrauch ist, muss er verstaut werden. Das ist nicht immer einfach, vor allem, wenn er lang ist, um auch abgelegene Beete zu erreichen. Je nach Länge und Position des Schlauches setze ich auf drei verschiedene Lösungen: einen Korb aus Schlauch (Foto Seite 71), eine Wandhalterung mit Schaufel (siehe oben) oder eine Halterung für Spiralschläuche (Foto gegenüber). Alle drei sehen gut aus, sind praktisch und verhindern, dass der Schlauch bei der Benutzung abknickt.

Der Korb wird ebenso hergestellt wie die Pflanzkübel auf Seite 73, er hat aber im unteren Bereich der Wand eine Öffnung zum Durchschieben des Schlauchendes, das zum Wasserhahn führt. Am Ende des Sommers rolle ich einfach den ganzen Schlauch in dem Korb auf, löse das Ende vom Wasserhahn und verstaue alles im Schuppen.

Der Wandhalter mit Schaufel entstand aus einem gewöhnlichen gekauften Schlauchhalter. Sein vorderer Haken war nur 13 cm lang – zu klein, um meinen 4,6 m langen Schlauch zu halten, also habe ich kurzerhand mit einem Metallbohrer Löcher durch den Haken und das Blatt

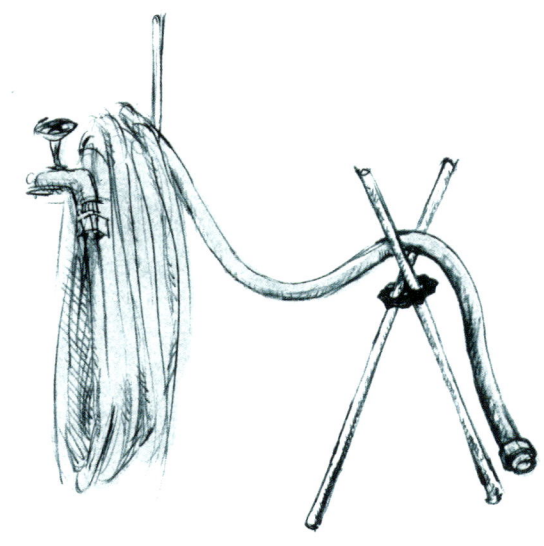

SCHLAUCHSTÜTZE
Zwei kräftige Stangen, in den Boden gesteckt und mit einem alten Absperrhahn zusammengehalten, halten den Schlauch hoch und verhindern, dass er die Blumen zerdrückt.

OBEN: Die meisten handelsüblichen Schlauchhalter haben vorn einen relativ kleinen Haken, der für lange Schläuche nicht ausreicht. Ich habe mit zwei Nieten eine alte Gartenschaufel angebracht, um den Haken zu vergrößern.

GEGENÜBER: Spiralschläuche sind praktisch für enge Gartenbereiche, aber sie verheddern sich leicht, wenn sie auf dem Boden liegen. Mit meinem Halter kann das nicht mehr passieren.

HALTER FÜR SPIRALSCHLAUCH

Material

- 2 Stücke Kupferrohr, 38 cm und 10 cm lang, 12 mm (½") Durchmesser
- 1 Verschlusskappe aus Kupfer, 12 mm (½")
- 1 90°-Winkelverbindung aus Kupferrohr, 12 mm (½")
- 1 Muffe, eine Seite zum Einstecken, die andere mit Außengewinde
- 1 verzinkter Flansch mit Gewinde für 12-mm-Rohr
- 4 Schrauben, geeignet für den Untergrund, auf dem der Schlauchhalter montiert werden soll (Holz, Metall, Mauersteine)
- Handsäge oder Rohrschneider
- Schleifpapier mit mittlerer Körnung
- Metallkleber (siehe Adressen auf Seite 204)
- Wasserwaage (bei Bedarf)

* *Kupferrohr ist weich und lässt sich mit einer Handsäge oder einem Rohrschneider leicht schneiden. Sie können es sich aber auch im Fachhandel zuschneiden lassen. Nehmen Sie zum Einkauf die Maße mit.*

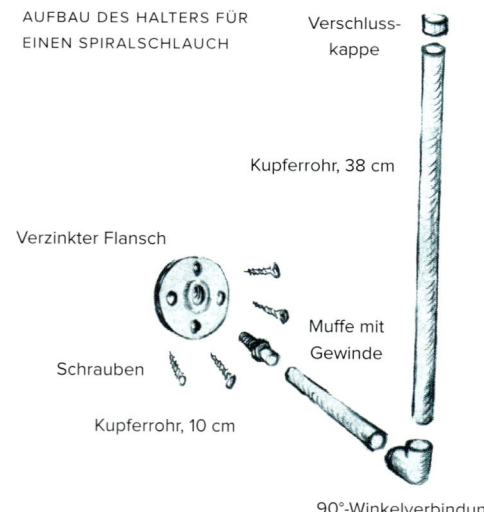

AUFBAU DES HALTERS FÜR EINEN SPIRALSCHLAUCH

Verschluss-kappe

Kupferrohr, 38 cm

Verzinkter Flansch

Muffe mit Gewinde

Schrauben

Kupferrohr, 10 cm

90°-Winkelverbindung

1 Das Rohr zuschneiden und schleifen

Die beiden Rohrstücke auf Länge schneiden und mit Schleifpapier entgraten. Die äußeren Enden der Rohre und die Innenseiten der Muffe und der Winkelverbindung etwas anschleifen, damit der Kleber besser hält.

2 Kappe und Winkel festkleben

Die Verschlusskappe mit Metallkleber auf ein Ende des langen Rohrs kleben, die Winkelverbindung an das andere Ende. Beachten Sie dabei die Gebrauchshinweise des Herstellers.

3 Den Flansch montieren

Während der Metallkleber aushärtet, schrauben Sie die Muffe in den verzinkten Flansch. Dann können Sie diesen an einer Wand oder einem Zaunpfahl festschrauben.

4 Endmontage

Kleben Sie ein Ende des kurzen Rohrs in die Muffe, die in den Flansch geschraubt ist. 10 Minuten trocknen lassen, dann das andere Ende des kurzen Rohrs so in die Winkel-verbindung kleben, dass das lange Rohr genau senkrecht steht. Nehmen Sie ruhig eine Wasserwaage zur Hand. Die Rohre festhalten, bis der Kleber abzubinden beginnt – das dauert meist nur eine Minute. Nach 24 Stunden ist der Kleber ausgehärtet und der Schlauchhalter kann benutzt werden.

BEIM NAMEN NENNEN

Ich habe mit den Jahren gelernt, alles zu beschildern, was ich pflanze, denn allzu oft vergesse ich, wo ich welche Samen, Zwiebeln oder Jungpflanzen in die Beete gesetzt hatte. Manche habe ich beim Gießen übersehen, andere für Unkraut gehalten und ausgezupft, und einige sind gar nicht ausgekeimt. Letztlich habe ich Zeit, Kraft und Geld verschwendet.

Schilder helfen mir auch, Gewächsen, die noch unter der Erde ruhen, nichts «auf den Kopf» zu pflanzen. Andere Schilder, die zusätzliche Informationen enthalten, sollen möglichst lange halten, damit ich die jeweilige Pflanze jederzeit erkennen kann.

In Töpfen aus dem Gartencenter stecken meist kleine Plastikschilder, doch halten sie kaum einen Sommer lang, geschweige denn mehrere Jahre. Neben dem Namen der Pflanze sind oft auch weitere Details aufgedruckt, aber die Schilder sind zu kurz, um fest im Boden zu stecken, und sie werden mit der Zeit brüchig. Ich habe versucht, sie an Holzpflöcken zu befestigen, um sie besser im Beet zu verankern, doch gegen die Versprödung konnte ich nichts tun. Meist finde ich beim Frühjahrs-Aufräumen nur noch Bruchstücke.

Meine Staudenbeete habe ich so angelegt, dass möglichst zu allen Jahreszeiten etwas blüht. Ich möchte genau überblicken können, welche Sorten und Blütenfarben in den einzelnen Beeten wachsen, damit nicht ein Beet in voller Blüte steht, während ein anderes trist aussieht. Weil Schilder normalerweise zu klein für umfangreiche Beschriftungen sind, notiere ich alle Informationen ausführlicher im Gartentagebuch und in den Skizzen der einzelnen Beete. Zusätzlich vermerke ich manchmal Höhe, Farbe oder ein anderes Merkmal auf dem Pflanzenschild.

Im Gemüsegarten sind Schilder (und die Schnüre zum Anlegen gerader Reihen) hilfreich, um Samen in der Erde beim Säen der nächsten Reihe nicht zu stören. Das ist besonders wichtig für Gemüse wie Knoblauch, Schalotten oder Rübstiel, das im Herbst gepflanzt wird und bei der folgenden Frühlingsaussaat anderer Sorten noch in der Erde ruht.

Interessante Pflanzenschilder bastele ich gern im Winter, denn während der Saison habe ich dafür kaum Zeit. Im Frühling beschrifte ich allenfalls Esstiele mit Permanentmarker oder Bleistift, um Sämlinge im Haus zu kennzeichnen. Die Schrift verblasst allerdings schnell und ist nach einigen Monaten kaum noch zu lesen, darum ersetze ich die Holzstecker durch dauerhaftere Schilder, wenn ich die Jungpflanzen in den Garten setze.

DIE GRUNDLAGEN: MATERIAL *und* ZUBEHÖR

Für Pflanzenschilder braucht man zweierlei: etwas zum Schreiben und einen Untergrund. Da gibt es viele Möglichkeiten. Außerdem benötigen manche Schildchen eine Vorrichtung, um sie im Boden zu verankern.

Werkzeuge zum Beschriften

Weil es mir ein Anliegen ist, attraktive Schilder zu gestalten, die zu Standort und Pflanze passen, habe ich viel ausprobiert: Permanentmarker (auch Stifte aus dem Gartencenter, die speziell für den Außenbereich gedacht sind, und Stifte für Terrakotta), Lackmalstifte, Wachs- und Ölkreiden, Zimmermannsbleistifte, Kugelschreiber, Kreide und Farbe. Ich habe mit Collagen, Ritz-, Präge- und Brenntechniken experimentiert und Mosaik auf Holz, Kunststoff, Glas, Schiefer, Naturstein, Ziegeln, Metall und Zement gestaltet.

Ich stöbere gern in Bastelgeschäften und Baumärkten. Dort entdecke ich immer wieder neue Materialien – oder neue Methoden, um Vertrautes zu verwenden. So habe ich festgestellt, dass man mit Permanentmarkern und Lackmalstiften (in deren Innerem eine Kugel klappert) auf fast jedem Untergrund schreiben kann. Meiner Meinung nach sind Stifte einfacher zu handhaben als Pinsel und Farbe. Mit Buchstaben- und Ornamentschablonen lassen sich mit ihnen interessante Dekore und klare Beschriftungen gestalten.

Schablonen aller Art gibt es in Bastelgeschäften. Ihr einziger Nachteil besteht darin, dass aus technischen

Gründen die Teile untereinander verbunden sein müssen. Vom Mittelteil des Buchstabens «P» beispielsweise führen kleine Stege zu den Seiten, damit es nicht herausfällt. Die Lücken, die beim Arbeiten mit solchen Schablonen entstehen, können aber nachträglich ausgefüllt werden.

Auch Gummi-Buchstabenstempel sind einfach zu benutzen. Wenn der Abdruck zu blass ist, um ihn aus einigen Metern Abstand zu erkennen, kann er von Hand nachgemalt werden.

Wenn Sie eine schöne, klare Schrift haben, können Sie Schilder auch aus freier Hand beschriften. Ich komme allerdings besser mit Schablonen und Stempeln zurecht.

Farben und Versiegelungen

Öl- und Acrylfarben bekommt man im Fachhandel in allen erdenklichen Farben. Da die Tuben klein sind, kosten sie relativ wenig (wobei Ölfarben teurer sind als Acrylfarben), sodass man sich eine interessante Auswahl anschaffen kann. Sprühfarben sowie Lackfarben auf Öl- oder Wasserbasis gibt es in Baumärkten zu kaufen.

Es empfiehlt sich, bemalte Oberflächen zu versiegeln, um sie vor Witterungseinflüssen zu schützen. Dafür eignet sich Klarlack für den Außenbereich, der mit einem Einweg-Schaumstoffpinsel aufgetragen werden kann. Noch einfacher ist die Verwendung von Klarlack aus der Sprühdose. Sprühlack ist etwas teurer und nicht so ergiebig wie Klarlack zum Pinseln, dafür aber unkompliziert in der Handhabung. Decken Sie die Umgebung großzügig mit Zeitungspapier ab, um sie vor dem Sprühnebel zu schützen. Einen Polyurethanlack sollten Sie ausprobieren, bevor Sie ein fertiges Werk versiegeln, denn manche haben nach der Trocknung einen deutlichen Gelbstich.

OBEN: «Astilbe Purple Candles», mit einer Schablone und einem deckenden Lackmalstift auf ein Stück Schiefer geschrieben.

LINKS: Selbst Tonscherben, mit Tafelfarbe oder gewöhnlicher Acrylfarbe bemalt, können als Pflanzenschilder dienen.

LINKS: Das gravierte Metallband mit dem Namen der Kletterrose ist mit Nieten zu einem haltbaren Ring geschlossen. Eine Nietenzange sieht aus wie ein klobiger Tacker, sie kostet wenig und ist einfach zu bedienen, erfordert allerdings etwas Kraft. In jedes Ende des Metallbands ein Loch bohren, dann das Band so um einen Pflanzentrieb legen, dass die Enden überlappen und die Löcher deckungsgleich liegen. Nun eine Niete durch beide Löcher schieben und mit der Nietenzange zusammenpressen. Beachten Sie dabei die Gebrauchshinweise des Herstellers. Ich benutze die Nietenzange nicht nur für diese Metallbänder, sondern auch, um Speichen des Sonnenschirms zu reparieren oder alte Gartenwerkzeuge als Dekoration an Schlauchhaltern zu montieren (siehe Seite 172).

Pinsel

Die Auswahl von Pinseln ist riesig und schwer überschaubar, aber Sie benötigen nur einige einfache Typen. Für großflächige Anstriche verwende ich Schaumstoff-Einwegpinsel, für kleinere Flächen weiche, breite Borstenpinsel, und für Beschriftungen relativ steife, schmal zulaufende Borstenpinsel. Schablonierschwämmchen mit Griff sind praktisch für Schablonenarbeiten.

Werkzeuge und Oberflächen zum Gravieren

Auf der Suche nach perfekten Pflanzenschildern habe ich auch das Sandstrahlen ausprobiert, fand aber den Umgang mit dem Kompressor und Schutzkabine aufwendig. Eine Alternative ist die Arbeit mit einem Gravierwerkzeug, das außerdem viel weniger kostet. Zugegeben:

Die Schrift fällt nicht ganz so präzise aus, die Handhabung ist jedoch viel einfacher.

Mit einem preiswerten Graviergerät sind mir gute Ergebnisse gelungen. Es gibt auch spezielle Vorsätze für kleine Bohrschrauber, aber ein Gravierwerkzeug lässt sich leichter führen, weil es wie ein dicker Stift geformt ist. An die Vibration des Geräts gewöhnt man sich, und ich habe festgestellt, dass ich es ruhiger führen kann, wenn ich dünne Latexhandschuhe anziehe.

Manchmal graviere ich Metallscheiben, manchmal auch Metallstreifen, die ich um Pflanzentriebe lege und mit Nieten zu einem Ring verbinde.

Der Umgang mit einem Gravierwerkzeug erfordert etwas Übung. Weil man damit nicht so flüssig «schreiben» kann wie mit einem Stift oder Pinsel, verwende ich immer eine Schablone oder stemple die Buchstaben. So kann ich mich ganz darauf konzentrieren, das Werkzeug ruhig zu führen.

Kupfer ist ein weiches Metall und lässt sich sehr gut gravieren. Messing und Aluminium sind nur geringfügig härter. Generell gelingen Gravuren in weichen Metallen leichter und fallen tiefer aus als in harten Metallen.

Weil roter Sandstein relativ weich und in unserem Boden häufig vertreten ist, dachte ich, er sei leicht zu gravieren. Leider neigt er aber dazu, bei der Arbeit unkontrolliert abzusplittern. Mit härteren Steinen aus dem Garten hatte ich mehr Erfolg. Es lohnt sich definitiv, etwas Zeit in Experimente zu investieren.

Besonders gut gefielen mir die Ergebnisse, die ich auf gewöhnlichen Terrakotta-Blumentöpfen, Tonscherben und roten Ziegeln erzielte. Der Gravierkopf gleitet durch diese Oberflächen wie durch Butter, und sie splittern kaum. Einige der auf Seite 180 abgebildeten Töpfe habe ich nach dem Gravieren mit Holzlasur behandelt, aber die Schrift ist auch auf unlasierten Töpfen gut zu erkennen. Es ist sogar möglich, die Schrift mit einem Permanentmarker abzudunkeln.

Größere Tonscherben und einzelne Backsteine machen sich als Pflanzenschilder nützlich und fügen sich gut in den Garten ein. Natürlich können Sie auch intakte Töpfe beschriften oder mit Schnörkeln und anderen Ornamenten verzieren. Damit ich solche kleinen Schilder nicht versehentlich mit Blättern aus den Beeten harke, durchbohre ich sie vorsichtig mit einem Steinbohrer und fixiere sie mit 8–10 cm langen verzinkten Nägeln im Erdreich.

OBEN LINKS: In die Tonscherbe wurde oberhalb der Schrift ein Loch gebohrt, um sie mit einem langen verzinkten Nagel im Boden befestigen zu können. So wird das Schild nicht beim Aufräumen im Herbst mit dem Laub aus dem Beet geharkt.

OBEN MITTE: Die Buchstaben wurden in einen hellen Stein graviert. Man könnte sie lasieren, damit sie deutlicher hervortreten.

OBEN RECHTS: Wenn ich mit Zementmischungen arbeite (siehe Seite 97), habe ich immer Plastikschalen von Lebensmitteln griffbereit, um Reste zu verwerten. Hier habe ich den botanischen und den volkstümlichen Namen des Farns mit Buchstabenperlen «geschrieben», die restliche Fläche mit roten Fliesenbruchstücken belegt und zuletzt alles verfugt.

OBERFLÄCHEN ZUM BESCHRIFTEN

Viele Oberflächen lassen sich gut beschriften oder bemalen. Hier stelle ich einige meiner Favoriten vor. Sicherlich werden Sie bald selbst eigene Vorlieben entwickeln.

Holzpflöcke

Robuste Holzpflöcke, wie Bauunternehmen und Landvermesser sie zum Abstecken von Grenzen verwenden, lassen sich gut bemalen oder mit einem Brenneisen beschriften. Solche Pflöcke haben meist einen Querschnitt von 2,5 × 5 cm. Sie sind in verschiedenen Längen erhältlich und an einem Ende angespitzt, sodass sie sich leicht tief in den Boden rammen lassen.

Die Pflöcke sind preiswert, aber oft sehr rau. Glätten Sie die Oberfläche mit Schleifpapier mittlerer Körnung, damit Sie sich nicht an Splittern verletzen, und damit sie sich leichter beschriften lässt. Weil das Holz unbehandelt ist, verrotten die Pflöcke meist innerhalb weniger Jahre. Druckimprägnierte Latten oder Latten aus Zedernholz sind haltbarer und ebenfalls überall für wenig Geld zu bekommen.

Bemalte Pflöcke sollten mit einer Schicht Klarlack versiegelt werden, damit die Farbe länger hält. Trotzdem können manche Farben durch Sonnenlicht im Lauf der Zeit verblassen.

Druckimprägnierte Latten eignen sich zum Bemalen. Für eine Beschriftung mit einem Brennwerkzeug sind sie aber zu hart. Außerdem ist ihre Maserung so grob, dass sich das Werkzeug nicht gut führen lässt, und die Schrift unsauber ausfällt. Aus diesem Grund bevorzuge ich für eingebrannte Schriftzüge Rotzedernholz, das eine feinere Maserung hat. Weiche Hölzer lassen sich mit einem Brenneisen leichter beschriften als harte, dafür halten sie im Boden nicht so lange. Die Entscheidung ist letztlich eine Abwägungssache.

Wenn Sie keine schmalen Leisten aus Zedernholz bekommen, können Sie breitere Bretter kaufen und mit einer Tischkreissäge selbst zuschneiden. Baumärkte schneiden Holz üblicherweise auf Länge, aber nicht auf Breite.

Stein und andere harte Materialien

Neben Naturstein, Schiefer und Fliesen lassen sich auch Plättchen und Streifen aus Aluminium- oder Kupferblech sehr gut verzieren. Bleche vertreibt der Fachhandel, oft bekommt man aber auch bei Metallbaubetrieben Reste für wenig Geld.

Glasierte Fliesen nehmen Farbe gut an. Auf Terrakotta und anderen porösen Materialien sind eventuell mehrere Farbschichten nötig, bis die Farbe gut deckt. Schiefer ist wegen der unebenen Oberfläche etwas schwieriger zu beschriften, aber er passt hervorragend in den Garten.

Wenn Tontöpfe zerbrechen, verwende ich kleine Scherben als Drainagematerial in Kübeln und größere für Schilder. Besonders gut gefallen mit die Stücke, die beim Zersägen von Töpfen übrig bleiben (siehe Holzbohle mit Töpfen, Seite 58).

Metall eignet sich ebenfalls für Pflanzenschilder. Ich bevorzuge dünne Bleche (0,3–0,4 mm), die sich mit einer robusten Haushaltsschere oder Blechschere schneiden lassen. Sogar ganze und zerschnittene Konservendosen habe ich schon verarbeitet.

Die Schnittkanten von Metall sind oft sehr scharf und sollten unbedingt mit einem Schleifklotz oder einer Feile geglättet werden. Um sich bei der Arbeit nicht zu verletzen, sollten Sie sich diese Mühe auch machen, wenn Sie die Kanten später umbiegen wollen.

Kunststoff

Manchmal schneide ich aus dicker, klarer Plastikfolie Streifen zu, die ich um Triebe kurzlebiger Pflanzen festziehe. Solche Schilder sind auch praktisch, um Dahlienknollen beim Einlagern für den Winter nach Farben und Sorten zu sortieren. Ich lege während der Blütezeit ein Schild um einen Stängel jeder Pflanze, und lege das Schild später beim Ausgraben einfach zu den Knollen.

Schneiden Sie für solche Schilder stabile Plastikstreifen von 5 cm Länge und 2,5–4 cm Breite zu. In ein Ende einen Schlitz schneiden, das Schild um einen Pflanzenstiel legen, das geschlossene Ende des Plastikstreifens durch den Schlitz schieben und festziehen – fertig.

EINEN TERRAKOTTA-TOPF GRAVIEREN

Wenn sich die Schrift deutlicher abheben soll, können Sie verdünnte Acrylfarbe oder einfache Holzlasur auf den Topfrand pinseln und sofort danach abwischen. Die gravierten Buchstaben sind porös und saugen mehr Farbe auf. Der glatte Topf selbst wird nur geringfügig dunkler.

Material
- Blumentopf aus Terrakotta
- Gravierwerkzeug
- Malerkrepp oder Bleistift
  (um den Bereich des Schriftzugs abzugrenzen)
- 2 Ziegelsteine oder Holzklötze zum Unterlegen

NACH BELIEBEN: Buchstabenschablone, Schleifpapier oder Schleifklotz, Lasur und Lappen, dünner Pinsel oder Permanentmarker

1 Die Oberfläche anschleifen (nach Belieben)
Wenn Sie die ganze Topfoberfläche lasieren wollen, können Sie sie behutsam anschleifen.

2 Den Topf vorbereiten
Den Topf auf die Seite legen und mit Ziegelsteinen oder Holzklötzen so fixieren, dass er bei der Arbeit nicht wegrollen kann. Mit einem Streifen Malerkrepp oder einem dünnen Bleistiftstrich den Bereich der Beschriftung markieren.

3 Die Buchstaben gravieren
Die Buchstaben langsam aus freier Hand oder mit einer Schablone mit dem Gravierwerkzeug in die Oberfläche fräsen. Arbeiten Sie alle Linien mehrmals nach, damit sie tief und klar genug werden. Arbeiten Sie vor allem an Rundungen langsam und sorgfältig.

4 Die Schrift einfärben (nach Belieben)
Mit einem Lappen Lasur auf den Topf auftragen, einige Minuten einwirken lassen, dann mit einem anderen, sauberen Lappen abwischen. Wenn nur die Schrift abgedunkelt werden soll, verwenden Sie dafür einen Permanentmarker oder einen dünnen Pinsel

GEGENÜBER: Diese Töpfe habe ich mit einem Dremel graviert. Eine Kunststoff-Buchstabenschablone diente beim Schreiben der Kräuternamen als Führung für den Fräskopf des Werkzeugs. Wenn Sie eine ruhige Hand haben, können Sie die Buchstaben auch mit Bleistift vorzeichnen und dann auf den Linien gravieren. Mir gelingt es mithilfe einer Schablone besser, das vibrierende Werkzeug zu führen.

OBEN: Für meine verschiedenen Prachtspieren habe ich mit preiswerten Prägebuchstaben aus Kunststoff Betonschilder gebastelt. Meist grabe ich sie etwas in den Boden ein, damit sie an Ort und Stelle bleiben.

GERITZTE *und* GEPRÄGTE SCHILDER

In feuchten Ton oder Beton lassen sich ganz leicht Buchstaben oder Ornamente ritzen. Lufttrocknender Ton ist allerdings nicht witterungsbeständig und darum für Pflanzenschilder nicht geeignet. Wer Zugang zu einem Keramik-Brennofen hat, kann hingegen Pflanzenschilder aller Art gestalten.

Modelliermasse, die im Backofen «gebrannt» wird, ist in vielen attraktiven Farben in Bastelgeschäften zu bekommen, und es gibt eine gute Auswahl von Büchern, in denen die Handhabung erklärt wird. Im Freien können die Farben allerdings ausbleichen, sodass die Schilder nur einige Jahre lang schön aussehen. Schilder aus Beton dagegen halten ein Leben lang.

Betonschilder

Für meine Schilder verwende ich eine simple, relativ feste Mischung aus Sand und Portlandzement (siehe Seite 97), die ich in flache, leere Plastikbehälter von Lebensmitteln gieße. Die Kunst besteht nur darin, das Wasser so zu dosieren, dass sich die Mischung gut verarbeiten lässt. Wenn die Mischung zu trocken ist, bröselt sie, und die Ränder geschnitzter oder eingedrückter Buchstaben werden unsauber. Ist sie zu nass, verschwindet die Schrift. Es gilt also, wie bei einem Kuchenteig, genau die richtige Konsistenz zu finden. Das ist recht einfach: Sobald die Mischung abzubinden beginnt, drücken Sie einen Buchstaben hinein. Schließt der Abdruck sich sofort wieder, warten Sie 5–10 Minuten und versuchen es noch einmal. Falls nötig, probieren Sie es mehrmals in Abständen von 5–10 Minuten. Bedenken Sie aber, dass die Mischung schon nach 30 Minuten zu hart sein kann, um Buchstaben zu prägen. Es sollte aber noch möglich sein, den Schriftzug mit einem alten Schraubendreher in den Beton zu ritzen. Beton lässt sich bis zum vollständigen Aushärten einige Tage lang recht gut bearbeiten. Wenn also eine Methode nicht funktioniert, probieren Sie eine andere. Und wenn die Masse früher als erwartet steinhart ist, kann sie immer noch als Untergrund für ein Mosaik dienen.

Falls Sie mehrere Schilder in einem Arbeitsgang gießen und beschriften wollen, decken Sie die Behälter sofort

LINKS: Modelliermasse lässt
sich leicht formen, prägen und
im Backofen härten. Nach einem
oder zwei Jahren im Freien
werden die Schilder aber spröde,
darum empfiehlt es sich, sie über
den Winter ins Haus zu holen

nach dem Füllen mit Plastikfolie ab, um den Abbindeprozess zu verzögern. Versuchen Sie nicht, die Mischung
für Dutzende von Schildern anzurühren. Die Gefahr ist zu
groß, dass sie zu schnell hart und trocken wird. Kleinere
Mengen lassen sich leichter anrühren und bearbeiten.

Statt einzelne Schilder zu gießen, können Sie auch
eine 4 cm dicke Schicht Mischung auf den Boden eines
flachen Pappkartons gießen. Prägen oder ritzen Sie dann
mehrere Schriftzüge. Wenn der Beton etwas härter ist,
können Sie die einzelnen Schilder mit einer robusten
Plätzchenform ausstechen.

Mir gelingen Schriftzüge mit Schablonen oder Prägebuchstaben besser als aus freier Hand. Prägebuchstaben

für Ton und Zement gibt es in Bastelgeschäften zu kaufen.
Allzu klein sollten Sie nicht sein, denn Sie möchten die
Schriftzüge ja bequem lesen können, wenn Sie aufrecht
durch den Garten gehen.

Betonmischungen kann man gut einfärben. Außerdem ist es möglich, Muscheln, Kiesel, Glasmurmeln oder
andere Dekorationen in die Masse zu drücken. Dabei
quillt die feuchte Mischung leicht in die Höhe. Halten Sie
mit den Dekorationen lieber etwas Abstand zur Schrift,
damit sie gut lesbar bleibt. Auch nach dem Aushärten
können Sie Verzierungen mit Fliesenkleber befestigen
und verfugen.

GEPRÄGTE METALLSCHILDER

Mit einem Werkzeug mit abgerundeter Spitze lassen sich leicht Motive oder Buchstaben in weichere Untergründe prägen. Der Bastelfachhandel bietet dafür spezielle «Embossing»-Werkzeuge und Metallfolien in verschiedenen Farben an. Diese Folien sind so dünn, dass sie sich leicht bearbeiten lassen, aber andererseits stabil genug, um ihre Form und das Dekor zu halten. Ich bevorzuge Metallstärken zwischen 0,3 und 0,45 mm. Wer für erste Versuche noch kein Werkzeug kaufen möchte, kann mit einem abgerundeten Essstäbchen oder einer Stricknadel experimentieren.

Material

- Metallfolie, 0,3–0,45 mm
- Schere oder Blechschere
- Embossing-Werkzeug
- Malerkrepp, Bleistift, Lineal
- Stabile, aber weiche Oberfläche (Schreibblock oder ein Stück Linoleum)

NACH BELIEBEN: Schablonen und Permanentmarker, Locher, Draht für die Halterung

1 Die Folie zuschneiden

Mit der Schere ein Stück Folie in der gewünschten Form und Größe zuschneiden. Überlegen Sie, wie das Schild am Halter befestigt werden soll, und berücksichtigen Sie Zugaben für Laschen oder umgebogene Kanten (Tipps zur Befestigung siehe Seite 187).

GEGENÜBER: Schilder, die nicht von selbst stehen oder fest auf dem Boden liegen, brauchen eine Halterung. Gedrehte oder zweibeinige Halterungen, die auf der Seite gegenüber zu sehen sind, biege ich aus verzinktem Draht. Manchmal stanze ich nur ein Loch in das Schild und fädele den Draht durch, wie bei den beiden von Hand beschrifteten Schildern. Das größte Schild ist an einem quadratisch gebogenen Rahmen befestigt und hat einen gedrehten Stiel. Die beiden kleinen geprägten Schilder haben zweibeinige Halter aus verzinktem Draht.

2 Folie fixieren und Buchstaben prägen

Sie können die Buchstaben aus freier Hand oder mit einer Schablone prägen. Wichtig ist, fest genug aufzudrücken, damit die Schrift gut lesbar wird – aber nicht zu fest, sonst kann die Folie reißen

Wenn Sie eine Schablone benutzen, kleben Sie einen Streifen Malerkrepp als Hilfslinie für die Unterkante des Schriftzugs auf. Nun die Folie auf eine ebene, nicht zu harte Unterlage legen und Schrift oder Muster mit dem Embossing-Werkzeug eindrücken. Dabei gibt die Unterlage etwas nach, sodass Vertiefungen im Metall entstehen.

Soll der Schriftzug erhaben auf der Vorderseite des Schilds liegen, kleben Sie auf der Rückseite der Folie eine Hilfslinie ab. Drehen Sie die Schablonen um. Sie müssen in Spiegelschrift schreiben, damit die Schrift später auf der Vorderseite richtig erscheint. Wenn der Schriftzug fertig ist, wird das Malerkrepp entfernt.

3 Farbe (nach Belieben)

Alle Folien nehmen Farbe an. Vor allem nickelfarbiger Folie, die sehr stark glänzt, bekommt es gut, wenn sie durch Farbe etwas matter wird. Das lässt sich schnell und leicht mit Permanentmarkern erledigen, deren Farbe lange hält, weil sie in das Metall eindringt, statt nur auf der Oberfläche zu haften. Die Farbe wird jeweils nur auf eine kleine Teilfläche aufgetragen und sofort danach mit Küchenpapier oder einem Lappen abgewischt. Erhabene und vertiefte Bereiche nehmen Farbe unterschiedlich an. Dadurch entsteht eine Interessante Oberfläche. Sie können Flächen mehrmals behandeln, um die Farbe zu intensivieren.

4 Letzte Handgriffe

Zum Aufhängen stanzen Sie die Schilder mit einem robusten Bürolocher und fädeln eine Schnur oder einen Draht durch das Loch. Steckschilder bekommen einen Halter aus Draht (siehe Seite 187). Die Metallfolie auf den Halter legen und die Laschen oder Ränder nach hinten umfalten, um sie zu befestigen.

Halter aus gedrehtem Draht

Halter für Schilder aller Art lassen sich schnell und leicht biegen. Ich spanne gern ein Ende meines Werkstücks in einen Schraubstock ein. Mein Schraubstock ist fest an einem Ende meiner Werkbank montiert, es gibt aber auch hervorragende Modelle, die sich bei Bedarf an- und abbauen lassen. Solche Schraubstöcke empfehlen sich für alle, die Bastelarbeiten am Küchentisch erledigen.

Das andere Ende des Drahts, der gedreht werden soll, halte ich mit einer Gripzange. So brauche ich mit der Hand nur Kraft auszuüben, um die Zange zu drehen. Eine gewöhnliche Zange müsste man ständig fest zusammendrücken und gleichzeitig drehen, was recht anstrengend sein kann.

Tragen Sie beim Drehen von Draht immer Handschuhe und eine Schutzbrille, denn er kann unversehens aus der Zange oder dem Schraubstock rutschen und dann gefährlich durch die Luft peitschen.

Für meine Schilderhalter verwende ich meist verzinkten Draht mit 0,8–1,3 mm Durchmesser. Draht auf der Rolle ist etwas widerspenstig. Um ihn gerade zu ziehen, spannen Sie ein Ende in den Schraubstock ein und erfassen das andere mit der Gripzange. Meist genügt es, mehrmals kräftig zu ziehen. Gut geeignet sind auch Drahtkleiderbügel aus der chemischen Reinigung. Der Draht ist so stabil, dass es sogar genügt, einfach einen Haken ins obere Ende zu biegen, um ein Schild einzuhängen. Da die Kleiderbügel nicht verzinkt sind und schnell rosten, sollten Sie sie mit Lackfarbe oder Acrylklarlack schützen. Glätten Sie zuerst alle scharfen Ecken und Kanten mit einer Metallfeile oder grobem Schleifpapier. Dann stecken Sie einfach mehrere Halter in ein Stück Styropor oder einen Eimer mit Sand und besprühen alle gemeinsam mit Farbe.

Für einen gedrehten Halter brauchen Sie ein Stück Draht, das 2½–3-mal so lang ist, wie der fertige Halter werden soll. Den Draht durch das Loch im fertigen Pflanzenschild fädeln und doppelt legen, sodass die beiden Enden gleich lang sind. (Für einen längeren, stabileren Halter können Sie zuerst zwei Drähte miteinander verdrehen, gemeinsam durch das Loch schieben und dann die Drahtpaare miteinander verdrehen. Werden die Drähte zu fest zusammengedreht, können sie brechen. Sind sie zu locker zusammengedreht, leidet die Standfestigkeit des Halters.)

Das umgebogene Ende des Drahts (nicht das Schild) fest in den Schraubstock einspannen oder über einen stabilen Haken hängen. Die beiden Drahtenden mit der Gripzange fassen und in einer Richtung drehen. 15–20 Drehungen genügen meist, aber letztlich müssen Sie es ausprobieren, denn jeder Draht verhält sich anders. Sie haben genug gedreht, wenn der Draht auf ganzer Länge gleichmäßig gezwirbelt aussieht. Zählen Sie mit beim ersten Halter, wie oft Sie drehen, dann haben Sie einen Anhaltspunkt für weitere Halter.

Oft ist es schwierig, den gesamten Draht von einem Ende zu zwirbeln. Lösen Sie ihn nach den ersten Drehungen aus dem Schraubstock. Spannen Sie dann die beiden Enden ein und erfassen Sie den Draht knapp unterhalb des Schilds, um vom anderen Ende zu drehen. Das Schild selbst nicht mit der Gripzange erfassen, sonst wird es beschädigt. Lassen Sie am doppelten Ende eine kleine Schlaufe, damit das Schild locker hängen kann.

Falls nötig, kneifen Sie die Drahtenden ab. Dann die Schlaufe so zurechtbiegen, dass das Schild gerade herabhängt, wenn der Halter im Boden steckt.

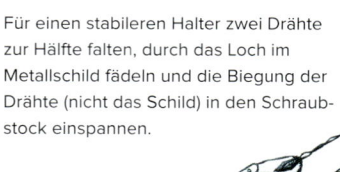

Für einen stabileren Halter zwei Drähte zur Hälfte falten, durch das Loch im Metallschild fädeln und die Biegung der Drähte (nicht das Schild) in den Schraubstock einspannen.

Die Biegung aus dem Schraubstock lösen und die Enden einspannen, um die Drähte auch vom anderen Ende aus zusammenzudrehen. Halten Sie mit der Gripzange nur den Draht fest, nicht das Schild.

Ein geprägtes Metallschild im Halter befestigen

Statt den Draht durch ein Loch im Schild zu fädeln, können Sie ein viereckiges Schild auch in einer Drahtschlaufe befestigen. In diesem Fall müssen beim Zuschnitt des Schilds rechts und links oder an allen vier Seiten etwa 12 mm breite Laschen zugegeben werden, um sie um den Drahthalter zu biegen.

Zum Biegen des Drahts spannen Sie zuerst ein Kantholz in der Größe Ihres Schilds in den Schraubstock ein. Den Draht so um das Holz legen, dass seine Enden gleich lang sind. Die Drähte mit der Gripzange erfassen und in 5 mm Abstand zum Holz zusammendrehen. Der Abstand ist nötig, damit sich das Holz später aus der Drahtschlaufe ziehen lässt.

Für sehr große Schilder sollten Sie zuerst zwei Drähte zusammendrehen, damit der Halter stabiler wird. Dann diesen doppelten Draht wie oben beschrieben um das Holz biegen.

Wenn die Drähte zusammengedreht sind, nehmen Sie das Holz aus der Schlaufe und korrigieren, falls nötig, ihre Form. Das geprägte Schild auf die Schlaufe legen, seine überstehenden Ränder oder Laschen um den Draht biegen und mit der Zange fest zusammendrücken, damit das Schild nicht verrutscht.

Halter mit zwei Beinen

Zweibeinige Halter lassen sich ganz einfach aus dickerem Draht (ca. 2 mm) biegen, den es zum Beispiel in verzinkter Qualität als Spanndraht für Zäune zu kaufen gibt. Bedenken Sie, dass dickerer Draht von der Rolle recht widerspenstig sein kann.

Spannen Sie ein dickes Rundholz, eine Konservendose oder ein anderes rundes, stabiles Hilfsmittel in den Schraubstock ein, legen Sie den dicken Draht herum und drücken Sie die Enden fest zusammen, um ihn gleichmäßig zu biegen. Kneifen Sie dann die Enden auf gleicher Länge ab.

An solchen gebogenen Haltern lassen sich Schilder leicht befestigen. Das Metall wird etwa 2,5 cm breiter als der Drahtbogen zugeschnitten, und hoch genug, um alle gewünschten Informationen darauf unterzubringen. Die beiden Seiten des Schilds etwa 12 mm nach hinten biegen, um den Draht legen und fest an ihn andrücken, beispielsweise mit der Kante eines Spachtels.

Alternativ geben Sie oben und unten 12 mm zu und bohren in diese Befestigungslaschen vor dem Prägen oder Beschriften je zwei Löcher. Dann die Laschen rechtwinklig zum Schild nach hinten biegen, die Drähte des Halters durch die Löcher stecken und das Schild bis zum Bogen hochschieben (siehe Abbildung unten).

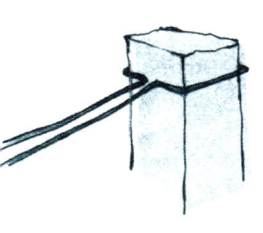

EINE GROSSE, ECKIGE DRAHTSCHLAUFE BIEGEN
Einen Holzklotz in den Schraubstock spannen, den Draht herumlegen und in Form biegen. Den Draht vom Holz nehmen, bei Bedarf die Form der Schlaufe korrigieren und die Laschen des Schilds fest um den Draht biegen.

LASCHEN ZUR BEFESTIGUNG AN EINER SCHLAUFE
Beim Zuschnitt des Schilds werden an allen vier Seiten 12 mm breite Laschen zugegeben, die so nach hinten umgebogen werden, dass sie die Drahtschlaufe fest umschließen.

METALLSTREIFEN AN ZWEIBEINIGEN HALTERN
Der Metallstreifen für das Schild muss mindestens 2,5 cm breiter sein als der Abstand zwischen den dicken Drähten, damit seine Seitenkanten nach hinten umgebogen werden können.

METALLSCHILD MIT BOHRUNGEN
Laschen am oberen und unteren Rand des Schilds werden vor dem Prägen oder Beschriften mit einem dünnen Metallbohrer durchbohrt. Sein Durchmesser darf nicht größer sein als die Drahtstärke, damit das Schild nicht verrutscht. Wenn Sie das Metall auf der Rückseite entlang der Faltlinien mit einem Lineal und einem stumpfen Werkzeug anritzen, lässt es sich leichter gerade umbiegen.

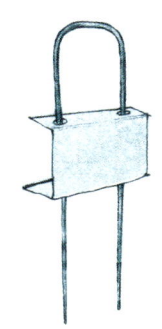
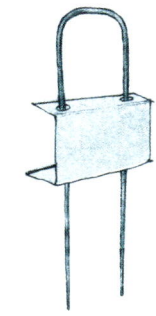

STRICKNADEL ALS HALTER
Sie können auch einzelne lange Aluminium-Stricknadeln umfunktionieren. Einfach zwei Löcher in eine Seite des Metallschilds bohren und die Stricknadel durchschieben. Dünnere Metallfolie lässt sich möglicherweise sogar mit der Stricknadel durchstechen, ohne sie zu bohren.

DRAHT-HALTER FÜR SAMENTÜTEN

Samentüten geben praktische Schilder für Gemüse und einjährige Pflanzen ab. Sie zeigen auf einer Seite ein Foto der Pflanze und auf der Rückseite allerlei nützliche Informationen. Um die Tüten wetterfest zu machen, genügt es, sie mit zwei oder drei Schichten Klarlack einzupinseln oder einzusprühen.

Um die Tüten beim Lackieren nicht anfassen zu müssen, ziehe ich mit Nadel und Nähgarn eine Schlaufe durch die obere Mitte oder eine Ecke und hänge sie an einen Stock. Mit Sprühlack ist das Versiegeln im Nu erledigt. Verwenden Sie aber ein Produkt, das nach der Trocknung keinen Gelbstich bekommt (fragen Sie im Zweifelsfall im Geschäft nach).

Um die Schilder ins Beet zu stecken, biege ich aus Draht einfache Halter mit Spiralwicklungen zum Einklemmen der Tüten.

Material

- 1 m Draht, 1,3 mm stark
- Rundholz oder anderes rundes Hilfsmittel, 5 cm Durchmesser, 10–15 cm lang
- Schraubstock
- Gripzange
- Samentüte
- Seitenschneider
- Schutzbrille

1 Das Rundholz einspannen

Das Rundholz (oder ein anderes Hilfsmittel) so fest in den Schraubstock einspannen, dass es beim Drehen des Drahts nicht verrutscht.

2 Den Draht um das Rundholz wickeln

Den Draht doppelt nehmen und so um das Rundholz legen, dass ein Ende etwa 25 cm länger als das andere ist. Das längere Ende drei- oder viermal um das Rundholz wickeln.

3 Ein Ende abkneifen

Mit dem Seitenschneider einen der beiden Drähte, die um das Rundholz gewickelt wurden, in etwa 10 cm Abstand zu diesem abkneifen. Dieser Draht wird später zum Fixieren der Wicklungen verwendet.

4 Die langen Enden zusammendrehen

Die restlichen drei Drähte mit der Gripzange fassen und zusammendrehen. Sie bilden den Schaft des Halters.

5 Vom Rundholz nehmen

Den gewickelten Ring vom Rundholz ziehen. Das 10 cm lange Drahtende mehrmals fest um diesen Ring wickeln, um die Schlaufen zusammenzuhalten. Das Ende des Drahts kurz abkneifen. Das untere Ende des Schafts sauber abkneifen.

6 Die Samentüte einklemmen

Falls nötig, die oberen Schlaufen fächerförmig auseinanderziehen und die Samentüte zwischen die Drähte schieben. Ihre Spannung muss groß sein, um die Tüte sicher festzuhalten.

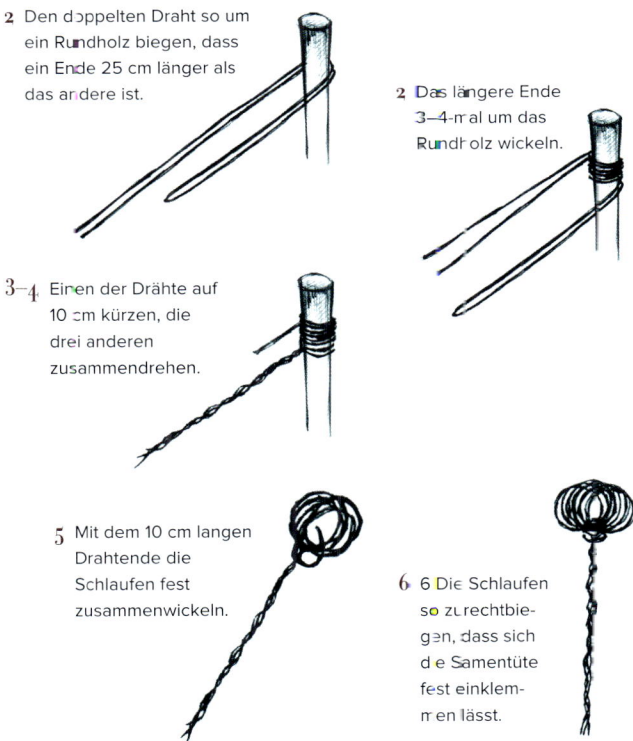

2 Den doppelten Draht so um ein Rundholz biegen, dass ein Ende 25 cm länger als das andere ist.

2 Das längere Ende 3–4-mal um das Rundholz wickeln.

3–4 Einen der Drähte auf 10 cm kürzen, die drei anderen zusammendrehen.

5 Mit dem 10 cm langen Drahtende die Schlaufen fest zusammenwickeln.

6 Die Schlaufen so zurechtbiegen, dass sich die Samentüte fest einklemmen lässt.

GEGENÜBER: Samentüten sind mit allerlei nützlichen Informationen bedruckt, und sie sehen im Beet schön nostalgisch aus. Wenn man die Tüten mit Klarlack versiegelt, sind sie relativ wetterfest. Trotzdem klebe ich meist zur Sicherheit Fotokopien beider Seiten der Samentüten in mein Gartentagebuch.

GESCHENKE AUS DEM GARTEN

Gärtner teilen gern. Sie geben großzügig Gemüse, Blumen oder Pflanzen an andere Gartenbesitzer weiter und verschenken Schönes aus eigener Ernte an Freunde, die keinen Garten haben. Lavendel-Zauberstäbe und Knoblauchzöpfe müssen im Sommer gebastelt werden, wenn die Stiele noch geschmeidig sind. Einen Reisigbesen oder eine Schlauch-Fußmatte kann man auch im Winter basteln.

GEGENÜBER: Rote Chilischoten werden einfach auf Baumwollnähgarn gefädelt und zum Trocknen aufgehängt. Knoblauchzöpfe sind dekorativ und halten bis in den Winter hinein.

Vor einigen Jahren habe ich auf einer Reise nach Mexiko so einen Haken aus einem Ast gesehen, an dem Chilis hingen. Ich fand ihn so pfiffig, dass ich ihn mitsamt der Chilis gekauft habe. Seitdem sammle ich solche hakenförmigen Äste und trockne sie, damit sich die Rinde leichter entfernen lässt. Zuletzt wird ins obere Ende ein Loch für eine Schlaufe zum Aufhängen gebohrt.

KNOBLAUCHZOPF

Knoblauchsorten mit geschmeidigen Stängeln lassen sich kinderleicht zu dekorativen Zöpfen flechten. Wenn das Grün des Knoblauchs im Spätsommer welk wird, graben Sie die Knollen aus und legen sie einige Tage zum Trocknen. Entfernen Sie danach alle beschädigten äußeren Blätter. Und dann gehen Sie so vor:

1 Zwei Stängel kreuzen

Zwei Stängel dicht unterhalb der Knollen über Kreuz legen. Versuchen Sie, den Zopf möglichst fest zu flechten, ohne dabei die Stängel zu beschädigen.

2 Der dritte Stängel

Die dritte Knolle daraufpflegen. Ihr Stängel liegt in der Mitte.

3 Der Anfang des Zopfs

Den linken Stängel in die Mitte legen. Dabei die Knollen möglichst dicht zusammenhalten.

4 Der vierte Stängel

Die vierte Knolle dicht neben die anderen legen, ihr Stängel liegt parallel zum rechten Stängel. Beim weiteren Flechten abwechselnd die rechten und linken Stängel in die Mitte legen, und nach jedem Flechtgang eine weitere Knoblauchknolle hinzufügen.

5 Letzte Handgriffe

Durch das Hinzufügen weiterer Knollen wird der Zopf immer dicker und schwerer. Legen Sie ihn bei der Arbeit auf einen Tisch. Wenn 12–18 Knollen eingeflochten sind, nehmen Sie keine weiteren hinzu, sondern flechten lediglich die Halme, bis der Zopf so lang ist, dass man ihn umbiegen kann. Wickeln Sie Schnur oder Draht fest um die umgebogenen Halme, um die Schlaufe zu fixieren. Dann brauchen Sie nur noch eine Schnur zum Aufhängen durch die Schlaufe zu ziehen. Falls nötig, können Sie den fertigen Zopf auf der Tisch legen und vorsichtig in gleichmäßige Form zupfen

KNOBLAUCH FLECHTEN

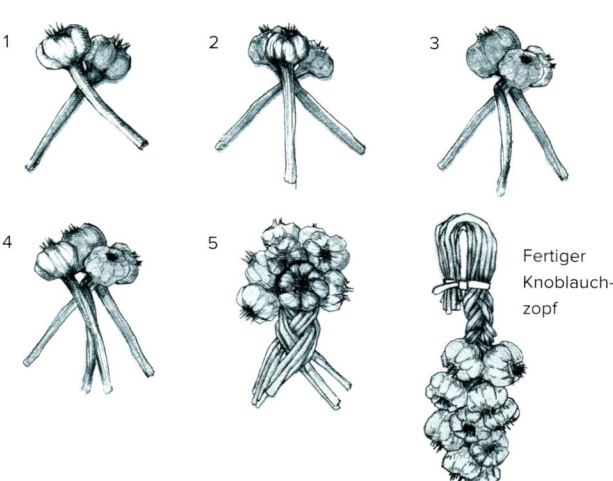

Fertiger Knoblauchzopf

LAVENDEL-ZAUBERSTÄBE

In meinem Garten wachsen verschiedene Lavendelsorten. Einen Teil der Blüten trockne ich für Potpourris und Duftsäckchen. Aus langstieligen Sorten binde ich «Zauberstäbe» mit Band aus Samt oder Satin. So wird aus einem einfachen Lavendelsträußchen und einem langen Band ein fest geschnürtes Duftgebinde für den Wäscheschrank. Schneiden Sie den Lavendel, kurz bevor sich die Knospen öffnen, dann fallen sie nicht so leicht ab.

Material

- 42 Stiele Lavendel, möglichst lang, kurz vor dem Aufblühen geschnitten
- 2 m schmales Band
- Malerkrepp
- Schere
- Häkelnadel

1 Die Stiele zusammenbinden

Den Lavendel so zu einem Strauß zusammenfassen, dass alle Blütenstände auf gleicher Höhe liegen. Direkt unter den Blütenständen mit dem Band zusammenbinden.

2 Die Stiele zu Speichen spreizen

Nun die Stiele so spreizen, dass sie wie Radspeichen abstehen. Teilen Sie die 42 Stiele in sieben Speichen mit je sechs Stielen auf und halten Sie die Enden jeder Speiche mit etwas Malerkrepp zusammen. Sie können mehr Stiele verwenden, damit die Zauberstäbe dicker werden, aber die Anzahl der Speichen muss immer ungerade sein.

GEGENÜBER: Lavendel-Zauberstäbe müssen im Sommer gebunden werden, weil man dafür frische Blüten mit langen, geschmeidigen Stielen braucht.

3 Band durch die Speichen flechten

Halten Sie die Arbeit so, dass die Blüten nach unten zeigen. Das Band zwischen zwei Speichen hervorholen und abwechselnd über und unter die Speichen führen. Nach einer Runde festziehen, sodass das Band im Zentrum der Speichen liegt.

4 Weitere Runden weben

Das Band weiter in Runden abwechselnd über und unter die Speichen legen. Dabei auf gleichmäßige Abstände der Speichen achten und das Band nicht verdrehen. Die Breite des Bands und die Abstände der Runden bestimmen, wie viel von den Speichen sichtbar bleibt.

5 Die Stiele um die Blüten legen

Wenn etwa 2,5 cm geflochten sind, biegen Sie die Stiele nach unten, sodass sie mit den folgenden Runden um die Blüten gezogen werden.

6 Die Speichen zusammenziehen

Wenn die Blüten bedeckt sind, ziehen Sie das Band etwas fester, um die Speichen enger zusammenzuziehen.

7 Letzte Handgriffe

Nun das Band eng um die Stiele wickeln und fest verknoten. Wenn die Bandenden lang genug sind, können Sie ein längeres Stück der Stiele umwickeln. Die Enden nach dem Verknoten auf 5–8 cm kürzen und mit einer Häkelnadel ins Innere des Zauberstabs ziehen, sodass sie nicht mehr zu sehen sind. Die überstehenden Lavendelstiele gerade abschneiden. Die Zauberstäbe einige Tage kopfüber aufhängen oder in einen Korb stellen. Je nach Klima dauert die Trocknung einige Tage oder Wochen.

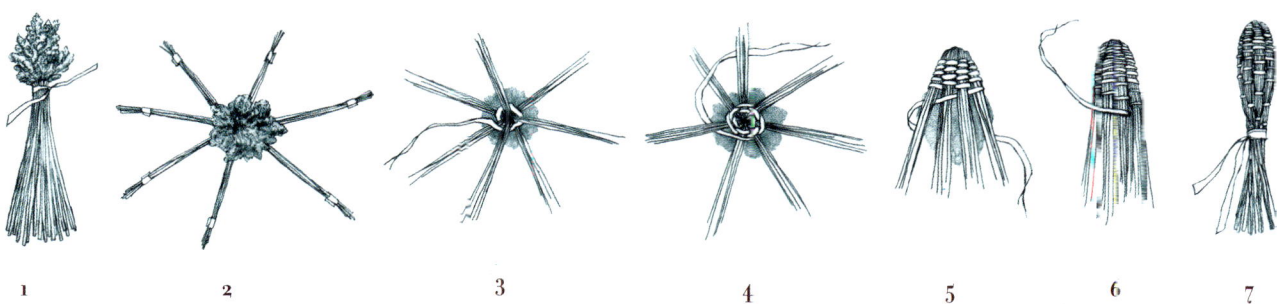

1   2   3   4   5   6   7

GARTENSCHLAUCH-FUSSMATTE

FERTIGE GRÖSSE CA. 92 X 46 CM

Aus alten Gartenschläuchen bastele ich große Kübel und Körbe (siehe Seite 72). Flache Tropfschläuche sind dafür nicht sonderlich gut geeignet, darum verarbeite ich sie zu Fußmatten – ein tolles Geschenk für Freunde mit Garten oder einfach mit Freude an praktischen Dingen.

Material

- Flacher Gartenschlauch, ca. 30,5 m
- Kabelbinder, ca. 200 Stück
- Zange
- Seitenschneider
- Spachtel

1 Den Schlauch in Stücke schneiden

Aus dem Schlauch Stücke von 92 cm Länge zuschneiden. Entscheiden Sie selbst, ob Sie Kupplungsstücke entfernen möchten. Falls Sie Schläuche in verschiedenen Farben haben, könnten Sie damit ein Muster gestalten.

2 Die ersten beiden Stücke verbinden

Zwei Schlauchstücke so nebeneinanderlegen, dass sie auf der Schmalseite stehen und sich mit den Breitseiten berühren. In Abständen von 15–20 cm mit Kabelbindern zusammenhalten. Alle Kabelbinder in derselben Richtung anbringen und ihre Köpfe auf gleiche Höhe drehen, bevor Sie die überstehenden Enden abschneiden. Ich schiebe die Köpfe am liebsten zwischen die Schläuche. Jeden Kabelbinder mit einer Zange festziehen, dann das herausstehende Ende dicht am Kopf abkneifen.

3 Weitere Schlauchstücke anbringen

Das nächste Schlauchstück an das erste Paar anlegen und die Kabelbinder so befestigen, dass ein Muster entsteht (zum Beispiel Zickzack oder gerade Linien, siehe Seite 74). Sie können das Muster vor dem endgültigen Festziehen der Kabelbinder auch mit Kreide auf den Schlauchstücken vorzeichnen. Weitere Schlauchstücke ebenso anbringen, bis die Matte die gewünschte Breite hat. Wenn Sie dabei die Köpfe der Kabelbinder an der Breitseite des Schlauchs platzieren, werden sie beim Befestigen des nächsten Schlauchstücks automatisch verdeckt. Die Köpfe der Kabelbinder, mit denen der letzte Schlauch befestigt wird, können Sie mit einem Spachtel zwischen die Schlauchreihen schieben.
Schlauchmatten halten viele Jahre. Bei starker Beanspruchung kann es vorkommen, dass ein Kabelbinder reißt oder sich löst, weil sein Ende zu nah am Kopf abgeschnitten wurde. Ersetzen Sie ihn einfach durch einen neuen.

2–3 SCHLAUCHSTÜCKE ZUSAMMENFÜGEN
Schlauchstücke mit Kabelbindern zusammenhalten, dann die Kabelbinder fest zuziehen und ihre Köpfe zur Breitseite des Schlauchs schieben, sodass sie beim Anbringen des nächsten Stücks verdeckt werden.

3 Sie können die Kabelbinder in einem Muster anordnen.

GEGENÜBER: So eine originelle und praktische Fußmatte ist aus einem alten Tropfschlauch und ein paar Handvoll Kabelbindern schnell gemacht!

REISIGBESEN

Im Garten von Freunden wächst ein gewaltiger Bambus. Seit Jahren darf ich dort Stangen für den Garten ernten – allerdings unter der Bedingung, dass ich die Stangen nach dem Schnitt mit zu mir nehme, dort säubere und all die kleinen, harten Zweige (die auf dem Kompost nur sehr langsam verrotten) auf meinem eigenen Grundstück entsorge.

Ich hatte eigentlich nicht geplant, unter die Besenbinder zu gehen, aber ich brachte es nicht übers Herz, all die robusten, dünnen Zweige einfach zu vernichten. Also schenke ich nun den Bambusspendern und anderen Freunden praktische Reisigbesen. Ich selbst fege damit Wege, Terrasse und Einfahrt, und ein Besen steht drinnen neben dem offenen Kamin.

Wenn kein Bambus zur Verfügung steht, können Sie Besen auch aus Zweigen von Laubbäumen binden. Damit der Besen lange hält, sollten die Zweige frisch geschnitten, geschmeidig und stabil sein. Vermeiden Sie Gehölze, die klebrigen Saft absondern.

Material

- 4–6 Dutzend Zweige von Laubbäumen, mindestens 38–46 cm lang. Die Anzahl der Zweige bestimmt das Volumen des Besens.
- Rundholz oder Besenstiel
- 8 Kabelbinder, 20 cm lang
- 4 Stücke Draht, 46 cm lang, 1 mm Durchmesser
- Seitenschneider/Rebschere
- Zange
- Bohrmaschine und Bohrer (7,5–8 mm)
- 2 kräftige Nägel mit großen Köpfen
- 1 Stück Leder, ca. 20 x 30 cm
- 95 cm robustes Lederband

NACH BELIEBEN: Schraubstock, Heckenschere

1 Die Zweige vorbereiten

Mit Seitenschneider oder Rosenschere an den dickeren Enden der Zweige auf einer Länge von 25–30 cm alle Seitentriebe entfernen. Alle anderen Seitentriebe stehen lassen.

2 Die Zweige bündeln

Jeweils 6–8 Zweige an den dicken Enden mit Kabelbindern fest zusammenschnüren. Sie brauchen acht Bündel ähnlicher Größe. Um Ihre Hände zu schonen, ziehen Sie die Kabelbinder mit einer Zange fest. Die überstehenden Enden dicht neben dem Kopf abkneifen. Sie können die Zweige auch mit Draht bündeln.

3 Den Stiel vorbereiten

Die Zweigbündel werden mit Draht am Stiel befestigt werden. Um beide Hände frei zu haben, spannen Sie den Stiel in einen Schraubstock ein. Durch das Ende des Besenstiels vier Löcher in Abständen von 4 cm bohren. In jedes Loch ein Stück Draht schieben und bis zur Häfte durchziehen.

4 Die Zweigbündel am Stiel befestigen

Die Hälfte der Zweigbündel an einer Seite am Besenstiel anlegen und mit zwei Drähten sorgfältig befestigen. Die oberen Enden der Zweige liegen dabei 4–5 cm über der oberen Bohrung. Die Enden der Drähte fest zusammendrehen, dann auf 5 cm kürzen und zum Besenstiel hin zwischen die Zweige schieben. Die restlichen Zweigbündel auf der anderen Seite des Besenstiels mit den anderen beiden Drähten ebenso befestigen.
Wenn Sie ohne Schraubstock arbeiten, legen Sie Besenstiel und Zweige auf eine große Arbeitsfläche. In diesem Fall befestigen Sie die Zweigbündel besser mit Kabelbindern.

GEGENÜBER: Die Reisigbesen sind robust genug, um Hof oder Terrasse zu fegen, aber sie machen auch im Haus, zum Beispiel am offenen Kamin, eine gute Figur.

5 Die Zweigenden abschneiden

Die befestigten Enden der Zweige mit einer Rebschere auf gleicher Höhe abschneiden. Die unteren Enden, die zum Fegen benutzt werden, können mit einer Rebschere oder einer Heckenschere begradigt werden.

6 Einfache oder selbstsichernde Ledermanschette

Für eine einfache Manschette brauchen Sie einen Lederstreifen, der breit genug ist, um alle Kabelbinder zu verdecken, und lang genug, um ihn mit einigen Zentimetern Überlappung um die oberen Enden der Zweige zu wickeln. Das Leder auflegen und seine Kante mit zwei Nägeln sichern, die in die Bohrungen für die Drähte gesteckt werden. Nun das Leder fest um die Zweige wickeln. Zwei Lederbänder stramm um die Manschette wickeln und mit Kreuzknoten sorgfältig sichern.

Für eine selbstsichernde Manschette brauchen Sie ein Stück Leder von 15 x 41 cm. Ein Ende so zuschneiden, dass vier Bänder von 25 cm Länge entstehen. In die Ecken des anderen Endes zwei kleine Schlitze schneiden. Das Leder zwischen Schlitzen und Bändern muss breit genug sein, um die Kabelbinder zu verdecken, und lang genug, um die Zweigenden zu umhüllen. Das Leder so um den Besen legen, dass Drähte und Kabelbinder verdeckt werden. Die Bänder durch die Schlitze fädeln, festziehen und verknoten.

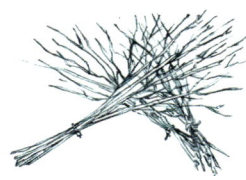

1–2 Seitentriebe im oberen Bereich der Zweige entfernen. Jeweils 6–8 Zweige mit Kabelbindern zu Bündeln zusammenschnüren.

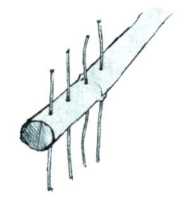

3 Vier Löcher in den Besenstiel bohren und durch jedes einen Draht schieben.

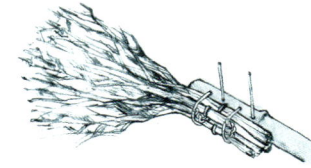

4 Die Hälfte der Zweigbündel auf einer Seite des Stiels mit zwei Drähten befestigen.

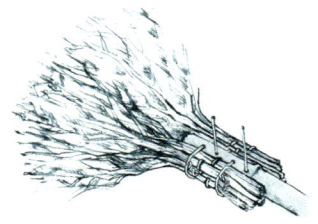

4–5 Die restlichen Zweigbündel mit den anderen beiden Drähten auf der anderen Seite des Stiels befestigen. Dann die Zweigenden gleichmäßig abschneiden.

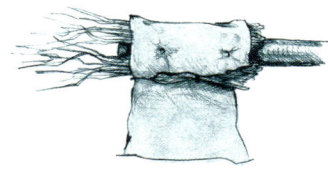

6 EINFACHE LEDERMANSCHETTE
Die Kante des Lederstreifens mit zwei Nägeln am Besenstiel befestigen.

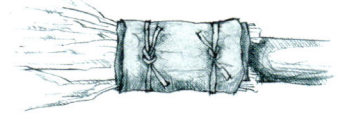

7 EINFACHE LEDERMANSCHETTE
Das Leder fest um den Besen wickeln und mit zwei Lederbändern, die mit Kreuzknoten gesichert werden, festbinden.

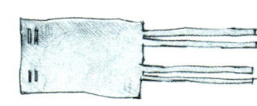

8 SELBSTSICHERNDE LEDERMANSCHETTE
Das Leder so zuschneiden, dass an einem Ende vier Streifen entstehen. In die Ecken der anderen Seite zwei kleine Schlitze schneiden.

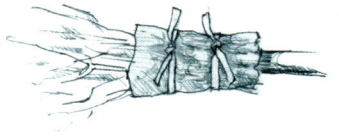

9 SELBSTSICHERNDE LEDERMANSCHETTE
Das Leder um den Besen wickeln, die Bänder durch die Schlitze ziehen und fest verknoten.

....

GEGENÜBER: Robuste Forken, deren Stiele abgebrochen waren, haben eine neue Funktion bekommen. Ich habe sie in standfeste Holzklötze (15 × 15 cm) eingelassen und benutze sie, um Gartenhandschuhe zu trocknen oder allerlei Kleinigkeiten aufzubewahren.

STOFFBEUTEL FÜR SAMEN UND KNOLLEN

Natürlich spart es Geld, wenn man Samen sammelt und trocknet. Mir gefällt aber auch der Gedanke, auf diese Weise in den Beeten eine Art Tradition zu etablieren. Die Ringelblumen, die ich jedes Jahr aussäe, sind beispielsweise Nachkommen von Samen, die mir vor Jahren eine Freundin geschenkt hat, und ich schätze sie wegen ihres Erinnerungswerts.

Für Blumen, die Kapseln mit kleinen Samen bilden (beispielsweise Mohn, Indigolupine oder Japanische Iris), nähe ich Beutel aus feinem Stoff wie Musselin, Batist oder Organza. Ich bündele die Samenstände und stecke sie in die Beutel, um die Samen aufzufangen. Bei Beuteln für frostempfindliche Knollen, die im Herbst ausgegraben werden müssen, verwende ich Sackleinen, Fliegengitter oder alte Wäschenetze.

Die Größe der Beutel zum Trocknen und Lagern von Blüten oder Knollen bestimmen Sie selbst. Beutel mit Rechs-Links-Nähten sind praktisch für winzige Samen, die sonst in den Nahtzugaben hängen bleiben würden. Zum Beschriften der Beutel eignet sich ein Textilmarker oder ein Permanentmarker.

Material

- Reste von Musselin, Organza, Batist, Fliegengitter oder Sackleinen, doppelt so groß wie die gewünschte Beutelgröße
- Nähmaschine und Nähgarn
- Schere
- Kordel, 60 cm lang

1 Der Hohlsaum

Aus dem Stoff ein Rechteck in der doppelten Breite des Beutels zuschneiden. Eine Längsseite 12 mm nach links umbügeln. Dieselbe Kante nochmals 4 cm nach links umbügeln. Den Einschlag knapp neben dem inneren Falz feststeppen. Dies ist der Hohlsaum an der Oberkante, durch den die Kordel gezogen wird.

2 Den Beutel zusammennähen

BEUTEL MIT NORMALEN NÄHTEN ZUM LAGERN VON KNOLLEN ODER ZUM TROCKNEN VON BLUMEN MIT GROSSEN SAMEN

Den Stoff rechts auf rechts zur Hälfte falten, der Hohlsaum liegt oben. Die Seitenkanten und die Unterkanten mit 12 mm Nahtzugabe zusammennähen, dabei knapp unterhalb des Hohlsaums beginnen. Wenn Sie sehr schwere Knollen verstauen wollen, nähen Sie die Bodennaht sicherheitshalber zweimal.

BEUTEL MIT RECHTS-LINKS-NÄHTEN ZUM TROCKNEN VON PFLANZEN MIT WINZIGEN SAMEN

Den Stoff links auf links zur Hälfte falten, der Hohlsaum liegt oben. Die Seitenkanten und die Unterkanten mit 5 mm Nahtzugabe zusammennähen, dabei knapp unterhalb des Hohlsaums beginnen. Den Beutel auf links wenden und beide Kanten nochmals mit 12 mm Nahtzugaben nähen. Wieder knapp unter dem Hohlsaum beginnen.

3 Letzte Handgriffe

Den Beutel auf rechts wenden. Eine Kordel durch den Hohlsaum ziehen und ihre beiden Enden verknoten.

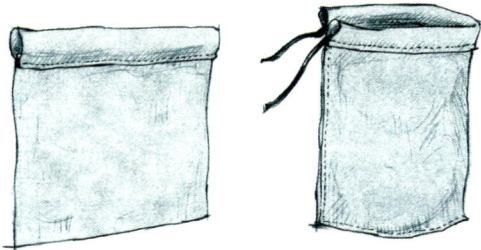

2 Zuerst den Hohlsaum an der Oberkante nähen, dann Seiten- und Bodennaht schließen. Dabei darf der Hohlsaum nicht zugenäht werden.

TIPPS ZUM TROCKNEN

Pflanzen, deren Blätter oder Samenstände für die Trockenfloristik verwendet werden sollen, müssen so lange trocknen, bis sie sich wie Papier anfühlen. Die Trockendauer hängt vom Klima ab. In Gegenden mit hoher Luftfeuchtigkeit kann es Wochen dauern, und bei feuchter Witterung nehmen die Pflanzen sogar wieder Feuchtigkeit auf. Wenn Sie Stiele mit Samenständen in einen Beutel stecken und aufhängen, fallen innerhalb einiger Wochen die Samen heraus und sammeln sich am Grund des Beutels. Sind einige Samenstände noch geschlossen, helfen sie mit den Fingern nach. Silberlinge verlieren mit der Zeit ihre äußere Schicht, aber ich bin oft ungeduldig und habe Freude daran, die Blätter zwischen den Fingern zu zerreiben, um diesen Vorgang zu beschleunigen.

OBEN: Viele Gräser und Blumen kann man zum Trocknen einfach kopfüber aufhängen. Wer die Samen auffangen will, sollte sie in einen dünnen Stoffbeutel stecken.

EDELRAUTE	*Stiele mit makellosen Blättern schneiden und kopfüber aufhängen*
STRANDFLIEDER (EINJÄHRIG)	*In der Hochblüte kopfüber aufhängen*
STRANDHAFER	*Bündeln und kopfüber aufhängen, wenn die Ähren prall sind*
LAMPIONBLUME	*Bündeln und kopfüber aufhängen, wenn sie sich orange färben*
RIESEN-ZIERLAUCH	*Ohne Wasser in eine Vase stellen, wenn die Samenstände braun werden*
STRAUCHHORTENSIE	*In der Hochblüte schneiden und ohne Wasser in eine Vase stellen*
KORKENZIEHERWEIDE	*Ohne Wasser in eine Vase stellen*
WEIDE MIT KÄTZCHEN	*Ohne Wasser in eine Vase stellen*
SAMENBESTÄNDE DER INDIGOLUPINE	*Kopfüber in Beuteln aufhängen, um Samen aufzufangen*
SAMENBESTÄNDE DES TÜRKENMOHNS	*Kopfüber in Beuteln aufhängen, um Samen aufzufangen*
SAMENBESTÄNDE DES SILBERBLATTS	*Kopfüber in Beuteln aufhängen, um Samen aufzufangen*

SAMENTÜTEN ZUM VERSCHENKEN

Jedes Jahr sammle ich massenhaft Obst- und Gemüsesamen. Für den Eigenbedarf verstaue ich sie in braunen Kraftpapierumschlägen oder leeren Bonbondosen und kritzele nur die nötigen Informationen darauf. Wenn ich Samen verschenke, gebe ich mir mehr Mühe, beschrifte die Tütchen ausführlicher und klebe manchmal ein Foto oder eine Zeichnung dazu.

Sie können Samentüten nach Lust und Laune mit Fotos, Stempeln, Aufklebern, Zitaten oder Bonmots dekorieren. Vergessen Sie aber nicht, das Datum und Ihren Namen auf die Tüten zu schreiben, damit der Beschenkte weiß, dass die Samen einen ehrwürdigen Stammbaum haben.

Mit Laser- und Tintenstrahldruckern lassen sich verschiedene Papierarten und Umschläge bedrucken. Ich verwende gern Umschläge aus Velin oder Pergament, die es in guten Schreibwarengeschäften und Briefmarkenhandlungen gibt. Auch Bögen aus Velin oder Maulbeerpapier bedrucke ich oft, um daraus Tüten zu falten. Eine Vorlage dafür finden Sie auf der Seite rechts. Sie können die Schablone abzeichnen oder scannen und mit dem Computer bearbeiten (siehe Schritt 1, unten). Eventuell müssen Sie zum Bedrucken von Velin oder handgeschöpftem Papier aber die Einstellungen Ihres Druckers verändern.

Material

- 1 Blatt Papier pro Samentüte (beispielsweise Packpapier, Velin oder Maulbeerpapier)
- Papierschere
- Lineal
- Papierkleber oder Klebestift
- Aufkleber, Stempel, Fotos und/oder Bilddateien

NACH BELIEBEN: Cutter oder Schlagschere, Computer, Scanner, Zeichen- oder Layout-Software, Fotos aus dem Internet, aus Gartenkatalogen oder dem eigenen Bildbestand, Nähmaschine oder Nähnadel und Garn

1 Eine Tüte vorbereiten und ausdrucken

Um die Tüte mit Text und Bildern zu bedrucken, scannen Sie die Vorlage (rechts) und vergrößern sie auf Papierformat. Dann können Sie Text und Bilder einfügen. Dabei müssen die Laschen frei bleiben, denn sie werden später umgefaltet und festgeklebt (oder genäht).

Wenn Sie einen fertig gekauften Umschlag bedrucken wollen, bereiten Sie sich zwei Dateivorlagen vor: eine für die Vorderseite und eine für die Rückseite. Fügen Sie Text und Bilder ein, und bedrucken Sie dann nacheinander die beiden Seiten des Umschlags.

Wer keinen Scanner oder keine geeignete Software besitzt, kann Bilder und Text auf ein Blatt Papier drucken, ausschneiden und auf einen selbst gebastelten oder gekauften Umschlag kleben.

2 Die Samentüte ausschneiden

Die ausgedruckte oder abgezeichnete Samentüte auf den Umrisslinien ausschneiden. Wenn Sie die Vorlage abzeichnen, übernehmen Sie auch die gestrichelten Linien an den Laschen und in der Mitte.

3 Die Mitte falten und die Laschen festkleben

Nun können Sie die Samentüte nach Belieben gestalten. Danach wird sie auf der Mittellinie gefaltet. Die seitlichen Laschen auf den gestrichelten Linien umfalten und festkleben. Verwenden Sie dafür einen Papierkleber von guter Qualität, damit sich das Papier nicht wellt, und damit keine Lücken in den Klebenähten entstehen, durch die kleine Samen herausfallen können. Alternativ benutzen Sie die Nähmaschine oder Nadel und Faden, um die Seiten der Samentüte in 5 mm Abstand zu den Seitenkanten zusammenzunähen.

4 Die Samentüte füllen und zukleben

Nun die Samen in die Tüte füllen und die letzte Lasche zukleben oder zunähen. Wenn Sie Velin verwenden, können Sie einfach ein Foto mit der Bildseite nach außen einlegen, bevor Sie die Samen einfüllen und die Tüte verschließen. Separat ausgedruckte und ausgeschnittene Dekorationen werden am besten vor dem Füllen und Verschließen auf die zusammengeklebte oder zusammengenähte Tüte geklebt.

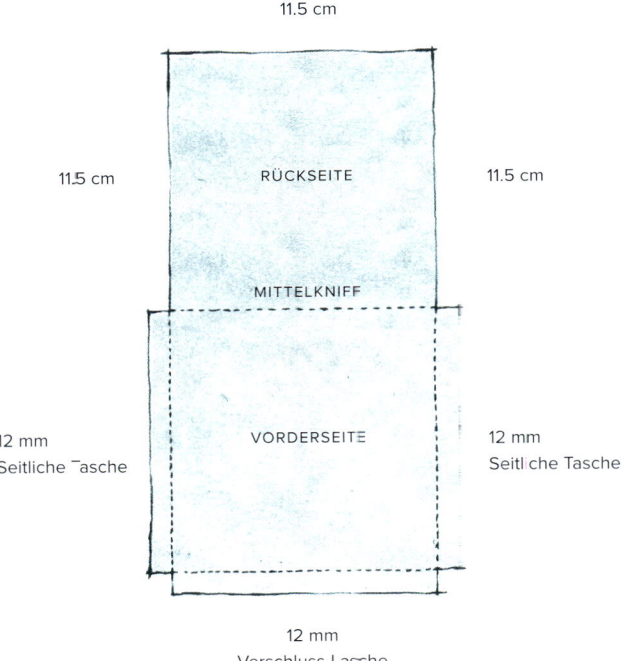

11.5 cm

11.5 cm — RÜCKSEITE — 11.5 cm

MITTELKNIFF

12 mm — VORDERSEITE — 12 mm
Seitliche Tasche — Seitliche Tasche

12 mm
Verschluss-Lasche

VORLAGE FÜR DIE SAMENTÜTE
Wenn Sie die Vorlage scannen und auf Papierformat vergrößern, können Sie vor dem Ausdrucken Text und Fotos auf Vorder- und Rückseite einfügen. Natürlich ist es auch möglich, die Vorlage vergrößert abzuzeichnen, von Hand zu beschriften und ausgeschnittene Bilder aufzukleben.

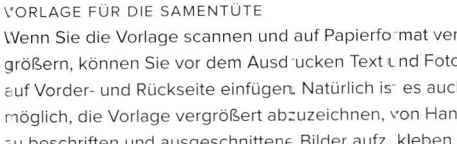

OBEN: Zum Verschenken von Samen verwende ich manchmal fertige Umschläge aus Kraftpapier, manchmal auch Zellophantüten mit einer bunten Einlage, die ich mit der Nähmaschine festnähe. Meist fotografiere ich aber die Pflanze in meinem Garten und drucke das Foto zusammen mit allen wichtigen Informationen auf die Vorlage (oben), die ich dann ausschneide und zusammenklebe oder -nähe.

ADRESSEN

WEBSITEN FÜR:
Zement, Hypertufa & Mosaik

AMAZON.DE	Polypropylen-Fasern für Beton & Estrich in Gebinden für den DIY-Bedarf
BAUBEDARF.CH	Sonotube Schalrohr
BAUCOMPANY24.DE	Armierungsgewebe
BAU-WELT.DE	ausführliche Informationen zu Herstellung und Verarbeitung von Mörtel und Beton
BAYFAIR.DE	Leuchtkiesel
BETONFORMEN24.DE	Gießformen für Beton, Trennmittel, Zusatzstoffe
BETONFREUNDE.DE	informative Seite zum Thema Beton
BONSAI.DE/SHOP	Sphagnum
DUC-FORMEN.DE	Gießformen für Pflastersteine und andere Betonelemente
ESTRICH-BETON.DE	umfassende Informationen zum Baumaterial Beton
FRINGS-BAUTECHNIK.DE	Schalrohr
LABORLADEN.DE	Calciumhydroxid
MAINBRICK.DE	Imprägnierung für Beton
MAXFRANK.DE	Schalrohr
MOERTELSHOP.COM	Pigmente zum Einfärben von Beton, Werkzeuge, Gießformen, Versiegelung, Zusatzmittel
M-PFERRER.DE	Schalungsformen, Betonpigmente, Trennmittel etc.
WERKZEUG-VERTRIEB.DE	Schlagzahlen, Schlagbuchstaben

Stoff, Schnüre & Papier

AWN.DE	Schnüre und Tauwerk
BOGENSPORTSHOP-HERMANSKI.COM	Künstliche Sehnen
DER-KLEINE-MESSERLADEN.DE	Künstliche Sehnen
ENDLOSLEDER.DE	Lederbänder
FILOONJA-SHOP.DE	Velin-Umschläge
FUNFABRIC.COM	Vinyl, Duschvorhangstoff
KK-KLEBETECHNIK.DE	Klebebänder
LABLANCHE-SHOP.DE	Velin-Umschläge
LEDERKRAM.DE	Lederbänder
LEDERVERSAND-BERLIN.DE	Lederbänder, Leder
NATUERLICH-VERPACKEN.DE	Kraftpapier, Kraftpapier-Umschläge
PAPIERDIREKT.DE –	Kraftpapier, Kraftpapier-Umschläge
QUILTZAUBEREI.DE	Vinyl-Meterware, Sackleinen
STOFFMEILE.DE	Sackleinen, Vinyl
VBS-HOBBY.COM	Sackleinen

Metall & Zubehör

BLECHPROFIL-SHOP.DE	Zink-, Aluminium- und Kupferblech
BOSSERT-HAMBURG.DE	Klebebänder und Klebstoffe für Metall
CONRAD.DE	Kupfer-/Messingblech
GLUECKSFIEBER.DE	Perlen, Schmuckzubehör, Werkzeuge
LB-PRÄGETECHNIK.DE	Prägewerkzeuge

Naturmaterialien

FLECHTWERK-EV.DE/MATERIALIEN	Weidenflechterei
HHPERKINS.COM	Holzränder für Körbe und selbst gemachte Siebe («Carnival Rings»), biegsame Holzbänder
JOBSINSACHSEN.DE/LEBENDBAUWEISEN	Weidenruten für belebte Bauten
KALEBASSEN.COM	getrocknete Flaschenkürbisse
KCB-SAMEN.CH	über 700 Sorten Kürbissamen
KERAMBEDARF.DE	dekorative Gießformen, z. B. Kürbis
KORBWERKSTATT-KRINES.DE	Weidenruten zum Flechten
MADESH.DE	getrocknete Kalebassen
SAMENHAUS.DE	großes Sortiment an Kürbissamen
WEIDENSHOP.AT	Weidenflechterei

Farben, Schablonen & Stempel

LEUCHTFARBE.NET	nachtleuchtende Farben
NIGHTEC.DE	nachtleuchtende Farben
RAYHER-HOBBY-SHOP.DE	Farben, Schablonen, Bastelmaterialien
SCHABLONENSHOP.DE	Schablonen
STENCILBOY.DE;	Schablonen
TAFELFARBEN.DE	Tafellack in sehr vielen Farbtönen, Magnetfarbe und andere Funktionsfarben
UV-ELEMENTS.DE	Leuchtsteine

Verschiedene Werkzeuge & Materialien

AMAZON.DE	Zweiteiliger Messbecher «Wonder Cup»
BESCHLAGHANDEL.DE	Möbelfüße aus Holz
BEWAESSERUNGSWELT.DE	Bewässerungsschläuche
BIOPLANT-PRODUKTE.DE	Quellfähige Gelkristalle
CONRAD.DE	Kabelbinder in verschiedenen Farben
DREMEL.DE	Gravierwerkzeug
ELKUBEMA.DE	Kabelbinder in verschiedenen Farben
FMG-HOLZVERBINDER123.DE	Pfostenkappen, Pyramidenform, Kugel
HEYMANN.DE	Nieten und Werkzeug zur Montage
KABELBINDER-DISCOUNT.DE	Kabelbinder in verschiedenen Farben
KIRSCHKE.NET/LEXIKON.PHP	Informatives über Terrakotta
KLEBESHOP24.DE	Buchschrauben
MEISTER-GARTENSHOP.DE	Kübel aus Terrakotta
REGENME STER.DE	Tropfbewässerung, Bewässerungsschläuche
RUNDSTAB.DE	Holzdübel, Riffeldübel, Rundstäbe
SKIFFY.COM	Nieten und Werkzeug zur Montage
SOHOP.DE	Pflanzenbinder, Maschendraht, Zaunzubehör, Pflanzgefäße, Schläuche und Zubehör
SPRINTIS.DE	Buchschrauben
BEHAWE.COM	Buttermilchpulver
MANSKE-SHOP.COM	Buttermilchpulver
ZAUN-ERSATZTEILE.DE	Pfostenkappen

BUCHTIPPS

Arvidsson, Camilla & Nilsson, Malin: *Neue Garten-Deko aus Beton selbstgemacht.* Landwirtschaftsverlag 2013

Bridgewater, Alan & Gill: *Bauen mit Frischholz: 15 Einfache Projekte für den Garten,* Ökobuch 2015

Donath, Uta; Hauck, Eva; Huboi, Claudia & Hoffmann, Petra: *draußen – Projekte für Garten, Terrasse und Balkon,* Haupt Verlag 2011

Donath, Uta; Hauck, Eva; Huboi, Claudia & Hoffmann, Petra: *recycled. Projekte aus Schläuchen, Plastik, Papier, Textilien, Metall und Korken,* Haupt Verlag 2013

Eckermeier, Manfred: *Projekte aus Stein für den Garten: Selberbauen Schritt für Schritt,* blv 2012

Fröhlich, Marion & Sturm, Hans P.: *Weidenflechtwerke: Lebendige Skulpturen im Garten,* Ulmer 2008

Hecker, Katrin & Hecker, Frank: *Steine, Federn, Muscheln. Naturkunst mit Kindern,* Haupt Verlag 2010

Hedengren, Sanis & Zacke, Susanne: *Lust auf Beton,* LB-Buch 2013

Himmelhuber, Peter: *Selbst Kübel, Kästen und Pflanzgefäße bauen,* Compact 2003

Howarth, Maggy: *Kieselstein-Mosaik: Schöne Böden für Wege und Lieblingsplätze im Garten selbst gestalten,* Ökobuch 2007

Jeppson, Anna & Anders: *Mit Holz arbeiten im Garten,* Vincentz Network; 2009

Kullmann, Folko: *Garten-Projekte für Selbermacher,* blv 2015

Långberg, Peter: *Klassische Gartenmöbel selbst bauen – Vorlagen und Anleitungen aus Schweden,* Vincentz Network, 2007

Mair, Peter: *Bauen mit Holz im Garten,* Ulmer 2004

Mortensen, Marianne & Staubwasser, Agnete: *Weidengeflechte für Haus und Garten,* Vincentz Network 2012

Ott, Eva: *Bauen mit Stein und Holz: Gartenwege, Sitzplätze & Co.,* blv 2012

Pasternak, Katharina: *Garten-Deko fürs ganze Jahr: DIY-Projekte für Garten und Balkon,* Edition Michael Fischer 2015

Paton, Becky: *Dekoratives Mosaik – 25 Schmuckstücke für den Garten,* Christophorus-Verlag 2011

Rittermann, Susann & Rittermann, Antje: *Werkstatt Gießen. Beton, Seife, Zucker – Projekte für Kinder,* Haupt Verlag 2015

Rundel, Johanna: *Beton-Deko für den Garten,* Edition Michael Fischer 2015

Schwarz, Alexander: *Steinbildhauerei. Eine Einführung,* Haupt Verlag 2014

Slote, Malena: *100 kreative Garten-Projekte: Einfache Projekte von Hochbeet bis Herbstkranz,* Landwirtschaftsverlag Münster 2015

Stuart, Christopher: *Do It Yourself Möbel. 30 verrückte Projekte,* Haupt Verlag 2011

Stuart, Christopher: *Do It Yourself Möbel 2. Noch mehr verrückte Projekte,* Haupt Verlag 2014

Warnes, Jon: *Mit Weiden bauen,* Antis 2007

DANK

Ich möchte mich bei allen Freunden bedanken, die die Entstehung dieses Buchs von Anfang an mit Begeisterung begleitet haben und mich mit Ideen, Ratschlägen und, wo sie angebracht war, Kritik unterstützt haben. Besonderer Dank gilt:

JULIUS MARCARELLI, meinem Lieblingsschwager (und der Einzige), der mir jahrelang gute Gartentipps gegeben und mir das Flechten von Knoblauchzöpfen gezeigt hat.

TOM HINES und STEVE RUSSO vom Custom Crete Warehouse in North Haven, Connecticut. Sie haben geduldig meine Fragen über Zement beantwortet und mich sogar zu einem Workshop eingeladen, der eigentlich für Bauunternehmer gedacht war. Sie haben mich einen großen Schritt vorangebracht.

ELADIO CERVANTES, meine rechte Hand im Garten. Seine enorme Charakterstärke ist seiner Energie, seiner Begeisterung und seiner Körperkraft ebenbürtig.

MERILEE PRITCHARD, die sich um meinen Garten kümmert, wenn ich längere Zeit unterwegs bin. Sie hat ein tolles Händchen für Mosaik.

MAKARY ZUKOFF für viele praktische Tipps, und dafür, dass er mit seinen Fliesenschneider geliehen hat, als sich die Terrakotta- und Mosaikprojekte türmten.

BILL und MARYANN RICKER, die mir bei ihrem Umzug ihren elektrischen Betonmischer überlassen haben.

PAUL und JUDY RUEGER für die unerschöpfliche Versorgung mit Bambus

Bruce Stuckey, der mich angestachelt hat, obwohl vier Tomatensorten eigentlich genug gewesen wären.

DOROTHY und ANNE NEUBIG, unsere freundlichen Nachbarn, die uns großzügig ihren Gartentraktor leihen, wenn Schweres zu bewegen ist.

BOB BAYLOR für die kostenlose Versorgung mit Holzhackschnitzeln für unsere Gartenwege.

RAINA KATTELSON und JOHN GRUEN für die wunderbaren Fotos, außerdem Sun Young Park für die anschaulichen Illustrationen.

MELANIE FALICK, die von Anfang an Vertrauen in dieses Projekt hatte und mir die Chance gab, es zu verwirklichen.

CHRIS TIMMONS, weil sie eine unschlagbare Lektorin ist. Wäre sie Kosmetikerin, dann wäre ich jetzt Miss America!

Zu guter Letzt danke ich ARTHUR meinem liebsten Gartenhelfer, für seine unendliche Geduld und dafür, dass er dicke Bäume fällt und schwere Findlinge bewegt.

INDEX